Manuel Quarta | Stefan Gericke

BESSERE FOTOS MIT DER SONY α 6000-REIHE

α 6000 / 6100 / 6300 / 6400 / 6500 / 6600

Schritt für Schritt zu faszinierenden Bild- und Videoergebnissen

humboldt

INHALT

VORWORT

Liebe Leserin, lieber Leser,

willkommen zu diesem Kamera-Ratgeber und kreativen Foto-Lehrbuch! Schön, dass du deine Kamera besser kennenlernen und deine fotografischen Fähigkeiten weiterentwickeln möchtest. Vielleicht hast du schon ein bisschen durch die Seiten geblättert. Dann hast du gemerkt, dass dieses Buch für gleich mehrere Kameras aus dem Sony Alpha-System gemacht worden ist: die α6100, 6400 und 6600. Aber auch die Modelle α6000, 6300 und 6500 werden hier berücksichtigt.

Wir stellen dir die Kameras mit ihren besonderen Features vor: Was ist das Fn-Menü, wofür sind all die Tasten ...? Wir geben dir Tipps, welches Modell für dich zum Fotografieren oder Filmen am besten geeignet ist, und zeigen dir Beispiele für ganz individuelle Sets, die zu deinem Budget passen. Denn mit der Kamera alleine ist es in der Fotografie ja nicht getan. Auch die Objektive, ein Stativ oder Gimbal, Filter usw. können deine Fotografie nach vorne bringen.

Und weil die Kamera alleine ja noch nicht das bessere Bild macht, wollen wir dir Anregungen zum Fotografieren geben. Wir, Stefan und Manuel, haben es uns zur Aufgabe gemacht, dir eine ganz genaue und komplette Schritt-für-Schritt-Anleitung zu geben. Deswegen ist das Buch zweigleisig aufgebaut: Im Praxisworkshop siehst du auf der rechten Seite ein Fotobeispiel und auf der linken Seite die genauen Einstellungen an der Kamera, die wir dazu vorgenommen haben.

So lernst du praxisnah und spielerisch, quasi ganz ohne Auswendiglernen, wie du leichte und schwierigere Motivideen umsetzen kannst. Viele Fotoideen kannst du ganz genau so, also 1:1, umsetzen. Aber du bist auch jederzeit dazu eingeladen, diese Beispiele als Anregung für eigene Experimente zu nutzen.

Am Ende gibt es noch eine Übersicht aller Menüpunkte, einfach und verständlich erklärt, damit du weißt, welche Punkte für dich überhaupt wichtig sind und was du dort einstellen kannst – alles komplett und einfach!

Die Welt da draußen ist voll von tollen Tieren, wunderschönen und aufregenden Landschaften, faszinierenden Menschen und einmaligen Situationen. Und du kannst uns gar keine größere Freude machen, als all dies zu entdecken und in tollen, einzigartigen, nämlich *deinen* Bildern festzuhalten. Schick uns gerne deine Fotos oder auch Fragen: Unter www.fototrainer.com findest du unseren E-Mail-Kontakt. Wir freuen uns auf dein Feedback!

Ganz viel Spaß mit diesem Buch wünschen dir

Manuel Quarta

Stefan Gericke

DAS SONY ALPHA-SYSTEM

Damit du dir vorstellen kannst, wo die α6000-Reihe eingeordnet wird, erklären wir erst einmal das Sony Alpha-System. Es besteht aus vielen unterschiedlichen Kameratypen, die eine Gemeinsamkeit haben: Sie besitzen Wechselobjektive. Dabei gibt es vier verschiedene Kameratypen mit zwei verschiedenen Mounts, also Objektivanschlüssen. Welche Kamera was am besten kann, erfährst du hier.

Die vierstelligen Alphas

Es gibt zum einen die vierstelligen Alphas wie die α6000-Reihe. Sie haben das Sony E-Mount und sind mit einem APS-C-Sensor ausgestattet (dazu später). Das E-Mount hat seinen Namen von der englischen Zahl 88, „eighty-eight“, die den Durchmesser des Anschlusses in Millimetern angibt. Die Objektive beginnen in der Produktbezeichnung immer mit SEL, das für „SONY E-Mount Lens“ steht. Somit bist du bei der Objektivwahl für deine α6000 immer sicher, dass es auch wirklich passt.

Das Besondere am E-Mount ist, dass alle Objektive sehr aktuell sind, soll heißen, mit neuester Technologie ausgestattet, was Berechnung, Fertigung und Materialien angeht. Hierzu zählen z. B. Autofokusmotoren und Oberflächenbearbeitung, die Sony als Objektivhersteller herausstechen lässt. Außerdem ist bei fast 40 E-Mount-Objektiven für jeden Bedarf das Richtige dabei.

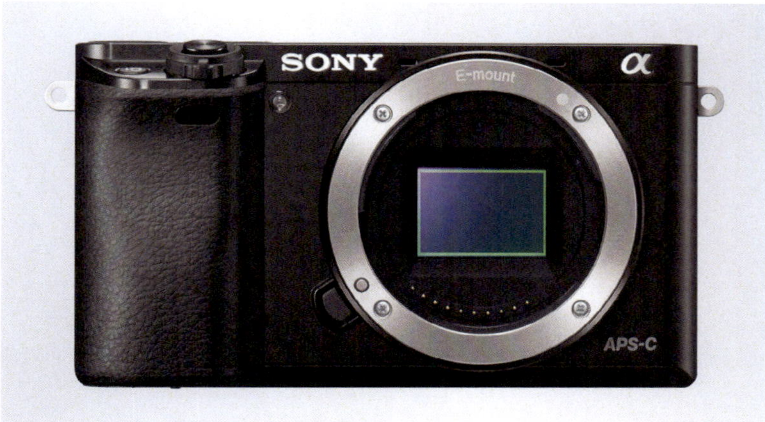

Der Klassiker des 21. Jahrhunderts: die α6000

Die zweistelligen Alphas

Die zweistelligen Alphas wie α77, α68 und α99 besitzen das von Minolta übernommene Spiegelreflex-Mount, auch A-Mount genannt. Das bedeutet, dass es konzeptionell nicht mehr ganz aktuell ist und einige Nachteile bei der Nutzung im direkten Vergleich mit dem E-Mount aufweist. So wird bei der Adaption mittels LA-EA1 oder LA-EA3 an die α6000 nur der langsame Kontrast-Autofokus der Kamera genutzt. Erst ab der α6300 werden die A-Mount-Objektive mit dem schnelleren Phasen-Autofokus angesprochen, solange sie mit der Bezeichnung SAM („Smooth Autofocus Motor“) oder SSM („Super Sonic Motor“) versehen, also mit einen eigenen Autofokusmotor ausgestattet sind. Steht keine der beiden Bezeichnungen auf dem Objektiv, kannst du sie mittels LA-EA2 oder LA-EA4 an den Kameras der α6000-Reihe mit relativ zügigem Autofokus nutzen, da diese beiden Adapter eine eigene Autofokusmessung integriert haben, die die der zweistelligen Alphas nutzt.

Die A-Mount Objektive sind dir vielleicht schon einmal unter der Objektivbezeichnung SAL50F18 begegnet. SAL steht hier für „Sony A-Mount Lens" und ist nicht zu verwechseln mit der Bezeichnung SEL50F18, die für „Sony E-Mount Lens" steht.

UNSER TIPP

Adaptiere deine vorhandenen Optiken an die α6000-Reihe, weil es darunter durchaus Objektive gibt, die exellente Abbildungsleistungen besitzen. Die Anschaffung eines A-Mount-Objektivs für die Nutzung an einer Alpha lohnt sich nur für echte Schnäppchen und wenn du genau weißt, welches Objektiv du nutzen möchtest.

Für die professionelle Nutzung empfehlen wir die Adaption nur, wenn du dein Objektiv kennst und dir seiner Schwächen und Einschränkungen bewusst bist – so wie Stefan, der nach wie vor sein SAL2470Z, ein herrausragendes Zeiss-Standardzoom, an seinen E-Mount-Kameras nutzt. Eine umfangreiche Übersicht von A-Mount-Objektiven findest du unter www.dyxum.com.

Die α68 und α77 sind mit einem Sensor der APS-C-Größe ausgestattet. Hier kannst du Objektive verwenden, die etwas kompakter gebaut werden können, da der Sensor kleiner ist. Die Besonderheit der zweistelligen Alphas besteht in der Ansteuerung des Autofokus über einen nicht klappenden teilduchlässigen Spiegel, der eine permanente und schnelle Fokusmessung im Live-View, also der Ansicht des Bildes auf dem elektronischen Display, sicherstellt. Sony hatte damit eine sehr schnelle Kameraserie, die die damaligen Vorteile der Spiegelreflexkamera (schneller Autofokus) mit den Vorteilen der spiegellosen Systemkamera (permanente Vorschau des Bildergebnisses) verband.

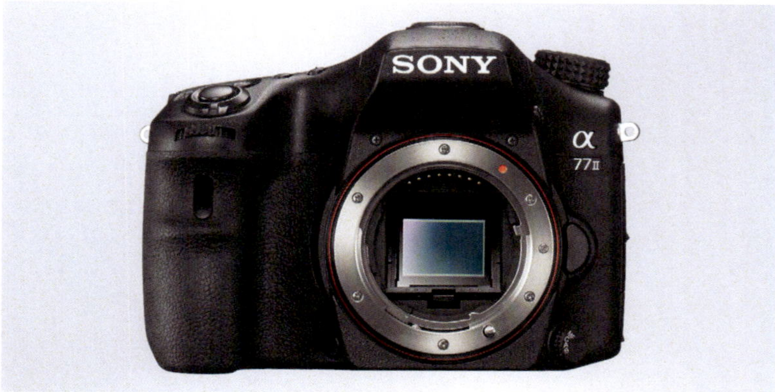

Eine α77 mit Translucent Mirror Technology

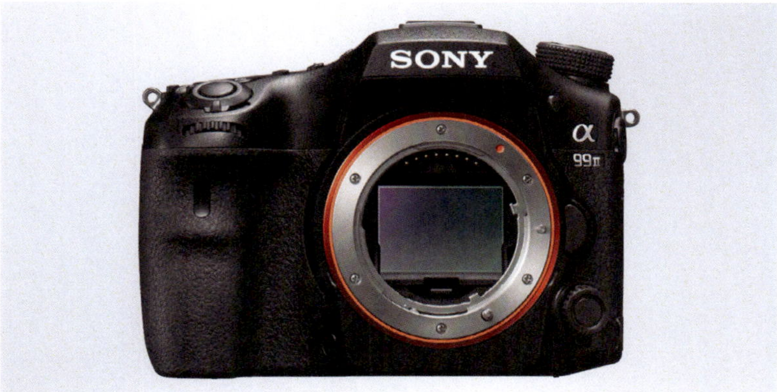

Die professionellste der Alphas mit teildurchlässigem Spiegel: α99M2

APS-C-Sensor und Vollformat-Sensor

Die α99 ist mit einem Vollformat-Sensor ausgestattet. Sie ist mit mehr als 3.000 € die Profi-A-Mount-Kamera. An sie passen nur A-Mount-Objektive, die den größeren Bildkreis des Vollformat-Sensors ausleuchten. Der Begriff Vollformat leitet sich vom „vollen" bzw. identischen Format des Kleinbildfilms ab, entspricht also den

Abmessungen von 36 mm x 24 mm. Die ersten Versionen der digitalen Spiegelreflexkameras waren aus Kostengründen mit etwas kleineren Sensoren bestückt, die dem APS-C, dem „Advanced Photo System“, in ihren Abmaßen glichen. Als nun die ersten digitalen Spiegelreflexkameras auf den Markt kamen, deren Sensor dem Kleinbildformat entsprachen, nannte man das „Full Frame Sensor“, also das volle Format des Kleinbildsensors.

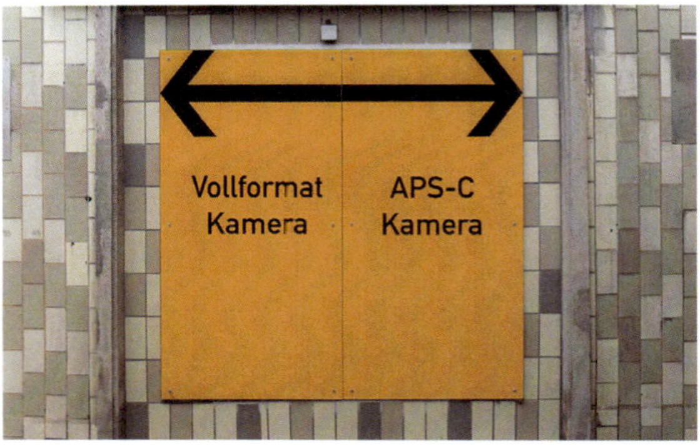

Beide Wege sind richtig – es gibt immer nur die Kamera für den falschen Zweck

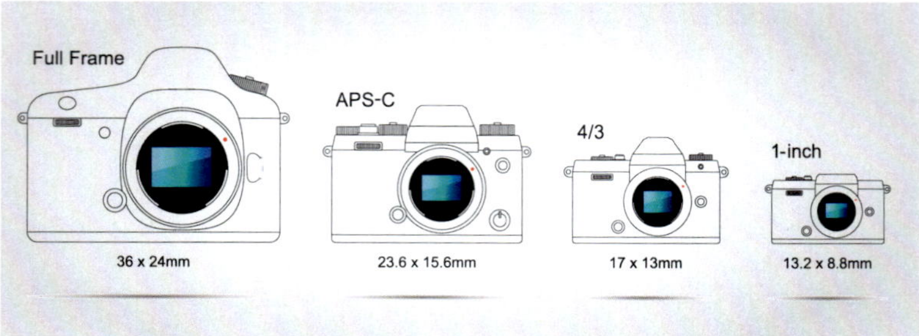

Die Sensorgrößen im Vergleich

Wo liegt der Unterschied? Ein Vollformat-Sensor ist wegen seiner größeren Fläche der überlegenere Sensor, was die Bildqualität betrifft, er benötigt aber aufgrund seiner Größe auch Objektive, die mehr Licht liefern und somit größer und schwerer sind. Außerdem ist die Verteilung von Schärfe und Unschärfe im Verhältnis zum Bildausschnitt eine andere, was in manchen Situationen vorteilhaft und in anderen nachteilig ist. Ein Vollformat-System kostet außerdem etwas mehr: Der kleinste Anteil ist dem Kamerabody geschuldet (diese sind heutzutage auch schon weit unter der 1.000-€-Marke zu bekommen), der Löwenanteil geht auf das Konto der teureren Objektive, in denen mehr Glas mit anderen Eigenschaften und Brechnungen benutzt wird und die wertvoller im Vergleich zur APS-C-Optik sind.

Der APS-C-Sensor ist wegen seiner geringeren Größe in der Bildqualität unterlegen, kann dafür aber, weil er eben kleiner ist, mit kleineren und leichteren Objektiven ausgestattet werden. Ebenso ist die Geschwindigkeit beim Auslesen höher, was hohe Bildraten bei der Serienbildgeschwindigkeit zu sehr moderaten Preisen ermöglicht.

Die α6000 war beim Erscheinen mit ihren elf Bildern eine echte Sensation in ihrer Preis- und Qualitätsklasse und ist es auch noch heute. Auch die Bildqualität kann in bestimmten Bereichen von der Auslesegeschwindigkeit profitieren, das betrifft aber eher das Filmen oder das Fotografieren mit elektronischem Verschluss mit der α6000-Reihe.

Die einstelligen Alphas

Last but not least gibt es die einstelligen Alphas, die α7 und die α9. Sie sind ebenso mit dem E-Mount ausgestattet und haben einen Vollformat-Sensor. Hier verbindet sich der technologische Vorteil des E-Mount mit der sehr hohen Bildqualität des Vollformats. α7 und α9 sind auf die Anforderungen von „Content Creators“ abgestimmt und können in höchster Qualität und Geschwindigkeit sowohl filmen als auch fotografieren, und das in einer sehr kompakten Bauform.

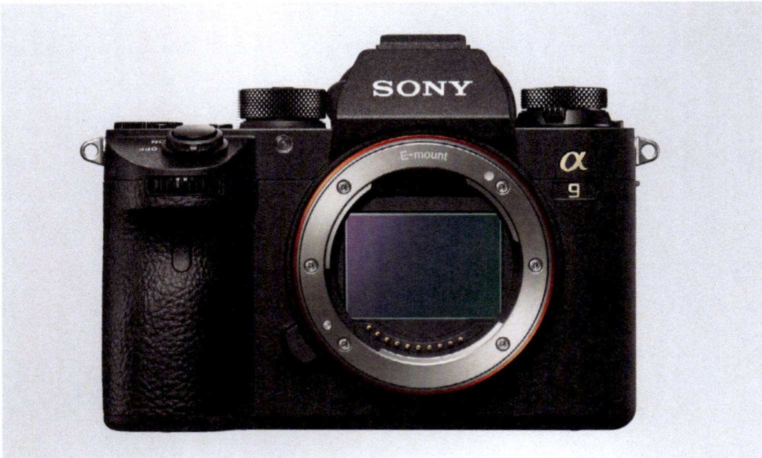

Die α9 als neue Art der digitalen Fotografie: erstmals 20 Bilder pro Sekunde ohne mechanischen Verschluss und Shutter Lag

Das Sony Alpha-System hat also einiges zu bieten und ist in den letzten fünf Jahren zu einem Standard geworden. Das ist an der Evolution der α6000 zur α6600 ebenso nachzuvollziehen wie am Einzug der α7 in den Vollformat-Markt, in dem sie eine feste Größe geworden ist. Beide Kameratypen sind sowohl im Profisegment als auch bei Einsteigern und Amateuren im Einsatz, und das, weil das Fotografieren und Filmen ebenso wie das Erlernen beider Techniken noch nie so einfach und preiswert gewesen ist wie heute, und das bei einer außergewöhnlichen Bildqualität.

Kameravergleich

Welche Sony Alpha aus der vierstelligen Reihe du auch immer besitzt, du hast eine moderne, kompakte Hochleistungskamera mit einer enorm hohen Auflösung und Geschwindigkeit, die für so gut wie alle Situationen ausreicht. Hier wollen wir dich nun über die feinen Unterschiede informieren, aber auch, wie dein perfektes Equipment aussehen könnte. Denn eine tolle Kamera alleine ist erst mal nur die halbe Miete. Und vielleicht kann es für dich besser sein, nicht einfach das teuerste Kameramodell und günstige Objektive zu nehmen, sondern die für dich beste Kombination zu wählen.

Die α6000 ist schon ein richtiger Klassiker. Sie besitzt 24 Millionen Pixel wie alle anderen Modelle aus der α6000-Reihe. Da sich die Sensortechnologie immer weiterentwickelt, haben die neueren Modelle wie die α6100, 6400 und 6600 zwar ein besseres Rauschverhalten, aber wenn du vorwiegend tagsüber, also bei ausreichend Licht, oder abends mit einem Stativ fotografierst, wirst du den Unterschied nicht so stark merken.

Auffälliger sind da schon die Unterschiede in der Geschwindigkeit und dem Autofokus. Im Praxisteil empfehlen wir manchmal, mit der α6000 am besten den flexiblen Spot in Kombination mit dem AF-S (dazu später) einzusetzen, während du dir bei den neueren Modellen die Arbeit etwas erleichtern kannst, indem du mit dem AF-C kontinuierlich deine Schärfe hältst und die sehr einfach zu bedienende Fokusfeldsteuerung Breit oder für Porträts den Augen-AF nutzen kannst.

Aber am Ende machen diese Funktionen deine Fotos nicht besser oder spannender, nur der Weg zum perfekten Bild ist damit etwas einfacher. Außerdem sollte ein Fotograf auch immer in der Lage sein, die Schärfe und die Belichtung seines Fotos auch mit weniger Hilfsmitteln einzustellen: Es gibt immer wieder Situationen, in denen die Automatiken nicht zuverlässig funktionieren.

α6600 vs. α6500

α6600	α6500
24 Megapixel	24 Megapixel
neuster Bionz-Prozessor aus α9	Bionz X-Prozessor
ISO 102400	ISO 51200
In-Body-Stabilisation	In-Body-Stabilisation
425/425 AF-Punkte Phase/Kontrast[1)]	425/169 AF-Punkte Phase/Kontrast[1)]
11 B/s mit AF und AE	11 B/s mit AF und AE
Echtzeit-Tracking	Lock-on AF
Echtzeit-Augen-AF	Augen-AF
Tieraugen-AF	–
4K Video	4K Video
Zeitlupe/Zeitraffer 120p[2)]	Zeitlupe/Zeitraffer 120p[2)]
S-Log 2/3 und HLG[3)]	S-Log 2/3, kein HLG[3)]
Mikrofoneingang	Mikrofoneingang
Kopfhörerausgang	–
Augen-AF für Video	Gesichtserkennung bei Full HD
Z-Akku, ca. 810 Bilder	W-Akku, ca. 350 Bilder
Display: 180 Grad nach oben, 74 Grad nach unten[4)]	Display: 90 Grad nach oben, 45 Grad nach unten[4)]
Touch Panel	Touch Panel
Magnesiumgehäuse	Magnesiumgehäuse
2359k Sucher	2359k Sucher

Anmerkung: Die folgenden Angaben haben für alle drei Tabellen Gültigkeit.

1) Die Kameras haben zwei verschiedene Autofokus-Technologien: „Phase" ist schneller, aber unpräziser und wurde von klassischen Spiegelreflexkameras benutzt, „Kontrast" ist präziser, aber langsamer und wird in den meisten Systemkameras benutzt. Erst die α6000 hat diese beiden Systeme kombiniert, so dass nur das Beste von beiden Systemen zum Tragen kommt.

2) Die Modelle α6100, α6400 und α6600 können das Zeitlupen- oder Zeitraffervideo direkt verlangsamt oder beschleunigt auf der Speicherkarte ablegen, die α6300 kann nur ein normal schnell ablaufendes Video mit 120 Bildern abspeichern, das in der Nachbearbeitung verlangsamt oder beschleunigt werden kann.

α6400 vs. α6300

α6400	α6300
24 Megapixel	24 Megapixel
neuster Bionz Prozessor aus α9	Bionz X-Prozessor
ISO 102400	ISO 51200
keine In-Body-Stabilisation	keine In-Body-Stabilisation
425/425 AF-Punkte Phase/Kontrast	425/169 AF-Punkte Phase/Kontrast
11 B/s mit AF und AE	11 B/s mit AF und AE
Echtzeit-Tracking	Lock-on AF
Echtzeit-Augen-AF	Augen-AF
Tieraugen-AF	–
4K Video	4K Video
Zeitlupe/Zeitraffer 120p	120p
S-Log 2/3 und HLG	S-Log 2/3, kein HLG
Mikrofoneingang	Mikrofoneingang
Echtzeit-Tracking für Video	keine Gesichtserkennung bei Full HD
W-Akku, ca. 410 Bilder	W-Akku, ca. 400 Bilder
Display: 180 Grad oben, 74 Grad unten	Display: 90 Grad oben, 45 Grad unten
Touch Panel	–
Magnesiumgehäuse	Magnesiumgehäuse
2359k Sucher	2359k Sucher

3) S-Log und HLG sind Farbprofile, um beim Filmen mehrere Kameras auf eine Farbstimmung abgleichen zu können. Wenn z. B. eine Szene aus zwei Perspektiven gefilmt wird und dabei zwei unterschiedliche Kameras zum Einsatz kommen, sollte die Szene trotzdem farblich identisch sein. Mit S-Log und HLG kann man diese Abweichung im Nachhinein besser anpassen. HLG ist ein Standard, der in allen neuen TV-Geräten und bei Streaming-Plattformen zum Einsatz kommt. Videos zeigen auf neuen Geräten mehr Helligkeits- und Farbabstufungen und sehen dadurch brillanter und schärfer aus – mehr Kontrast eben. HLG ist einer von mehreren HDR-Standards wie z. B. DolbyVision, HDR10 oder Technicolor HDR.

4) Hier handelt es sich um die Positionen, die das Display zum Gehäuse einnehmen kann. 180 Grad bedeutet, dass du dich selbst sehen kannst, wenn du in das Objektiv schaust. Selfie-Alarm!!!

α6100 vs. α6000

α6100	α6000
24 Megapixel	24 Megapixel
neuster Bionz Prozessor aus α9	Bionz X-Prozessor
ISO 51200	ISO 25600
keine In-Body-Stabilisation	keine In-Body-Stabilisation
425/425 AF-Punkte Phase/Kontrast	179/25 AF-Punkte Phase/Kontrast
11 B/s mit AF und AE	11 B/s mit AF und AE
Echtzeit-Tracking	Lock-on AF
Echtzeit-Augen-AF	Augen-AF nur im AF-S
Tieraugen-AF	–
4K Video	FullHD Video
keine Zeitlupe/Zeitraffer 120p	kein 120p
kein S-Log 2/3, kein HLG	kein S-Log 2/3, kein HLG
Mikrofoneingang	–
Real-Time-Tracking für Video	keine Gesichtserkennung bei Full HD
W-Akku, ca. 400 Bilder	W-Akku, ca. 360 Bilder
Display: 180 Grad oben, 74 Grad unten Display	Display: 90 Grad oben, 45 Grad unten
Touch Panel	–
Kunststoff	Kunststoff
1440k Sucher	1440k Sucher

Generation 1: α6000, α6300 und α6500

Zusammengefasst kann man sagen, die **α6000** ist unschlagbar im Preis-Leistungs-Verhältnis. Sie verfügt über eine hohe Sensorauflösung und genügend Autofokusfelder, und ihre Autofokusgeschwindigkeit reicht für normale Actionaufnahmen aus. Sie bietet außerdem FullHD-Video mit sehr schnellem flüssigem Autofokus.

Die **α6300** hat zusätzlich 4K Video und Zeitlupenvideo. Zusammen mit den 425 Autofokusfeldern und der höheren AF- und Serienbildgeschwindigkeit ist sie super für schnelle Action geeignet. Sie zeigt z. B. bei acht Bildern pro Sekunde (Bildfolgemodus: Hi) immer das Motiv, das sich während einer Fotoserie vor deinem Objektiv befindet. Diese Eigenschaft haben auch alle Nachfolgermodelle geerbt. Außerdem wurde der Zwischenspeicher für die Serienbildgeschwindigkeit erhöht.

Die **α6500** hat noch einmal eine bessere Geschwindigkeit. Bei langen Bildserien hält sie die Geschwindigkeit für mehrere Sekunden aufrecht. Sie bringt außerdem einen internen Stabilisator im Kameragehäuse mit. Damit sind alle Objektive stabilisiert, auch wenn sie keinen eigenen Stabilisator (OSS genannt) haben, und stabilisierte Objektive werden nochmals durch den Stabilisator im Body unterstützt.

Generation 2: α6100, α6400 und α6600

Mit der **α6400** wurde die neue Generation der 6000-Reihe gestartet. Man hat bewährte Eigenschaften übernommen und wichtige nachgefragte Features hinzugefügt. Alle Kameras der neuen Generation verfügen über einen außerordentlich leistungsfähigen Autofokus. Das ermöglicht der Einsatz des Bionz X-Prozessors aus der α9 und ein neuer Berechnungsalgorithmus. Bei dieser Berechnung werden nicht nur die Informationen über Gesichter und Augen berücksichtigt, sondern auch Farbe, Form und Entfernung in Echtzeit aufbereitet.

Was hast du konkret davon? Die Kameras der neuen Generation sind damit in der Lage, Objekte sehr viel sicherer über den gesamten Bildschirm nachzuverfolgen. Man kann z. B. eine Person verfolgen und auf den richtigen Auslösemoment warten, ohne dass die Kamera die Person verliert. Dazu muss diese dir nicht einmal in die

Kamera schauen, sobald sie das aber tut, wird konsequent das Auge scharfgestellt, und der richtige Moment kann so besser von dir abgepasst werden. Auch mit dem Tieraugen-Autofokus wird es dir noch einfacher gemacht, zu wunderschönen Bildern deines Haustiers zu kommen.

Eine weitere Neuerung ist das Display. Es ist jetzt zu 180 Grad schwenkbar und macht diese α6000-Reihe zu den besten Selfie- und Vlogging-Kameras der Welt, wenn wir über Bildqualität, Geschwindigkeit und Preis sprechen.

Die neue Reihe unterscheidet sich in Sachen Autofokus und Bildqualität nur wenig. Wo liegen also die Unterschiede?

Wenn man die drei neuen Kameras noch einmal untereinander vergleichen möchte, kann man von der **α6100** als Basis ausgehen: Kunststoffgehäuse, 4K Video, 180-Grad-Klappdisplay, elf Bilder pro Sekunde Serienbildgeschwindigkeit mit Belichtungs- und Autofokusmessung und einem außergewöhnlichen Autofokus in dieser Klasse. Durch das Kunstoffgehäuse ist sie etwas leichter, was nicht uninteressant ist.

Fazit: Wenn die Fotografie im Mittelpunkt steht, ist die **α6100** also eine gute Wahl, zumal sie noch den Panorama-Modus besitzt. Dazu hat sie den besten Preis.

Der nächste Schritt mit der **α6400** hat einen höher aufgelösten Sucher, was im praktischen Einsatz einen großen Vorteil darstellt. Du kannst deine Situation einfach besser beurteilen. Die α6400 macht bessere Videos mit HLG-Standard, d. h. HDR für Video. Ein Magnesiumgehäuse, geschützt gegen Staub und Spritzwasser, macht sie für alle interessant, die viel unterwegs sind. Sie hat sehr viel mehr professionelle Einstellungsmöglichkeiten für Foto und Video. Ebenso ist der Pufferspeicher für Serienbilder größer, du kannst also mehr

Bilder in Folge schießen. Hier gleichen sich α6400 und α6600 mit 166 JPEGs.

Fazit: Wenn Serienbilder von Kindern oder beim Sport dein zentrales Thema sind oder ein hochwertiges Video erstellt werden soll, sind wir bei der **α6400**.

Die **α6600** bringt die Stabilisierung im Kameragehäuse, die doppelte Akkulaufzeit und die Steuerung und Menüs aus der α9. Sie besitzt den größten Zwischenspeicher der 6000-Reihe, um 46 RAW-Bilder in Folge zu speichern. Das mag nicht für jeden ein Nutzen sein, ist aber sehr hilfreich für Sport- oder Tierfotografen, die nur einmal die Chance haben, ein bestimmtes Motiv zu fotografieren, z. B. den finalen Lauf bei einem Motocross-Rennen, wenn du jeden Fahrer einmal in der perfekten Pose beim Sprung über einen Hügel fotografieren willst: Bei zehn Fahrern in Folge bist du ganz schnell bei 100 Bildern in zehn Sekunden.

Zudem gibt es einen Kopfhörerausgang und einen tieferen Griff. Dieser ist für größere Hände besser geeignet, besonders wenn Objektive mit größeren Durchmessern angesetzt sind. Hinter dem größeren Griff verbirgt sich zusätzlich der größere Akku, was die Kamera in Foto und Video zur Ausnahmeerscheinung bei den Systemkameras macht. Nur die α6600 bietet die Möglichkeit, den Ton an einem Kopfhörerausgang zu überwachen. Zusätzliche Knöpfe zum besseren Bedienen der Kamera machen die α6600 zur professionellsten der Reihe, auch wenn sie als Einzige keinen eingebauten Blitz mehr besitzt.

Fazit: Wenn du ein kompromissloses Gerät für die Erstellung von Content in jeder Situation bei schnellster Bedienung suchst, bietet dir die **α6600** die meisten Möglichkeiten. Sie ist für alle, die langfristig mit einer einzigen kompakten Systemkamera arbeiten wollen, sicherlich die beste Wahl.

DER SOFORTSTART

Du hast den Geruch deiner neuen Alpha in der Nase und willst am liebsten sofort den Akku einlegen und loslegen, ohne das Handbuch zu lesen? Damit das nicht zu frustrierenden Erfahrungen führt, bekommst du hier die wichtigsten Hinweise für die ersten Schritte mit deiner neuen Kamera.

Erste Schritte

Bevor du loslegen kannst, benötigst du natürlich einen geladenen Akku. Sicherlich ist etwas Energie drauf, wenn du ihn neu auspackst, aber sie wird nicht lange halten. Und es ist auch nicht vorteilhaft für den Akku, ihn halb geladen zu verwenden, also gib der Lebensdauer deines Akkus gleich die richtige Richtung und lade ihn vor der Erstbenutzung einmal komplett auf.

Jeder Akku ist irgendwann mal leer – und wahrscheinlich passiert das genau in dem Moment, wenn du das eindrucksvollste deiner Urlaubsmotive ablichten willst oder dein Kind grade die ersten Schritte macht. Deshalb hier schon der Hinweis auf den obligatorischen Ersatzakku. Er zahlt sich aus – immer!

Jetzt geht's endlich los mit den Bedienelementen der Kamera. Deine Kamera liegt vor dir, und du kannst im Folgenden Schritt für Schritt alles genau nachvollziehen. Generell haben wir bei jeder Kamera das Objektiv und den Body. Das Objektiv fängt das Licht ein, und im Body ist der Sensor verbaut, der das Licht aufnimmt.

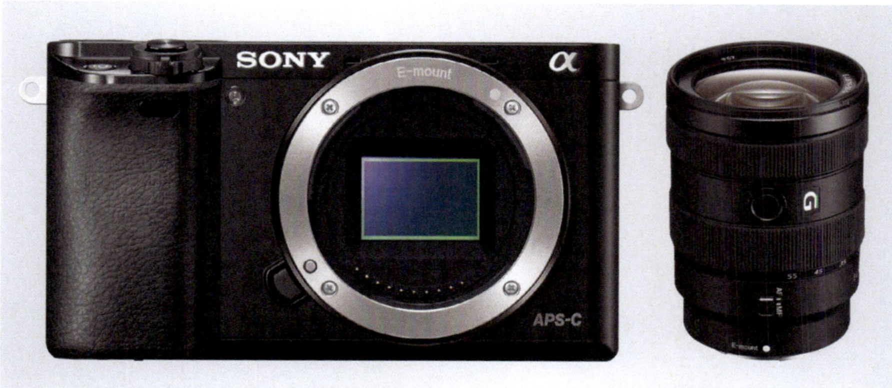

Die Grundidee der Systemkamera ist die Möglichkeit, das Objektiv zu wechseln bzw. das jeweils richtige Objektiv für den entsprechenden Zweck zu wählen

POWERBANK

Für alle Sparfüchse ein Hinweis: Natürlich kannst du den Akku der α6000-Reihe auch mit einer Powerbank laden, aber nicht nur das, die Kamera lässt sich auch über einen USB-Anschluss dauerhaft mit Energie versorgen. Achtung: Das geht nicht bei der α6000.

Der Auslöser

Zunächst schauen wir uns den Auslöser an. Sicherlich kennst du ihn schon, schließlich machst du damit deine Bilder. Der Auslöser kann aber mehr, er hat auch die Funktion der Schärfespeicherung und der Belichtungsspeicherung: Seine Taste ist funktionell besonders, da sie zwei Stufen hat.

Wenn du den Auslöser halb drückst, siehst du ein grünes Symbol links unten im Display, und auch die Schärfepunkte werden grün angezeigt. Wenn du ganz durchdrückst, löst du aus, machst also das

Foto. Sobald du den Auslöser wieder antippst, wird dir wieder das aktuelle Motiv vor der Kamera angezeigt.

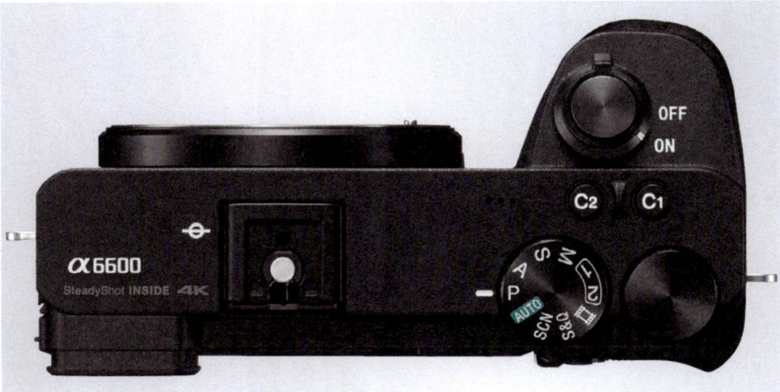

Um den Auslöser herum befindet sich der On-/Off-Schalter

Wenn du das Bild gemacht hast, kannst du es mit der Wiedergabetaste aufrufen: Das Symbol dafür ist ein kleines Dreieck. Das heißt, beim Drücken dieser Taste wird das letzte Bild angezeigt, und du kannst durch deine Bilder blättern: Rechts neben dem Monitor hast du ein Einstellrad, auf dem sich die Navigationstasten nach links, rechts, oben und unten befinden. Du kannst mit „rechts" und „links" oder durch Drehen des Rades durch deine Bilder blättern.

ACHTUNG EINSTELLUNGEN

Die Tasten des Einstellrads sind sehr sensibel und werden oft unbewusst gedrückt und verändert. Hier kann es schnell passieren, dass du dich in einem Untermenü zur ISO oder zur Bildfolge wiederfindest. Sollte dir das passieren, hilft dir auch hier ein sanfter Druck auf den Auslöser, und du bist zurück in der normalen Aufnahmeansicht. Der Auslöser ist also auch eine Art „Rettungstaste", falls du dich einmal verirrt haben solltest.

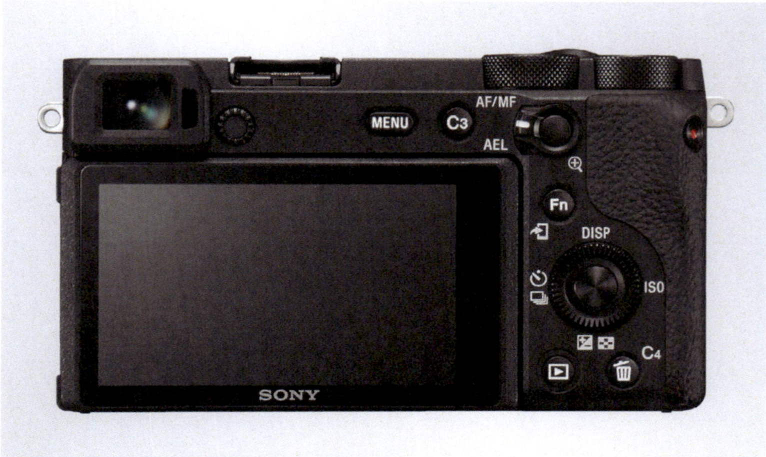

Die Rückansicht der α6600 mit den zusätzlichen Tasten

Die Fn-Taste

Über den Navigationstasten findest du die Funktions- oder Menütaste (zukünftig nur Fn-Taste genannt) für das Schnellmenü. Hier kannst du Fotoeinstellungen wie z. B. Blitzeinstellungen verändern oder den Weißabgleich anpassen. Zur Fn-Taste kommen wir später im Kapitel „Tastenbelegung“ noch ausführlich, da sich hier auch ganz individuelle Belegungen umsetzen lassen.

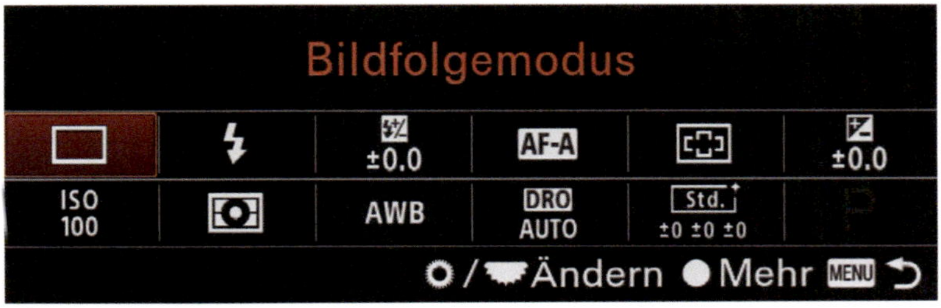

Im Funktionsmenü findest du viele Funktionen, die bereits auf eine Taste gelegt sind, z. B. der Bildfolgemodus

Das Moduswahlrad

Womit du dich sehr viel beschäftigen wirst, ist das beschriftete Moduswahlrad oben rechts auf der Kamera. Hier finden sich die verschiedenen Modi P, A, S, M oder auch der Automatikmodus wieder (den du ab jetzt nicht mehr benötigen wirst). Mit dem Moduswahlrad werden wir ziemlich viel Zeit verbringen, da du hier über viele Eigenschaften deines Bildes bestimmen kannst, indem du die entsprechende Art der Belichtungssteuerung wählst.

Am Anfang schaltest du am besten auf den Modus P, die Programmautomatik. Damit kannst du erst einmal sichergehen, dass die Kamera richtig belichtet. Außerdem gibt es noch ein Einstellrad ohne Buchstaben sowie auf der Rückwand Tasten, mit denen du später die Aufnahmeparameter verändern kannst.

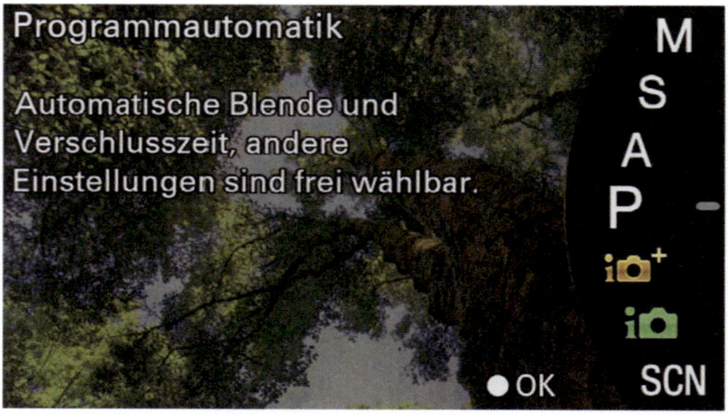

Die Programmautomatik der α6000

Die Bildqualität

Für eine gute Bildqualität legst du das richtige Dateiformat und die passende ISO fest, die die Lichtempfindlichkeit bestimmt.

Das Dateiformat

Zu Beginn bist du mit dem JPEG-Format immer auf der sicheren Seite, weil du viele Fotos auf der Speicherkarte unterbringen und sie direkt benutzen kannst, ohne viel Bildbearbeitung zu benötigen. Es sei aber an dieser Stelle gesagt, dass der JPEG-Standard von 1994 eine Menge an Bildqualität „liegen lässt“, insbesondere in Zeiten von HDR-Displays auf Smartphones, Laptops und Fernsehern. Wer das volle Potenzial seiner Kamera nutzen möchte, sollte mit dem RAW- oder Rohformat diese Grenze überschreiten.

Wer aus Platzgründen zum JPEG greift, kann hier die Stärke der Zusammenfassung von Bildelementen steuern und damit zur Verkleinerung der Bildateien beitragen: Fine oder Standard. Unser Rat: Wenn schon JPEG, dann *Fine* oder je nach Modell sogar *Extrafine*.

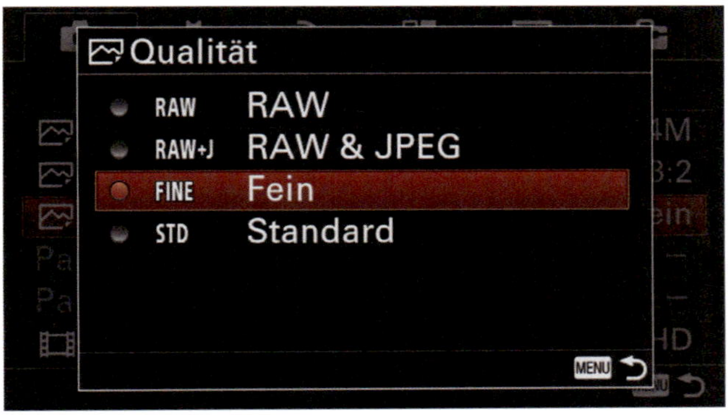

Auswahl von Dateiformat und -qualität

Die ISO

Neben der Programmautomatik brauchst du noch die ISO-Auto-Einstellung, damit die Lichtempfindlichkeit durch die Kamera selbst eingestellt wird. Dazu drückst du die Fn-Taste und suchst nach dem ISO-Auto-Symbol links unten im Menü. Die ISO-Automatik gibt dir die Freiheit, dich zunächst kreativ der Fotografie anzunähern, ohne alle Einstellungen überblicken zu müssen. Ober- und Untergrenze der ISO-Automatik können komfortabel festgelegt werden, indem du die Navigationstaste nach rechts drückst und die beiden unteren Felder nutzt, um die Genzen zu setzen. Die Grundeinstellungen 100 bis 3200 sind fürs Erste passend.

BILDRAUSCHEN

Mit „Rauschen" sind die Bildfehler gemeint, die entstehen, wenn die Kamera nicht genügend Licht bekommt, um klare Informationen in das Bild zu schreiben. In diesen Situationen muss sie sich etwas hinzudenken. Das ist so ähnlich, wie wenn wir uns etwas hinzudenken müssen, was wir nicht genau wissen: Die Chance, dass es nicht richtig ist, ist relativ groß. Die Kamera wählt dann die falsche Farbe oder die falsche Helligkeit eines Pixels, die sich in einer mehr oder weniger gröberen Körnung oder in Fehlfarben im Bild zeigt.

Das Rausch-Risiko wurde über die Jahre minimiert. Das ist einmal der Sensorentwicklung und einmal der Prozessorleistung geschuldet, ganz zu vermeiden ist es aber in manchen Fällen immer noch nicht. Aber es gilt immer noch: Lieber ein verrauschtes als ein verwackeltes Bild.

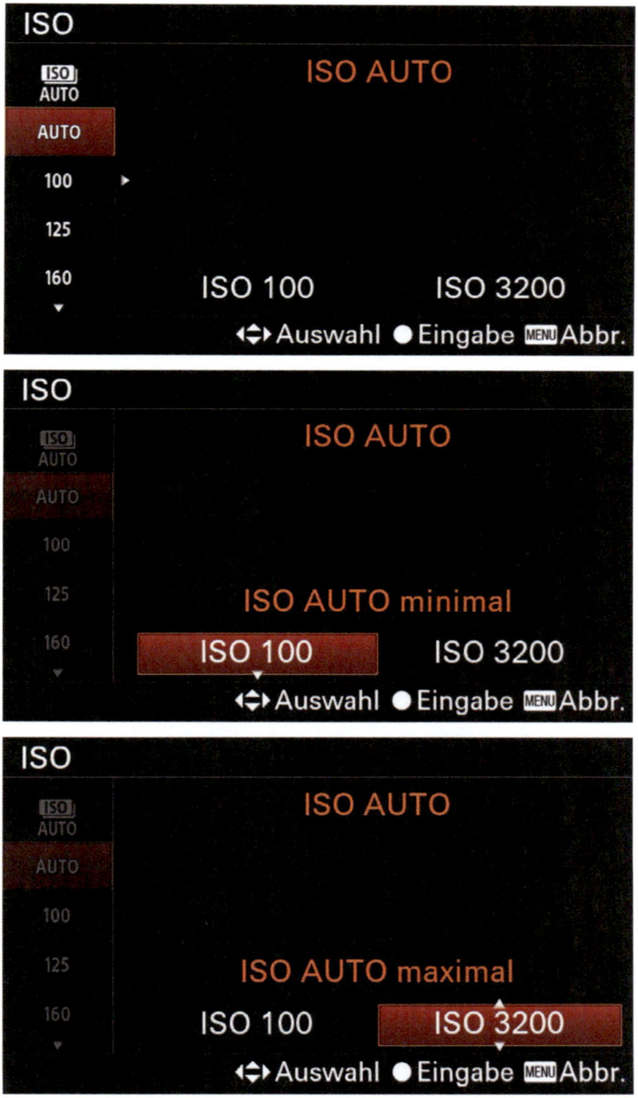

Einstellung der Ober- und Untergrenze der ISO

Schärfe und Fokusarten

Eine Sache, über die du gleich zu Anfang Bescheid wissen solltest, ist die Schärfe bzw. wie du sicherstellst, dass sie dort sitzt, wo du sie auch haben willst. Denn nichts ist ärgerlicher als unscharfe Bilder.

Das Fokusfeld

Um der Kamera zu sagen, wo genau sie scharfstellen soll, nutzt du die Fokusfeldeinstellung auf der linken Seite des Fn-Menüs. Hier gibt es verschiedene Auswahlmöglichkeiten, z. B. *Breit, Feld, Mitte* und *Flexibler Spot*. Mit der Einstellung *Mitte* kannst du nichts falsch machen, denn damit sorgst du dafür, dass das, was du in der Mitte im Sucher siehst, auf deinem Bild auch wirklich scharfgestellt ist.

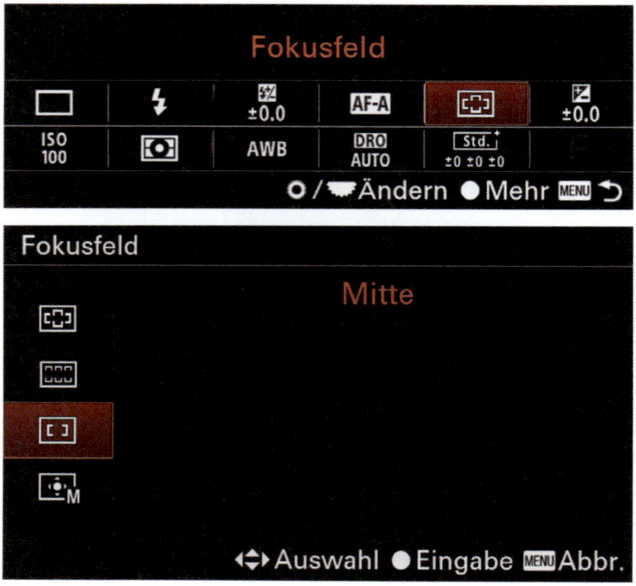

Auswahl des Fokusfelds, hier Mitte

Um die Einstellung vorzunehmen, drückst du nun die Fn-Taste, gehst mit den Navigationstasten auf den Punkt *Fokusfeld*, bis er orange aufleuchtet, und wählst ihn mit der Mitteltaste in der Mitte des Einstellrades aus, indem du dich mit den Tasten nach oben und unten durch die verschiedenen Fokusfelder schaltest.

Am besten probierst du gleich einmal aus, etwas mittig scharf zu stellen und ein Foto zu machen. Das kann alles in deiner Nähe sein, am besten jedoch zu Beginn etwas, das sich nicht bewegt: ein Blumentopf, Legofiguren, ein Obstteller oder ein Weinglas – ganz egal was.

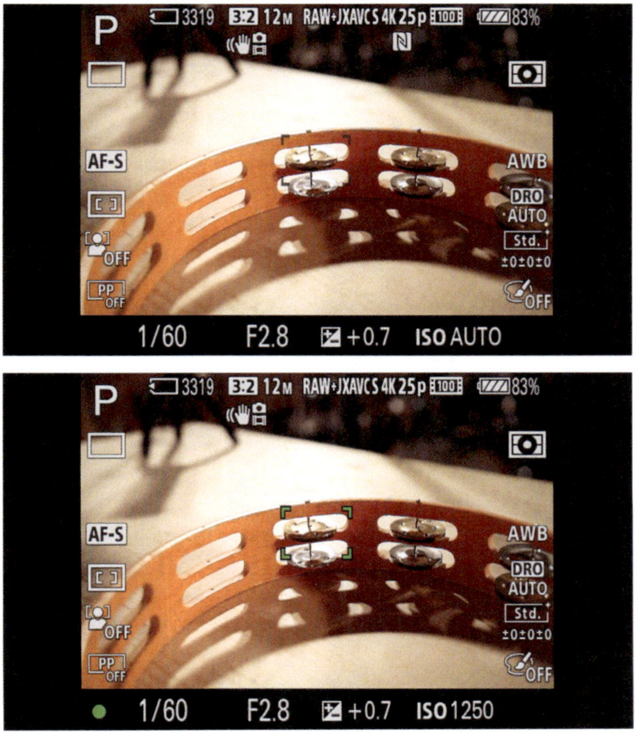

Der Fokuspunkt liegt in der Mitte

Du visierst also dein Motiv mit dem mittleren Fokusfeld an und nutzt nun den Auslöser. Wie schon erklärt, hat der Auslöser zwei Stufen. Die erste Stufe bedeutet scharfstellen und Belichtung speichern. Beim halb Drücken wird das Fokusfeld grün, und unten links im Display erscheint ein grüner Punkt zur Bestätigung, dass die Kamera scharfgestellt hat.

Erweiterte AF-Einstellungen

Es gibt verschiedene Autofokus-Felder, also nicht nur den mittleren Punkt, sondern auch einen Punkt, den du verschieben kannst. Wir haben jetzt im Fn-Menü auf den flexiblen Spot umgestellt.

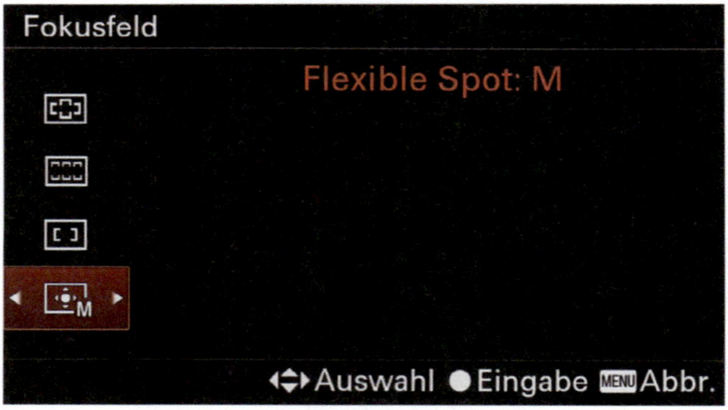

Der flexible Spot im Fn-Menü

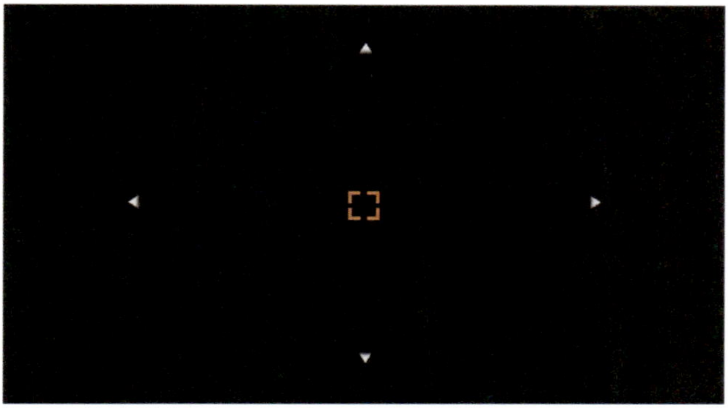

Der flexible Spot in der Ansicht zum Verschieben bei der α6000

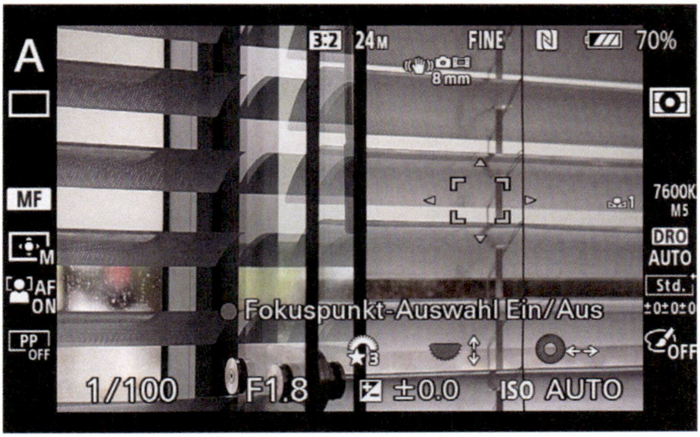

Der flexible Spot bei der α6300 und später bzw. nach Firmware-Update 4.0 bei der α6000

Hier kannst du deinen Fokuspunkt nach links, rechts, oben oder unten, also dahin bewegen, wo dein Bildmotiv auch wirklich scharf werden soll. Wenn du deine Aufteilung nach der Drittelregel oder dem Goldenen Schnitt haben möchtest, legst du das Fokusfeld auf ein Drittel in horizontaler und vertikaler Richtung des Bildausschnitts und kannst jetzt sichergehen, dass dort scharfgestellt wird.

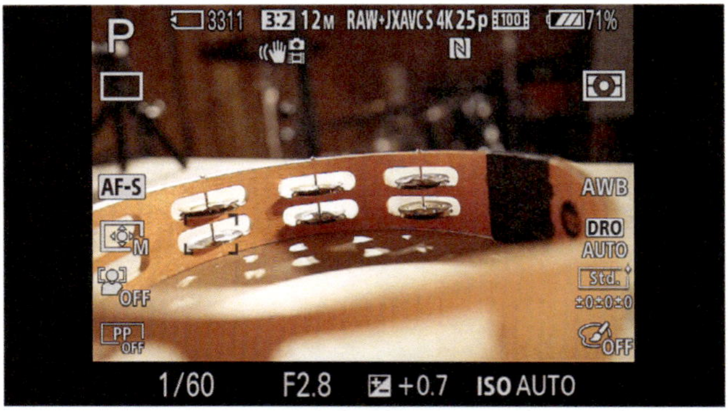

Sicht durch den Sucher auf das Motiv, das du fotografieren willst (das Fokusfeld ist grau)

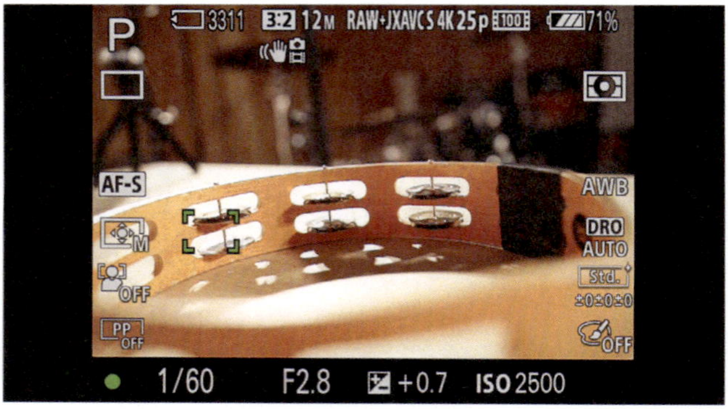

Anzeige bei halb gedrücktem Auslöser: Die Kamera hat scharfgestellt, das Fokusfeld ist grün

Um das Fokusfeld zwischen einzelnen Aufnahmen zu verschieben, gehst du entweder über das Fn-Menü oder nutzt die Mitteltaste, um es erneut anzuwählen.

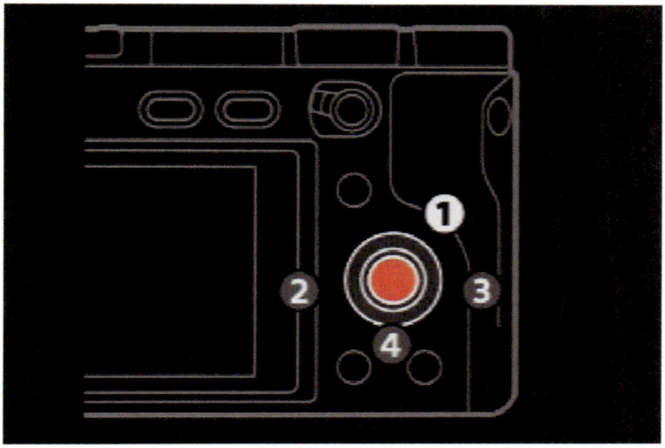

Die Mitteltaste

Sehr beliebt ist auch der manuelle Fokus. Man fühlt sich vielleicht ein bisschen näher dran am Bild, wenn man den Fokus selbst einstellt. Drück das Fn-Menü, wähle den Fokusmodus aus und gehe hier auf *MF*.

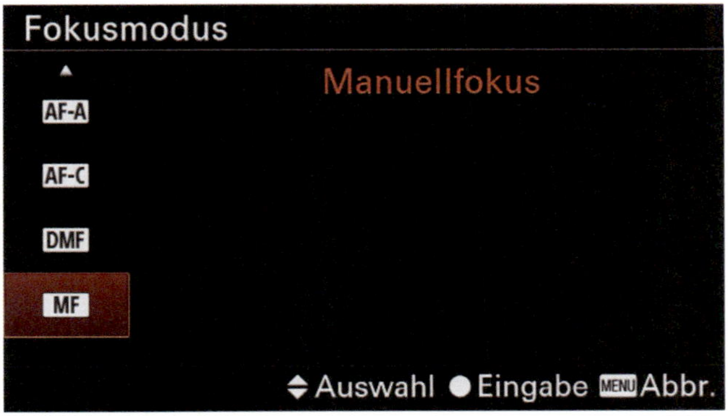

Einstellung des manuellen Fokus im Fn-Menü

Jetzt kannst du mit dem Ring am Standardobjektiv der α6000 deine Schärfe selbstständig dahin legen, wo du willst. Beim Powerzoom-

Objektiv nutzt du den gleichen Ring zum manuellen Scharfstellen wie beim Zoomen. Probiere es ruhig mal aus. Eine kleine Komfortfunktion ist die MF-Unterstützung: Hier wird beim Drehen am Fokusring noch mal ins Bild hineinvergrößert, so dass du die Schärfe ziemlich präzise auf einen Punkt setzen kannst. Beim halben Drücken des Auslösers springt die Anzeige des Displays wieder auf die volle Ansicht.

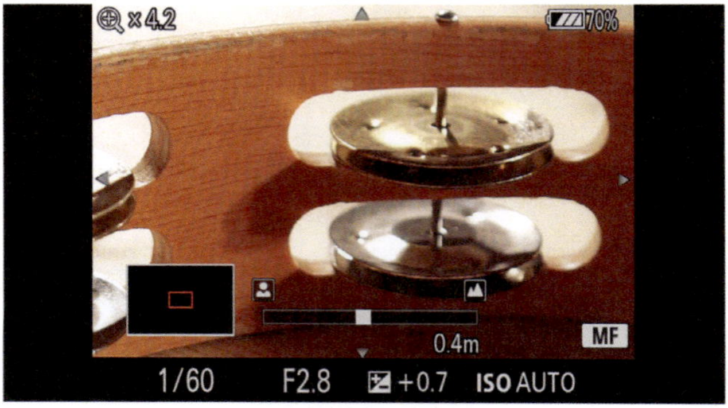

Die Ansicht der Fokusvergrößerung zeigt links unten die Position im Gesamtbildauschnitt an. Diese kannst du auch noch durch die Navigationstasten rechts neben dem Display verschieben.

Manuell oder automatisch – das ist Geschmacksache: Manche haben Spaß daran, zu experimentieren, andere wollen lieber schnell zum scharfen Bild und nehmen den Autofokus. Dazwischen gibt es noch den *DMF*, den direkten manuellen Fokus, der beide kombiniert.

Der direkte manuelle Fokus kombiniert den Autofokus mit dem manuellen Fokus. Das heißt, du kannst den Autofokus nutzen und scharfstellen. Bist du nun nicht ganz zufrieden mit deiner Schärfe, kannst du jetzt bei halb gedrücktem Auslöser den Fokus nachträglich noch mit dem Fokusring einstellen. Auch hier ist die MF-Unterstützung aktiv.

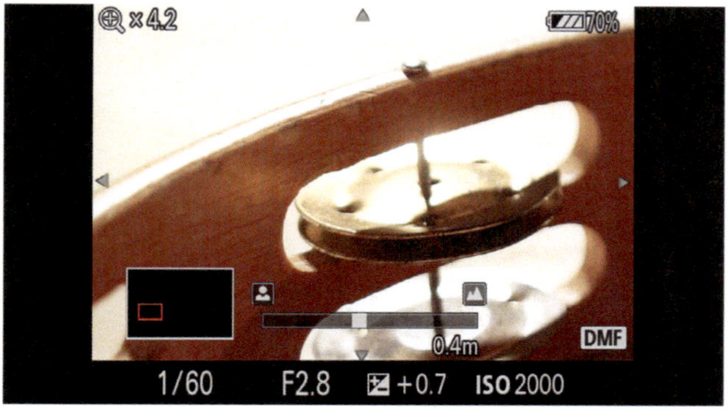

Der DMF kombiniert den manuellen und den Autofokus

Einzelbild- und Nachführ-AF

Es geht nicht nur darum, der Kamera zu sagen, *wo* der Fokus liegen soll, sie muss auch wissen, *wie* sie fokussieren soll. Dafür gibt es zwei verschiedene Möglichkeiten, einmal den Einzelbild-Autofokus für statische, unbewegte Motive und den Nachführ-Autofokus für Motive in Bewegung. Im Auslieferungszustand ist die Kamera immer auf den automatischen AF eingestellt, der selbstständig zwischen AF-S und AF-C wechselt. Wir empfehlen aber die genaue Vorwahl von AF-S oder AF-C.

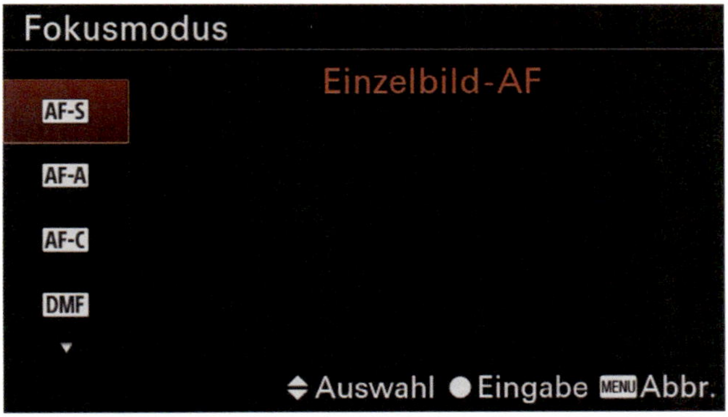

Der Einzelbild-Autofokus

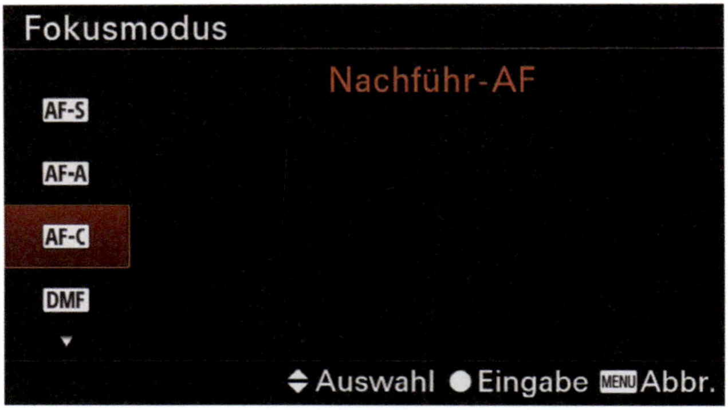

Der Nachführ-Autofokus

Das Funktionsmenü im Überblick

Das Fn-Menü ist neben den Tasten dein wichtigstes Steuerelement beim Fotografieren. Hier kannst du jede Menge wichtige Funktionen einstellen. Du rufst es mit der Taste Fn auf der Rückseite der Kamera auf. Dieses Menü kannst du ganz frei und individuell aus einer riesigen Anzahl an Einstellungen belegen. Aber sehen wir uns hier erst einmal das Menü in der Grundeinstellung an.

Es gibt mittlerweile eine ganze Menge Modelle in der α6000-Reihe, wie du weißt. Die α6000, 6300 und 6500 bilden eine Generation. Die α6100, α6400 und α6600 gehören zur neuesten Generation der Sony-Systemkameras. Ihre Fn-Menüs sehen ein bisschen unterschiedlich aus, aber egal welches Modell du besitzt, die Punkte und auch die Anordnung kannst du individuell anpassen.

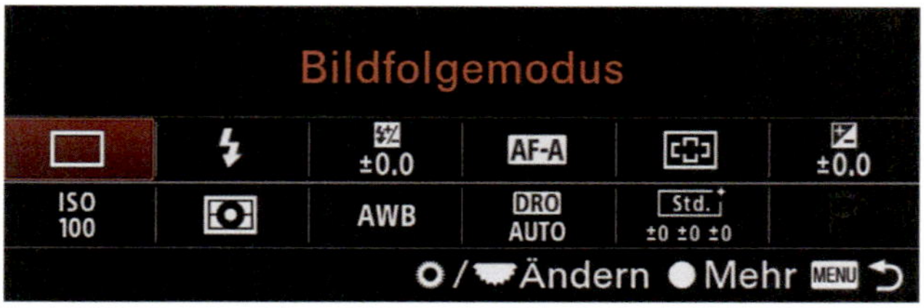

Das Fn-Menü der α6000, 6300 und 6500

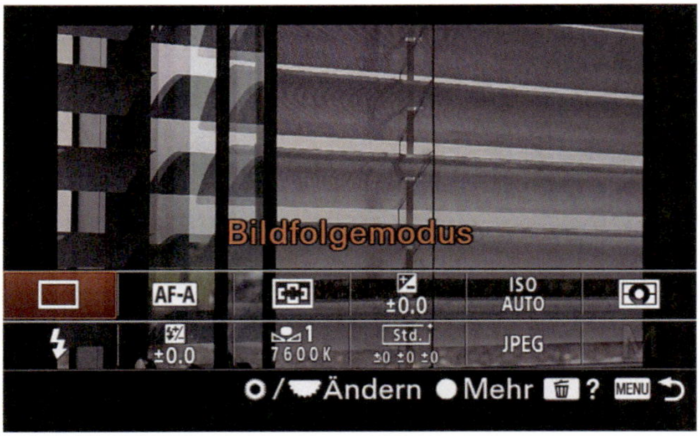

Das Fn-Menü der α6100, 6400 und 6600: Hier kannst du den Bildfolgemodus einstellen, das heißt, Einzel- oder Serienbilder oder den Selbstauslöser aktivieren, aber auch umfangreiche Belichtungsreihen. Das alles geht auch über Linksklick auf dem Einstellrad rechts neben dem Display.

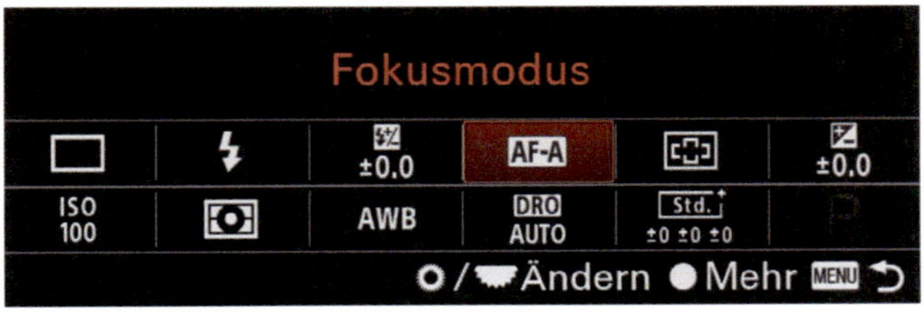

Hier stellst du die Autofokusmodi AF-A, AF-S, AF-C oder den manuellen Fokus MF oder DMF ein

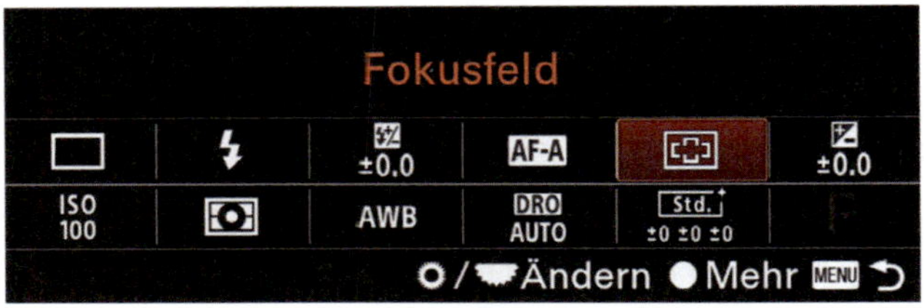

Hier kannst du die Fokusfeldoptionen einstellen (wir benutzen in den späteren Bildbeispielen häufig den Flexiblen Spot)

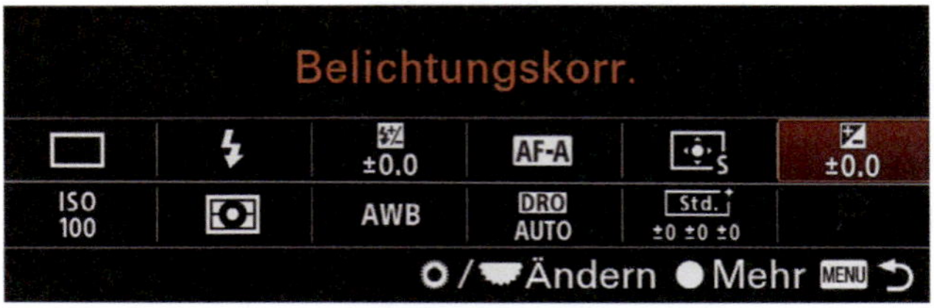

Hier kannst du die Belichtungskorrektur einstellen. Das geht auch über das Einstellrad rechts neben dem Display.

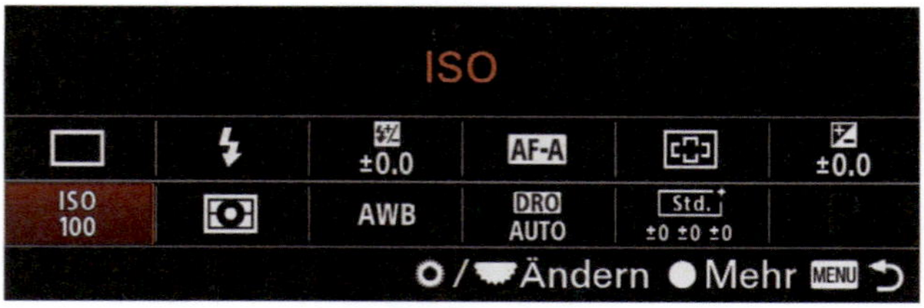

Hier sind die ISO-Werte und die ISO-Automatik zu finden. Bei der α6000, 6300 und 6500 gibt es über der ISO-Automatik noch eine Funktion: Hier macht die Kamera Serienbilder, die dann zu einer Aufnahme mit weniger Bildrauschen zusammengefügt werden. Das ist praktisch, wenn du abends kein Stativ dabeihast. Es darf sich aber nicht allzu viel in deinem Bild bewegen.

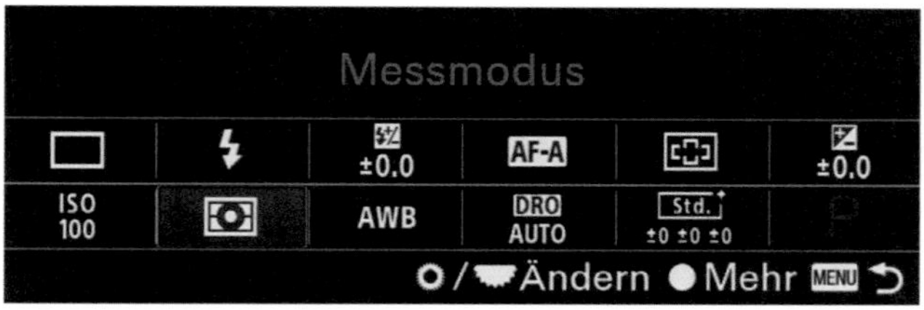

Die Belichtungsmessmethode kannst du hier einstellen. In den meisten Fällen kannst du die Multimessung verwenden. Sie führt fast immer zu einem guten Ergebnis, dass du wenn nötig mithilfe der Belichtungskorrektur noch verbessern kannst. Die anderen Messmethoden sind für speziellere Anwendungen. Spot- und die bei den neuen Alpha-Modellen eingeführte Highlight-Messung sind z. B. gut für Theater- und Konzertfotografie geeignet.

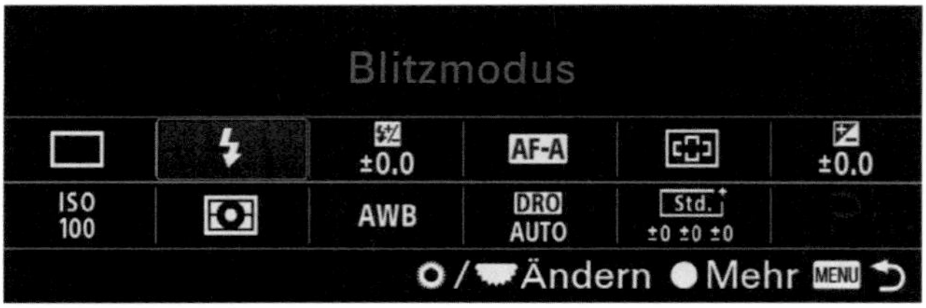

Optionen für den eingebauten Blitz oder einen externen Systemblitz

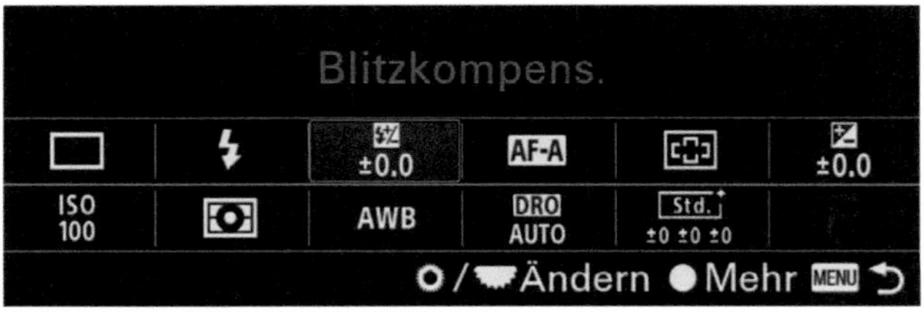

Mit der Blitzkompensation kannst du die Intensität des eingebauten Blitzes korrigieren

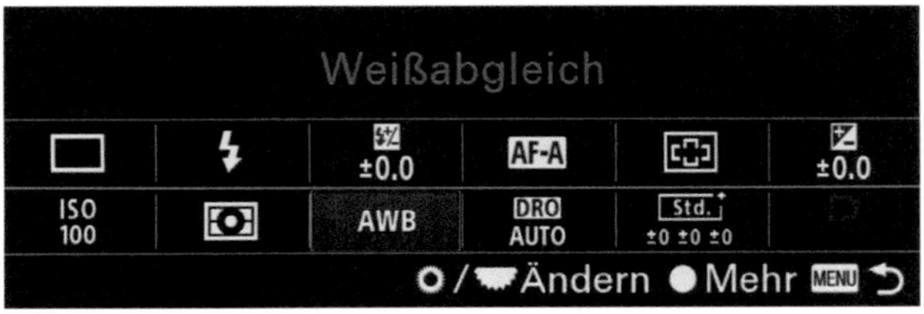

Den Weißabgleich kannst du hier einstellen und ganz individuell anpassen

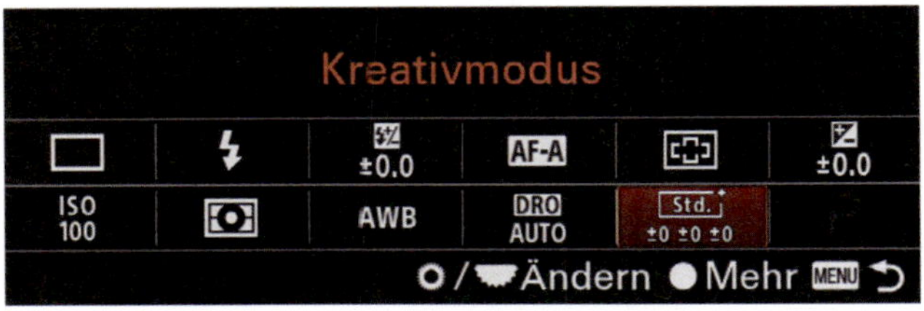

Der Kreativmodus beeinflusst Farben, Kontraste und Scharfzeichnung. Auch Schwarz-Weiß kannst du hier anwählen. Der Kreativmodus ist besonders wichtig, wenn du im JPEG-Format fotografieren willst.

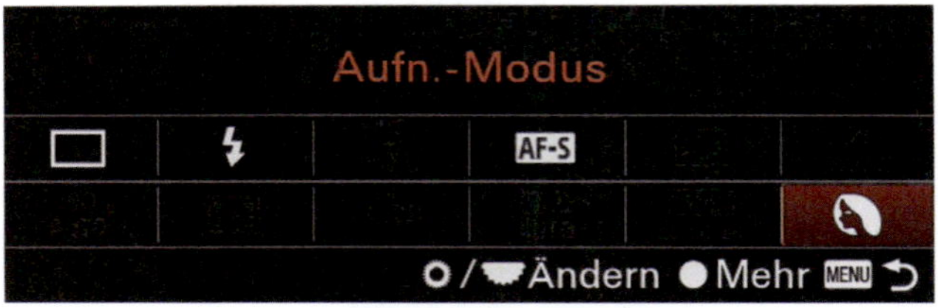

Wenn du SCN (Szenenmodus) auf dem Moduswahlrad einstellst, wechselst du hier z. B. von Porträt auf Sonnenuntergang. Wenn du den Videomodus gewählt hast, kannst du zwischen den verschiedenen Belichtungsmodi und Automatikprogrammen wählen.

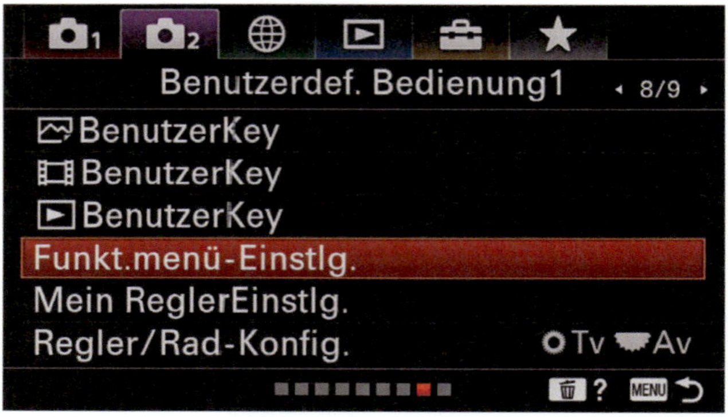

Unter diesem Menüpunkt kannst du dein Fn-Menü ganz individuell mit deinen Lieblingsfunktionen belegen (dazu mehr unter „Tastenbelegung“)

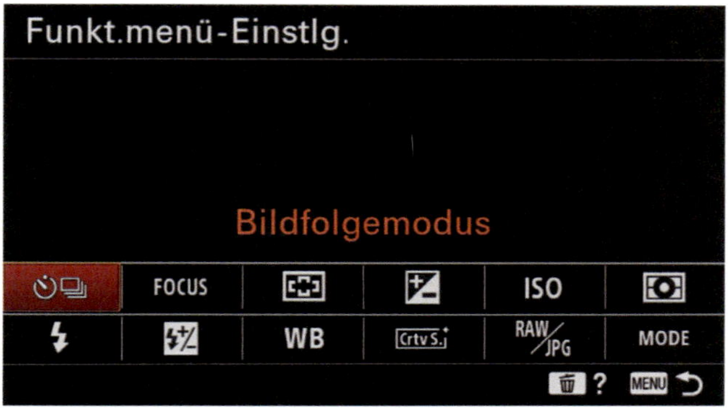

Das Feld, das du ändern möchtest, wird farbig markiert. Du kannst aus den vielen Optionen die für dich passende auswählen.

KONFIGURATION DES FN-MENÜS

Nimm dir für die Konfiguration deines Fn-Menüs etwas Zeit und ändere nicht alle Punkte auf einmal. Wenn du merkst, dass du eine Einstellung aus dem Fn-Menü selten oder gar nicht änderst, kannst du sie mit einer Funktion belegen, die du häufiger benutzen und einstellen willst.

DRO und HDR etwa sind gute Möglichkeiten, den Kontrastumfang deiner Fotos zu erhöhen, um mehr Details in sehr hellen und sehr dunklen Bildpartien darzustellen. Bei DRO wird dies aus einem Foto generiert, bei HDR aus drei Fotos. Dieser Menüpunkt wurde bei den aktuellen Sony-Modellen aus dem Fn-Menü genommen. Da wir sie gerne benutzen, haben wir sie wieder in das Menü aufgenommen.

Erweiterte Belichtung

Ein wichtiges Bildsteuerungselement neben der Schärfe ist die Belichtung. Du willst nicht nur bestimmen, was auf deinem Bild scharf ist, sondern die richtige Belichtung festlegen. Die Fotografie ist ein Spiel mit Licht und Schatten, es ist also ganz entscheidend, wie hell oder wie dunkel dein Bild wird. Daher kümmern wir uns nun um das Moduswahlrad. Wir haben Modus P schon kurz angeschnitten, um die Schärfe einstellen zu können. Eine letzte Gedenkminute für die intellegente Automatik, die du ab jetzt nicht mehr benötigst – dann stellst du das Rad auf „A".

Modus A

Spätestens jetzt wird Modus A zu deiner Lieblingseinstellung. A steht für „aperture", englisch für die Blende. Der Modus A wird auch Blendenpriorität oder Zeitautomatik genannt. Das heißt, wir stellen die Blende hier fest ein. Die anderen Werte, die über die richtige Belichtung entscheiden, überlassen wir der Kamera. Schau dir nun an, was die Blende für dein Bild bedeutet: Die Blende ist verantwortlich für den Schärfeverlauf in deinem Bild und für die Lichtmenge, die durch das Objektiv fällt.

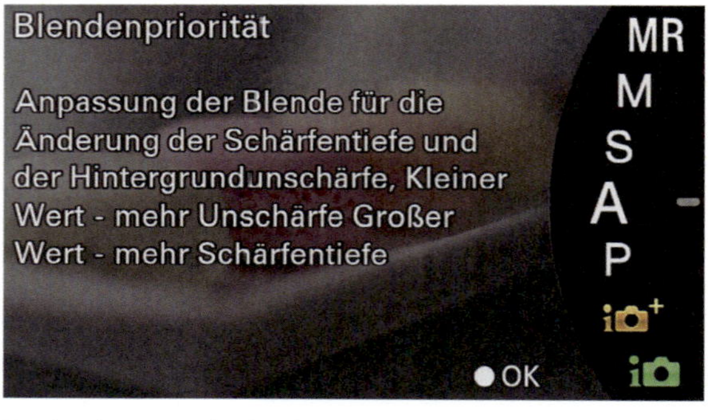

Der Modus A, auch Blendenpriorität oder Zeitautomatik genannt

Mit dem Einstellrad kannst du nun eine Einstellung in der Kamera verändern. Du erkennst das an der Zahl auf dem Display, die sich verändert.

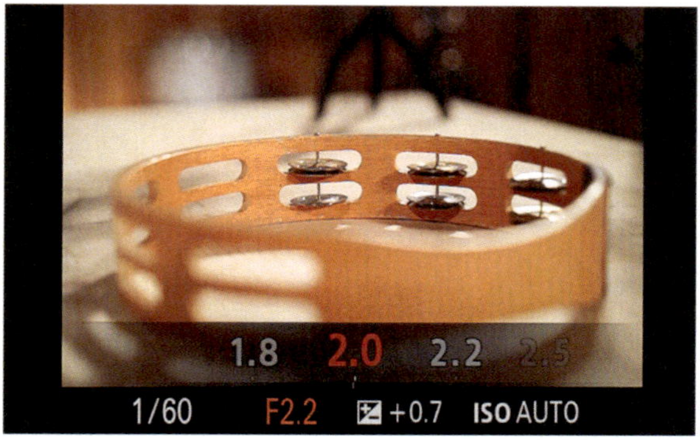

Die kleinsten und die größten einstellbaren Blendenwerte

Vor der Zahl, die sich verändert, steht ein „F“, das bezeichnet den Blendenwert. Das Objektiv im Beispiel beginnt bei der maximalen Blendenöffnung von f/1.8 und geht bis maximal Blende f/22. Bei deinem Objektiv sollte das ähnlich sein, möglicherweise ist dein tiefster Wert aber auch nur die maximale Blendenöffnung f/3.5 – das spielt hier keine Rolle.

MERKSATZ FÜR DIE BLENDE

Kleine Zahl → kleine Schärfe!
Große Zahl → große Schärfe!

Probiere das Spiel mit der Blendenöffnung gleich mal selbst mit verschiedenen Blendeneinstellungen aus. Beginne mit der kleinsten Blendenzahl, der Offenblende. Was passiert? Du kannst deine Bildaussage besser treffen, denn alles Unwichtige bleibt unscharf. Mit kleiner Blende oder Offenblende kannst sagen: Genau da soll der Betrachter meines Bildes hinschauen. Diese Einstellung ist entscheidend für Porträts: Du willst, dass der Betrachter sofort die Person anschaut und nicht den Hintergrund.

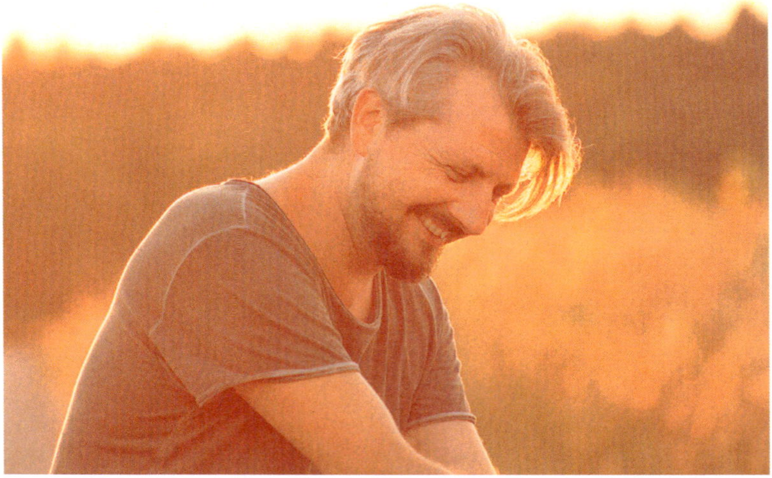

Ein mit Offenblende gemachtes Porträt von Manuel

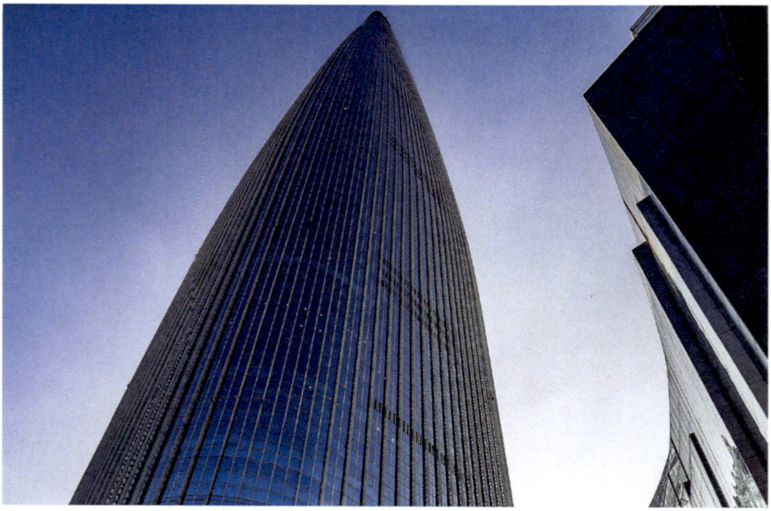

Ein Wolkenkratzer in Korea, abgeblendet, also mit geschlossener Blende fotografiert

Stelle nun eine hohe Blendenzahl ein. Das ideale Motiv für große Blendenzahlen sind Landschaften und Architektur. Bei einer Landschaft möchtest du nicht nur den Grashalm im Vordergrund scharf haben, du möchtest die gesamte Landschaft scharf sehen, um die Atmosphäre einzufangen und um wirklich eindrucksvolle Bilder zu machen, und genauso bei Architekturmotiven, denn auch dort willst du jedes Detail in Vorder- und Hintergrund sichtbar machen.

Das ist schon das Wichtigste, was du über den Modus A/die Blendenpriorität wissen musst: Du gibst damit die Tiefe deiner Schärfe im Bild vor, die Schärfentiefe.

Modus S

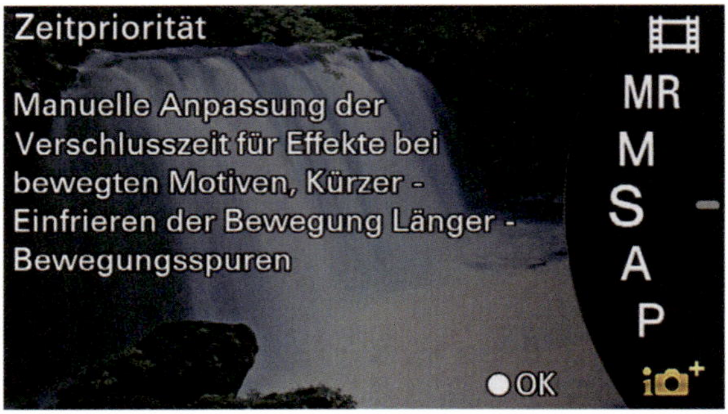

Der Modus S, auch Zeitpriorität oder Blendenautomatik genannt

Kommen wir zum nächsten Aufnahmemodus, dem Modus S. Der Modus S wird auch Zeitpriorität oder Blendenautomatik genannt. S steht hier für „shutterspeed“ oder nur für „shutter“. Der Shutter ist der Verschluss einer Kamera, der in einer gewissen Zeit offen ist, er bestimmt also, wie lange Licht auf den Sensor fällt. Diese Zeit kannst du in diesem Modus einstellen. Stelle deine Kamera auf den Modus S und schau, welche Maximal- und Minimalwerte bei dir möglich sind. Maximalwert heißt, wie lange dein Verschluss geöffnet bleiben kann.

Das sind bei der α6000 30 sek (in der Fotografie ein sehr langer Zeitraum). Der kleinste Wert bedeutet die kürzeste Verschlusszeit. Bei der α6000 beträgt sie 1/4000 sek, also einen extrem kurzen Moment.

Mit einem bewegten Objekt, vielleicht dem Pendel einer Uhr oder einem bewegten Zweig vor deinem Fenster, kannst du das zuhause sehr gut ausprobieren. Wir sehen uns jetzt gemeinsam mal die gesamte Reihe von Bildern an, die mit verschiedenen Verschlusszeiten gemacht wurden. Fangen wir bei der schnellsten Belichtungszeit an.

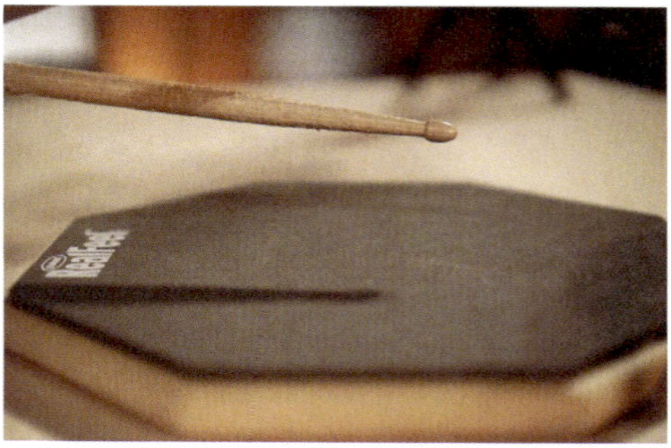

Bei 1/4000 sek siehst du die Bewegung der Drumsticks komplett eingefroren

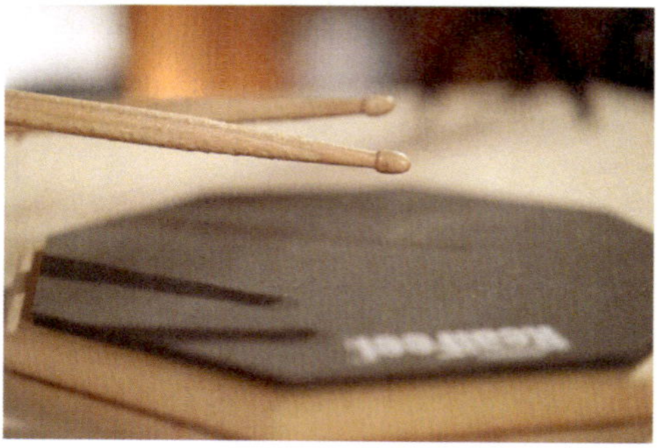

Auch bei 1/1000 sek ist noch keine Bewegung erkennbar

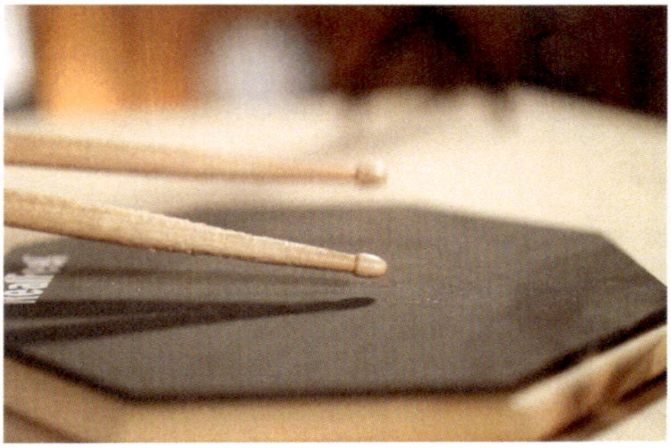

Ab 1/250 sek ist ganz klar eine Bewegungsunschärfe des hinteren Sticks zu sehen; der vordere ist scharf , weil er im Moment des Auslösens gerade in Ruheposition war

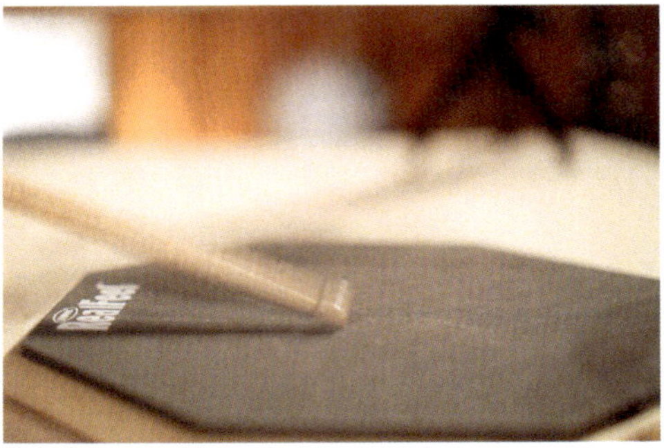

Bei 1/60 sek ist die Bewegung schon äußerst verschwommen

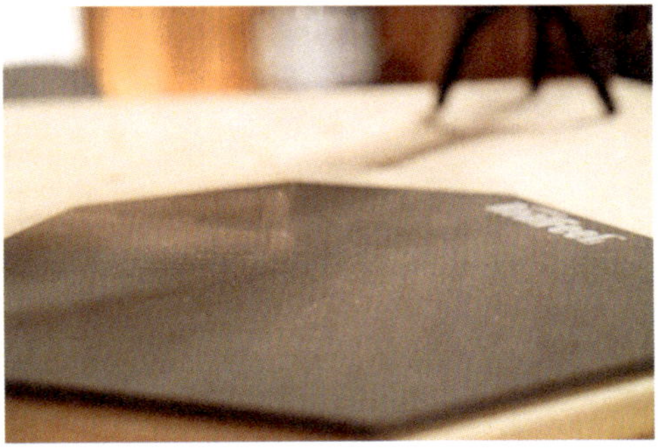

Bei 1/4 sek kann man von den Sticks kaum mehr etwas erkennen

Mit dem Modus S kannst du also sehr kreativ arbeiten: Du kannst Bewegungsunschärfe zeigen oder Bewegungen einfrieren. Beachte dabei die Kehrwert-Regel: Sie sorgt dafür, dass dein Bild nicht verwackelt. Das erreichst du, wenn deine Verschlusszeit der Kehrwert aus deiner Brennweite ist. Das heißt, bei einer 50-Millimeter-Brennweite musst du mindestens 1/50 sek Verschlusszeit auswählen.

Experimentiere einfach mal ein bisschen: Ab welcher Verschlusszeit wird es unscharf? Aus der freien Hand halten wird immer schwieriger, je länger die Verschlusszeit ist. Pi mal Daumen kann man sagen, dass du für die normale Bewegung von Menschen mindestens 1/125 sek brauchst, aber bei herumhüpfenden Kindern besser 1/500 oder vielleicht sogar 1/1000 sek nimmst.

DIE ISO-AUTOMATIK IN MODUS A UND S

Wichtig ist bei Modus A und S die ISO-Automatik, um sicherzustellen, dass die Kamera nur das macht, was du willst: also entweder die Tiefenschärfe verändern oder Bewegungsunschärfe zeigen oder Bewegungen einfrieren. Überlasse den Rest der Kamera – sie kann es am besten.

Der Bildstabilisator hilft, diese Regel ein wenig entspannter zu befolgen. Er arbeitet gegen die unbeabsichtigten Bewegungen, die man beim Auslösen der Kamera macht. Durch einen Sensor werden die Bewegungen erkannt und in elektrische Signale übersetzt, die vom Bildstabilisator genutzt werden. Die α6500 und 6600 sind mit einem Bildstabilisator im Gehäuse (IBIS) ausgestattet, die Objektive mit dem Kürzel OSS („Optical SteadyShot") ebenso. Du kannst hier großzügig das Doppelte bis Vierfache der Kehrwertregel als Verschlusszeit wählen. Bei einer 50-mm-Brennweite wirst du also mit 1/25 oder 1/13 sek nicht verwackeln.

Serienbilder

In manchen Situationen ist es hilfreich, mehrere Bilder in schneller Folge aufzunehmen. Dafür bietet die Kamera eine spezielle Einstellung, und zwar den Bildfolgemodus. Beim Bildfolgemodus kannst du wählen, wie viele Bilder du hintereinander machen willst, also mit einmal Auslösen entweder ein Einzelbild oder gleich viele hintereinander, je nach Modell acht bis zehn pro Sekunde. Damit der Fokus auch nachgeführt wird, solltest du den Fokusmodus AF-C einstellen.

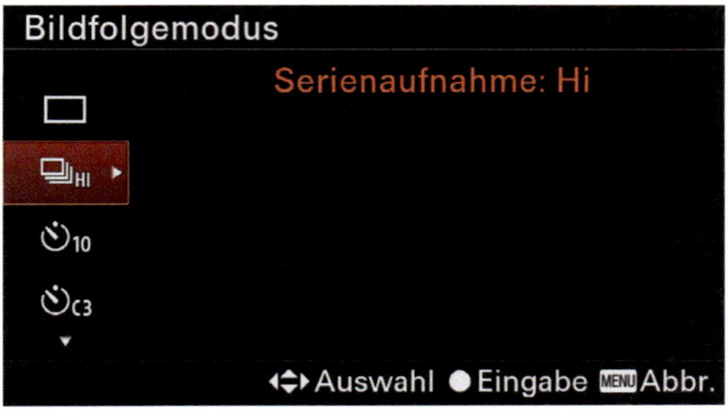

Der Bildfolgemodus

TASTENBELEGUNG

Deine Sony-Kamera verfügt über eine Menge Tasten. Diese kannst du zum großen Teil frei nach deinen Wünschen belegen. Das ist ein Riesenvorteil, denn jeder Mensch ist anders und ordnet die Dinge nach seinem Geschmack. In diesem Kapitel zeigen wir dir die verschiedenen Möglichkeiten und geben Empfehlungen, die du ganz individuell an deine eigenen Bedürfnisse anpassen kannst. Hauptsache, du nutzt dieses coole Feature überhaupt, denn es lässt dich beim Fotografieren schneller und effektiver Einstellungen verändern.

Neben der Tastenbelegung gibt es oben auf dem Programmwahlrad noch einen Speicherplatz für ganz individuelle Fotografieprogramme. Dieser Speicherplatz nennt sich MR („Memory Recall", Speicherabruf). Das bedeutet, du kannst z. B. ein Programm für Sport und Actionaufnahmen erstellen. Dann sind alle Parameter, z. B. die Verschlusszeit, die ISO-Empfindlichkeit, der Autofokus-Modus und mehr, schon richtig eingestellt und du kannst gleich loslegen. Du kannst unterschiedliche Belegungen für die Fotoaufnahme, das Videofilmen und die Wiedergabe einstellen.

Damit du ein Gefühl dafür hast, welche Einstellungen du auf MR und auch auf die Tasten programmierst, arbeitest du am besten erst einmal ein paar Kapitel aus dem Praxisworkshopteil dieses Buches durch.

Im Menü deiner Kamera findest du den Punkt *BenutzerKey*. Bei den neuen Alpha-Modellen kannst du für Foto- und Videoaufzeichnung und die Wiedergabe getrennte Tastenbelegungen festlegen.

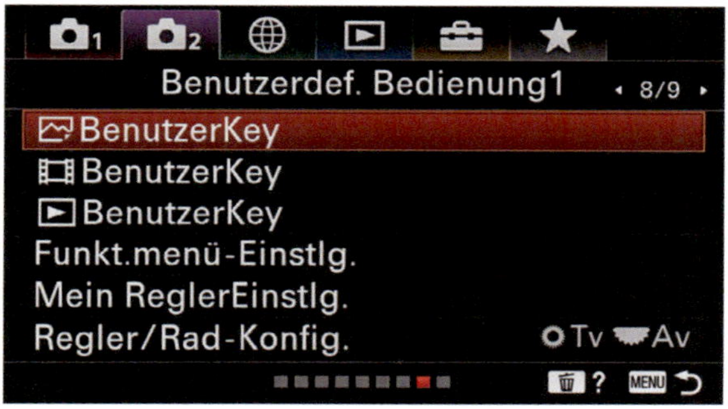

Der Menüpunkt Tastenbelegung/BenutzerKey bei der α6400: Die aktuellen Sony Alpha-Modelle haben jetzt ein grafisches Menü. Es ist auf vier Seiten aufgeteilt. Wenn dein Objektiv über eine Taste oder andere zusätzliche Bedienelemente verfügt, kannst du sie auch zuweisen.

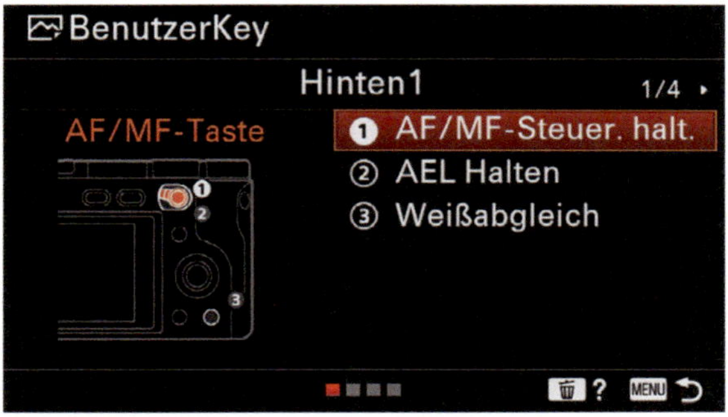

Grafisches BenutzerKey-Menü der α6400: Bei den Modellen α6000, 6300 und 6500 wählst du die Position, an der du die Funktion im Fn-Menü verändern willst.

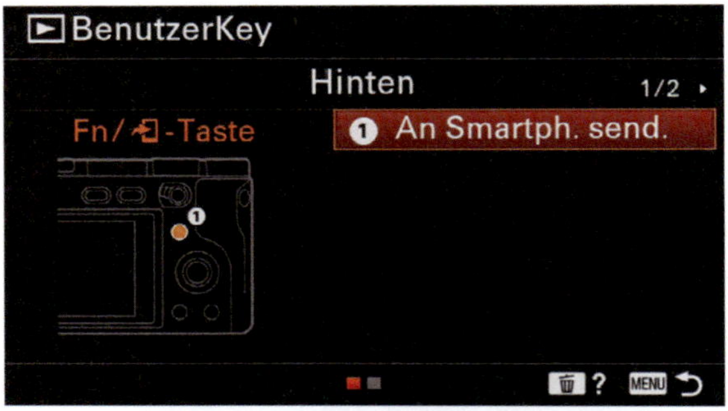

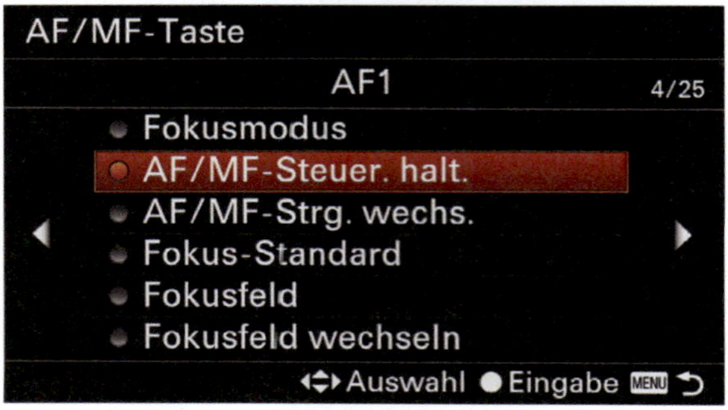

Die Tastenbelegung bei der α6600. Besonderheit: Man kann sie für den Foto-, Video- und Wiedergabemodus getrennt belegen.

Bei manchen Tasten, wie z. B. der DISP-Taste, kannst du unter einem eigenen Menüpunkt eine Funktion anpassen, aber ihre Grundfunktion nicht ändern. Die DISP-Taste ist also immer mit der gleichen Funktion belegt: durch verschiedene Ansichtsmöglichkeiten auf dem Display zu blättern. Diese Ansichten sollen dir helfen, dein Foto zu machen, beispielsweise die Wasserwage einzublenden, um einen geraden Horizont zu bekommen, wenn du nichts zum Orientieren hast (Achtung: Die α6000 hat keine Wasserwaage).

Es ist auch möglich, die verschiedenen Ansichten des Monitors und Suchers anzupassen, z. B. die Übersicht auf dem Monitor, aber nicht im Sucher. Auch die Drehrichtung des Einstellrads bzw. des Drehreglers für Blende (Av) und die Verschlusszeit (Tv) kannst du ändern. Das ist wirklich Luxus!

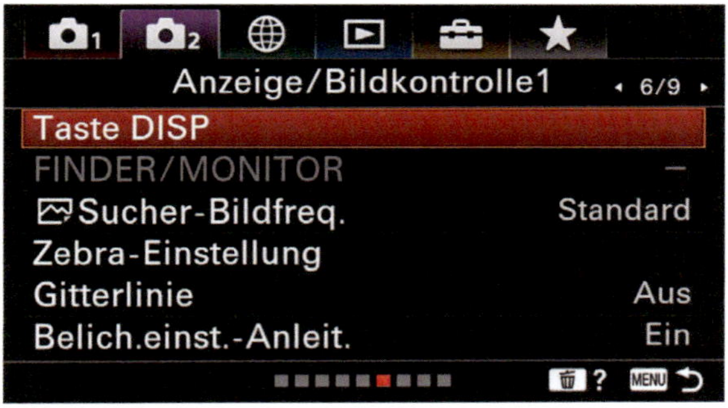

Die DISP-Taste

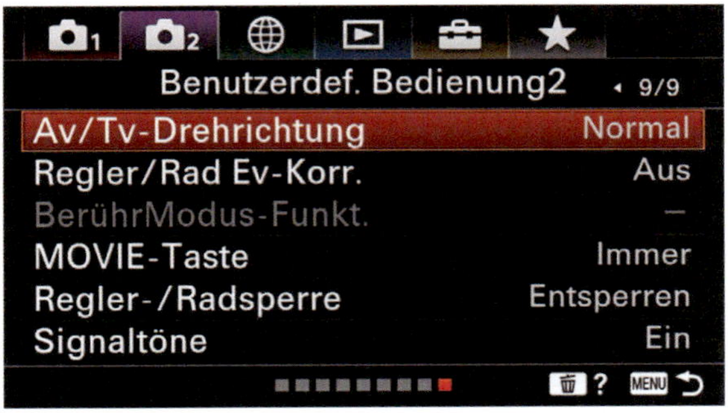

Hier kannst du die Drehrichtung von Einstellrad bzw. Drehregler ändern

Eine sehr praktische Funktion ist auch, die Belichtungskorrektur einfach mit dem Einstellrad zu machen, das du gerade nicht brauchst, weil du im A-, S- oder P-Modus bist. Im Praxisteil wirst du sehen, dass wir bei vielen unserer Fotos eine Belichtungskorrektur vorgenommen haben. Aber Achtung: Pass auf, dass du sie nicht aus Versehen machst. Auch hier gilt: Es ist eine Empfehlung, aber kein Muss, diese Tastenbelegung zu benutzen.

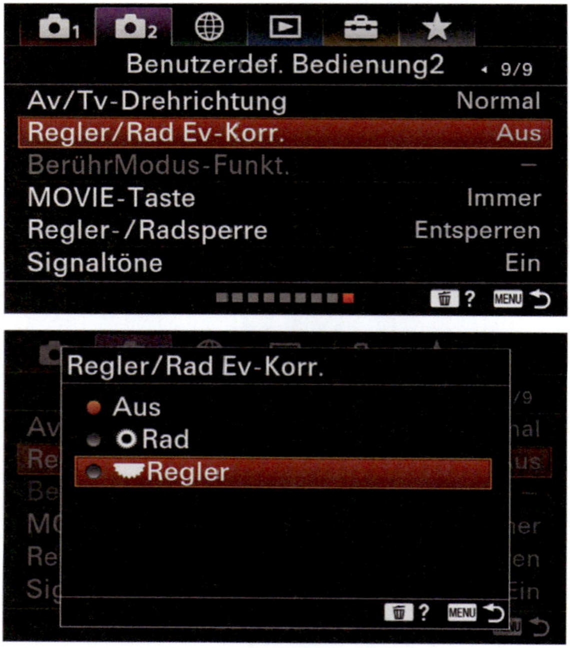

Belichtungskorrektur über das Einstellrad

ZUBEHÖR

Eine Kamera und ein Objektiv, mehr braucht man am Anfang nicht zum Fotografieren. Aber je nachdem, welche Motive du fotografieren möchtest, oder ob du auch mal nachts Fotos machen möchtest, wirst du um einige wichtige Zubehörteile nicht herumkommen. Objektive, Stative und Filter machen deine Ausrüstung besser. Wir stellen dir hier ein paar Dinge vor, mit denen das Fotografieren noch mehr Spaß macht.

Objektive

Die Brennweite

Sicherlich hast du schon an deinem Objektiv gezoomt, also etwas auf nah oder fern eingestellt. Bei der kleinen Brennweite, also ohne dass du zoomst, hast du einen sehr großen Blickwinkel. Alles ist im Bild. Bei der großen Brennweite, also beim Nah-Heranzoomen, hast du einen sehr kleinen Blickwinkel.

Auf den folgenden Bildern siehst du 16–200-mm-Brennweiten im Vergleich. 35 Millimeter entsprechen in etwa dem Blickwinkel des menschlichen Auges. Werte kleiner als 35 mm nennt man Weitwinkel (also 10, 16, 24 und 28 mm), damit siehst du sozusagen die Weite des Raumes. Bei Werten größer als 35 mm, z. B. 70, 135, 200 mm oder größer spricht man vom Teleobjektiv. Es sieht dann so aus, als sei man sehr nah dran.

Stefan im 16–200-mm-Brennweiten-Vergleich

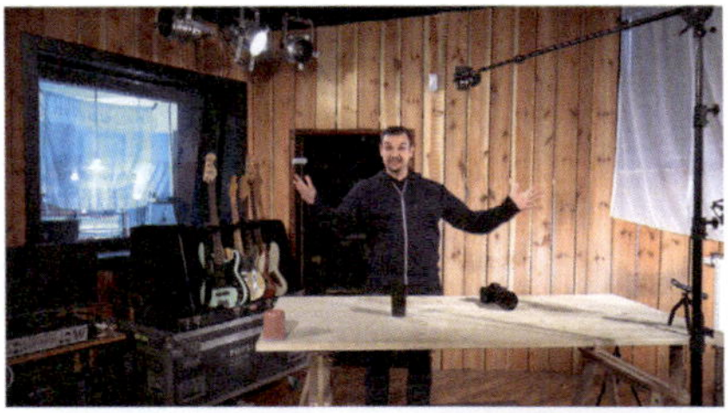
Brennweite 16 mm

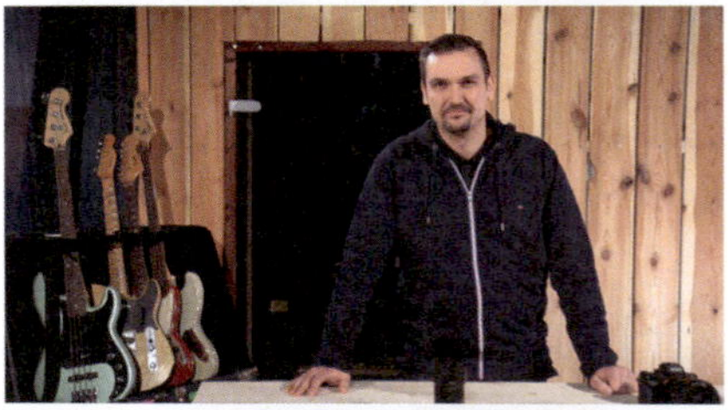
Brennweite 35 mm

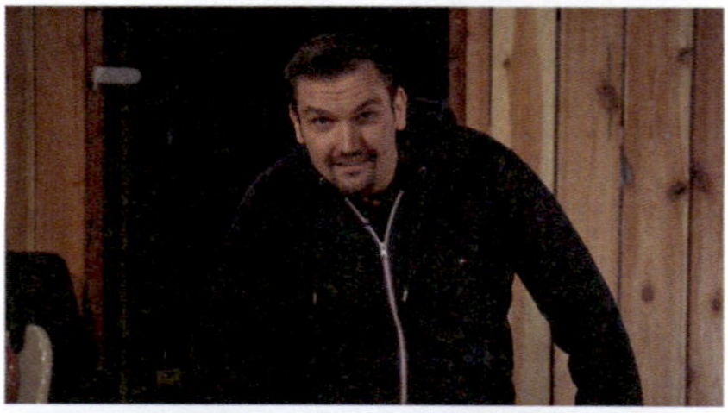
Brennweite 50 mm

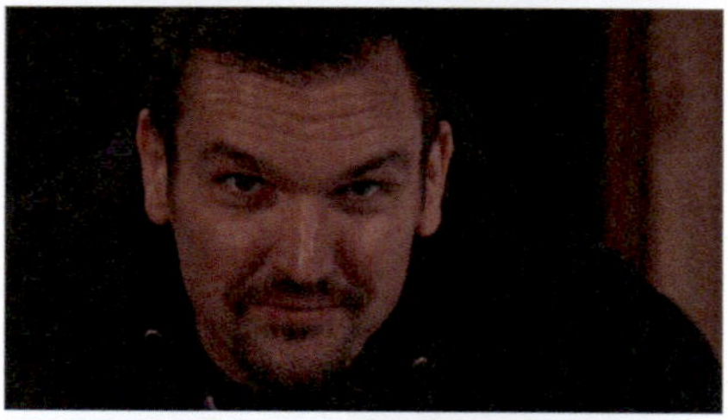
Brennweite 135 mm

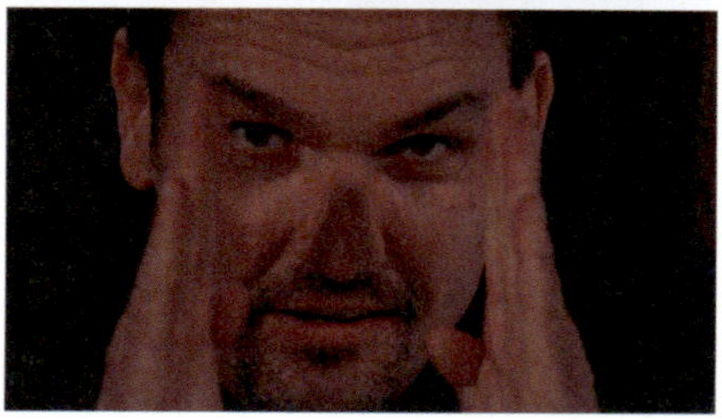
Brennweite 200 mm

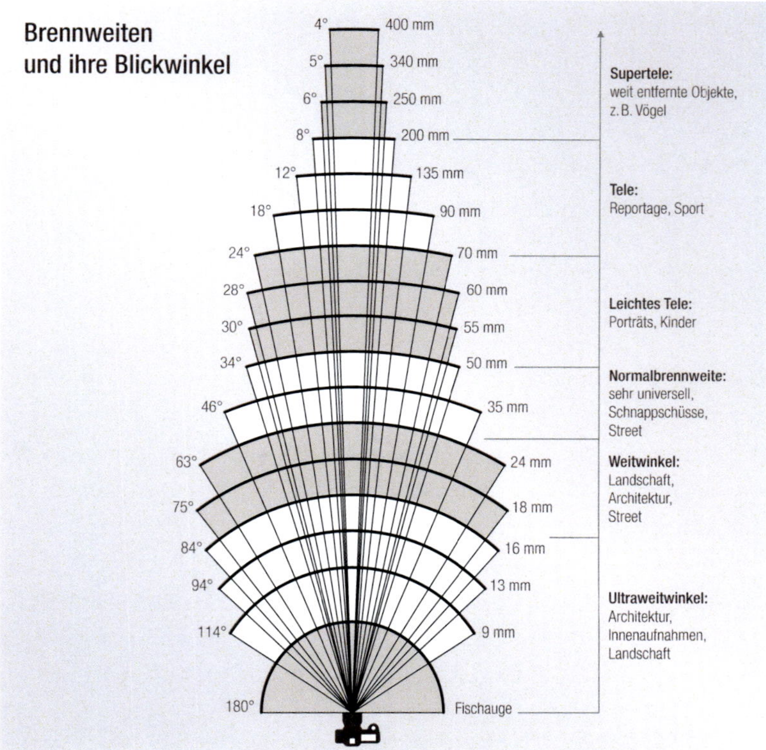

Die Brennweiten und ihre dazugehörigen Blickwinkel im Vergleich

DIE MINDESTFOKUSDISTANZ

Die Mindestfokusdistanz, auch Naheinstellgrenze genannt, ist die Distanz, die das Objektiv mindestens zum Fokussieren braucht. Sie steht auf jedem Sony-E-Mount-Objektiv. Alles ab diesem Punkt und weiter entfernt kann das Objektiv scharfstellen, darunter ist das nicht möglich.

Beim Standardobjektiv oder Kit-Objektiv mit 16–50 mm beträgt dieser Mindestabstand im Weitwinkel (also bei kleinster Brennweite von 16 mm) 25 cm, im Tele (bei größter Brennweite von 50 mm) sind es 35 cm.

Der Sinn der Blende

Der Wert 3.5–5.6 oder 2.8, der auf dem Objektiv steht, ist der Wert des Verhältnisses zwischen der maximalen Öffnung deines Objektivs und der Brennweite deines Objektivs. Das musst du dir aber nicht genau merken, da es dich fotografisch nicht weiterbringt. Wirklich wichtig zu wissen ist nur: Ein kleiner Wert bedeutet viel Licht, ein großer Wert bedeutet wenig Licht.

Die Blende hat im Wesentlichen zwei Funktionen. Die erste Funktion ist die Steuerung der Lichtmenge, die durch das Objektiv fällt. Die zweite ist die Verteilung der Schärfe in deinem Bild. Im Grunde befindet sich eine mechanische Einheit in deinem Objektiv, mit der du – genau wie die Iris deines Auges – die Lichtmenge steuerst, die auf den Sensor fällt. Das heißt: Im Dunklen ist wenig Licht, die Iris öffnet sich also, um genügend Licht ins Auge fallen zu lassen. Im Sonnenlicht schließt sie sich, damit du nicht geblendet wirst. Mit steigendem Blendenwert halbiert sich die Fläche, und es kann nur noch halb so viel Licht ins Objektiv fallen.

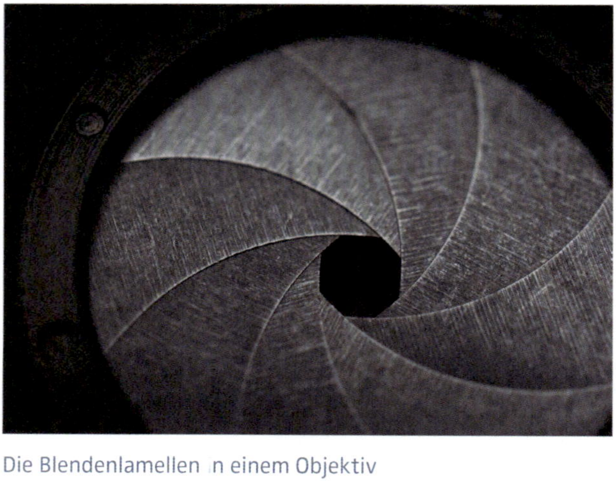

Die Blendenlamellen in einem Objektiv

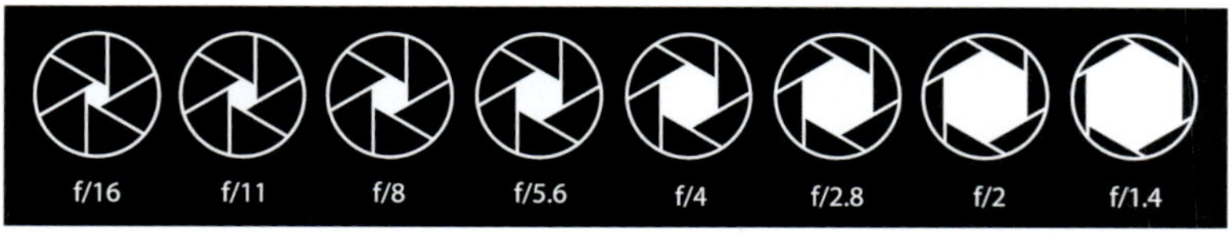

Die Blendenreihe. Du siehst, es gilt: große Zahl – kleine Öffnung.

Objektivklassen

Wie dir vielleicht schon aufgefallen ist, gibt es viele verschiedene Kombinationen aus Brennweite und Blende. Es gibt z. B. **Zoomobjektive** wie das schon genannte Kit-Objektiv. Das ist der Standardbereich, den man zum Fotografieren in der Regel braucht. Das bedeutet, du kannst von Landschaft und Architektur bis hin zum Porträt ziemlich viel abdecken, für Sport, Makro oder Wildlife ist es jedoch suboptimal.

Hier greift die Idee einer Systemkamera mit Wechselobjektiven. Jede Fotosituation kann dann mit der richtigen Kamera-Objektiv-Kombination perfekt bedient werden. Es gibt also kein „schlechtes" Objektiv (wie es dem Kit-Objektiv oft nachgesagt wird), sondern es gibt nur das falsche Objektiv für die jeweilige Situation. Das **Kit-Objektiv** ist in Sachen Größe, Preis und Verarbeitungsqualität der beste Begleiter für die α6000 in alltäglichen Situationen. Es lässt aber bei bestimmten Anforderungen wie etwa bei wenig Licht oder bei Porträts zu wünschen übrig.

Dann gibt es noch die **Festbrennweiten**. Das sind Objektive ohne Zoom, bei denen sich die Brennweite nicht verändern lässt. Man muss mit dem „Fußzoom" arbeiten, also näher ans Motiv herangehen oder sich entfernen. Der Vorteil von Festbrennweiten ist die Lichtstärke. Sie haben eine sehr hohe Bildqualität und werden deshalb von Profis auch gerne benutzt.

WELCHES OBJEKTIV BRAUCHST DU?

Wichtig für dich ist: Das Objektiv, das du momentan besitzt, reicht für das Durcharbeiten dieses Buches nicht ganz aus aus. Eine lichtstarke Festbrennweite gehört einfach in jede Fototasche. Später kann es sinnvoll sein, sich noch ein weiteres Objektiv anzuschaffen, das zu deiner Art der Fotografie passt, z .B. für Nahaufnahmen oder Sportfotos.

Stative

Hier gibt es alles von günstig bis sehr teuer. So viel vorab: Es muss kein wahnsinnig teures Karbonstativ sein, aber spare nicht zu sehr. Sonst kaufst du dir mit Sicherheit bald ein zweites, besseres Stativ, oder du nimmst es am Ende gar nicht mit zu deinen Fotoabenteuern, weil es zu schwer oder zu fummelig ist.

Wir besitzen mehrere Stative. Das sammelt sich einfach mit den Jahren so an. Manuels absolutes Lieblingsstativ ist ein kleines Tischstativ für unter 30 Euro. Es hält locker eine Kamera mit Objektiv. Da es nur etwas über 20 cm hoch ist, fotografierst du damit sehr bodennah, also quasi aus der Froschperspektive, was auch sehr interessant aussehen kann. Oder du hast Glück und findest eine Mauer oder einen Baumstumpf oder benutzt das Dach oder die Motorhaube deines Mietwagens im Urlaub. Ein Manko: Mit diesem Modell kann man nicht im Hochformat fotografieren und die Kamera auch nicht direkt nach oben richten, was bei Fotos vom Nachthimmel wichtig ist.

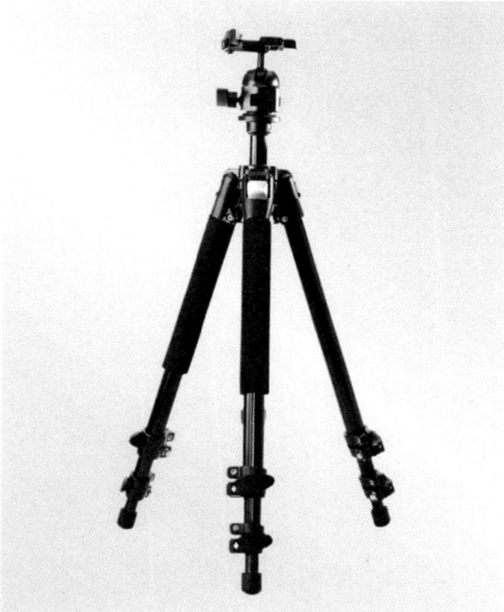

Stativ mit Kugelkopf

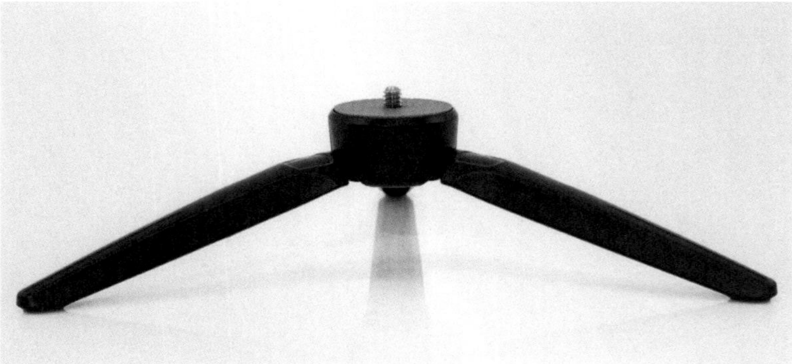

Ministativ ohne Kopf

Richtig schwere und robuste Stative eignen sich für Jobs, wenn du sowieso mit dem Auto anreist. Dann kannst du das Gewicht richtiggehend genießen, denn einmal aufgestellt, steht es wie ein Fels, und du kannst dich darauf verlassen, dass dein Bildausschnitt über Stunden der Gleiche ist.

Der Stativkopf

Viele Stative, gerade die kleineren, werden mit einem mehr oder weniger guten Stativkopf ausgeliefert. Aber manchmal hält der Kopf nicht das, was das Stativ verspricht. Häufig ist es ein **Kugelkopf**. Er ist für allgemeine Fotografie sehr praktisch, weil man mit ihm sehr schnell arbeiten kann. Wenn du aber z. B. Architekturfotos machen möchtest, ist ein Kugelkopf nicht unbedingt die beste Wahl, denn du bekommst damit sehr schwer eine wirklich genaue Kameraausrichtung hin. Wenn du dann noch mal deinen Ausschnitt verfeinern willst, weil du z. B. etwas nach links oder rechts verschwenken willst, ist dein Bildausschnitt meistens wieder schief.

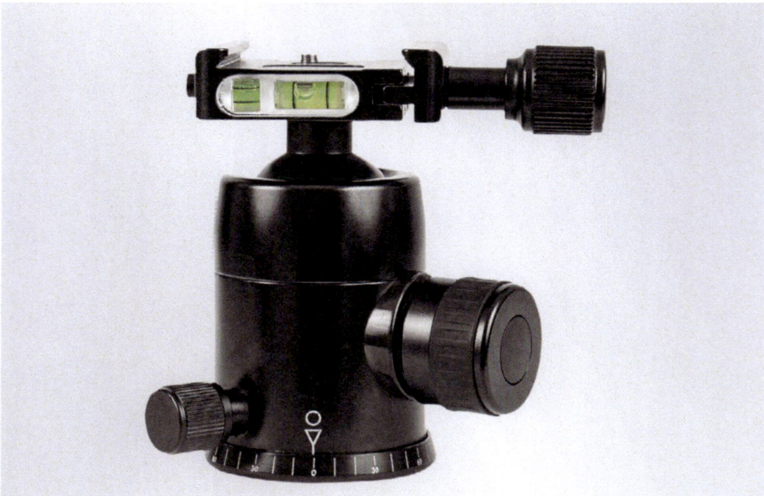

Hochwertiger Kugelkopf mit eingebauter Wasserwaage

Es gibt auch Kugelköpfe, die die horizontalen und vertikalen Ebenen auch getrennt voneinander verstellen können. Das ist eine feine Sache, aber nicht gerade günstig.

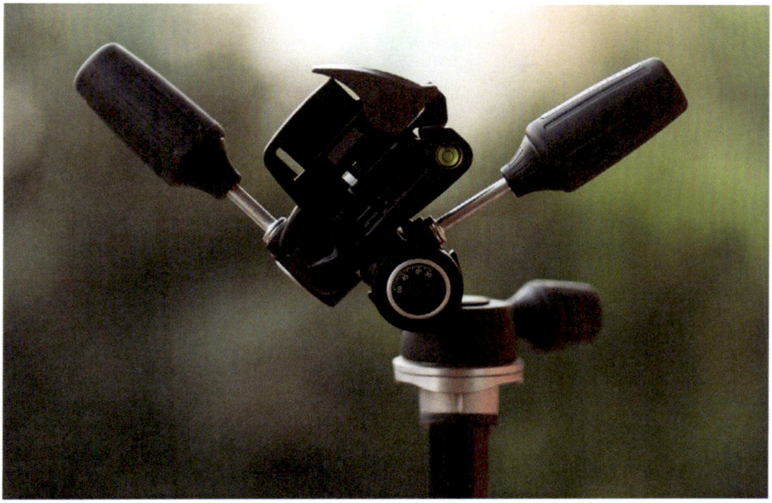

Mit dem Drei-Wege-Neiger kann die Kamera schnell in alle Richtungen geneigt werden

Für Landschaft oder Architektur sind **Drei-Wege-Neiger** besser geeignet. Das i-Tüpfelchen ist ein sogenannter **Getriebeneiger**. Hier kannst du alle Ebenen ganz genau und unabhängig voneinander verstellen. Mittlerweile sind diese Köpfe auch deutlich leichter geworden.

Zuletzt gibt es noch einen ganz speziellen Stativkopf-Typ, den **Kardankopf**. Er ist für Tierfotografen geeignet, die Vögel im Flug fotografieren möchten. Er sieht wie eine Schaukel aus, und man hängt quasi die Kamera bzw. das Objektiv in diese Konstruktion. Der Vorteil ist, man kann nun den Vogel durch Schwenken verfolgen und auch, wenn er seine Höhe verändert, einfach darauf reagieren. Diese Köpfe sind allerdings meistens sehr teuer und erfordern ein sehr schweres Stativ, sonst reißt man das Stativ beim Schwenken gleich mit.

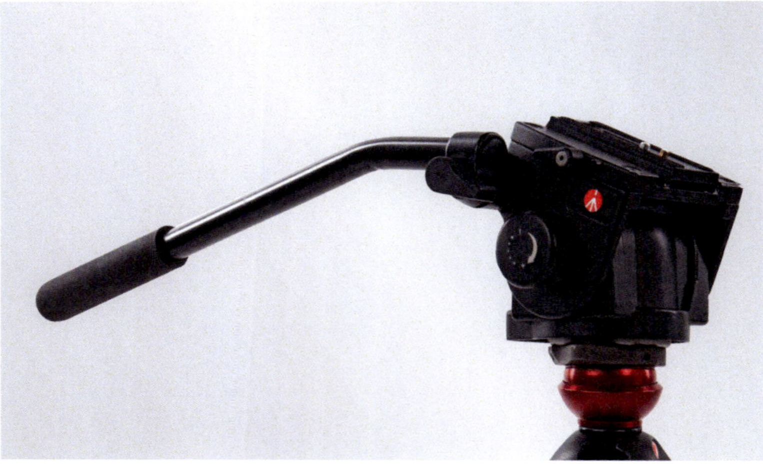

Videoneiger

Wenn du auch gerne filmen möchtest, dann gibt es dort noch einmal spezielle **Videoköpfe**. Wichtig ist dort, dass du einen verstellbaren Arm hast und sehr gut, das heißt ruckelfrei schwenken kannst. Deswegen sind diese Köpfe häufig mit einer flüssigkeitsgelagerten Mechanik ausgestattet. Es steht dann meistens irgendetwas mit „fluid" drauf. Dann kannst du auch den Widerstand des Kopfes so fein einstellen, dass er immer zum Gewicht deiner Kamera passt.

Gerade in den letzten Jahren immer populärer fürs Filmen sind sogenannte **Gimbals**. Mit ihnen kannst du während des Drehs gehen oder sogar laufen, und sie gleichen deine Bewegungen aus. Hier ist es sehr wichtig, dass der Gimbal das Gewicht deiner Kamera und Objektivkombination trägt, sonst hängt dein Objektiv ständig nach unten.

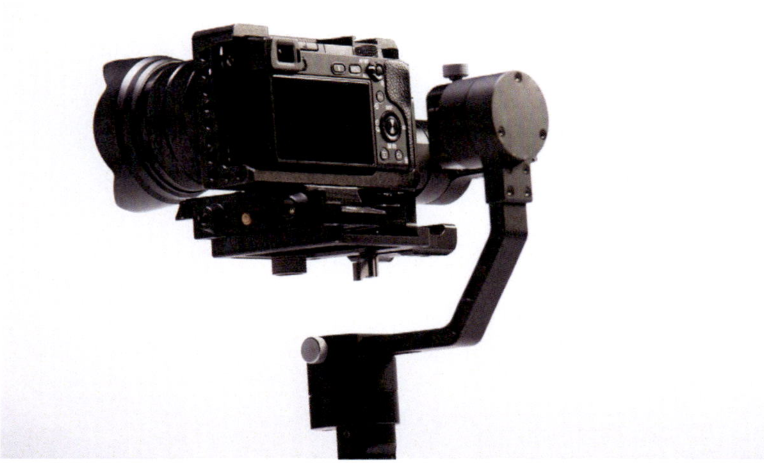

Die α6300 auf einem Gimbal

Filter

Es gibt unzählige Filter. Vielleicht hast du schon von ein paar Filtertypen gehört oder besitzt auch schon welche. Welche du wirklich brauchst, erklären wir dir hier.

UV- und Schutzfilter

Es gibt die UV- oder Neutralfilter, die man gerne als Schutzglas für die Frontlinse des Objektivs verwendet. Wichtig ist hier: Der Filter verbessert nicht die Bildqualität. Im besten Fall, das heißt, wenn es ein qualitativ hochwertiger Filter ist, verschlechtert er die Bildqualität nicht merkbar. Ob du deine Objektive durch Filter schützen solltest, ist zum einen eine Frage des Preises des Objektivs, und zum anderen, ob die Gefahr besteht, dass deine Frontlinse beschädigt wird. Das wäre z. B. bei actionlastiger Fotografie wie Motocross, BMX oder auch wenn du gerne am Strand fotografierst der Fall –

da könnte mal ein Steinchen in deine Richtung fliegen oder Sand die Linse verkratzen. Wenn du dagegen gerne Porträts in Räumen machst oder Architektur dein Hauptgebiet ist oder du in anderen eher „ungefährlichen" Gegenden unterwegs bist, brauchst du für dein Objektiv wohl eher keinen Schutz. Die Gegenlichtblende, die bei den meisten Objektiven dabei ist, schützt dein Objektiv ausreichend.

Polfilter

Dieser Filter ist wohl der bekannteste. Er besteht aus zwei Filterscheiben, die sich gegeneinander verdrehen lassen. Dadurch kannst du seine Wirkung verstärken oder abschwächen.

Man benutzt ihn, um Wasserflächen, also z. B. Seen oder das Meer farbintensiver darzustellen, weil durch den Filter die Reflexion des Wassers gemindert wird. Er wird auch bei der Architekturfotografie eingesetzt, wenn man die Spiegelungen in Glasscheiben vermindern will. Außerdem kann er die Farbintensität bei Landschaftsfotos verstärken. Zum Beispiel wirkt der Himmel blauer und die Wolken weißer, aber auch Blattgrün oder die Farben von Blüten können deutlich gesteigert werden.

Aber Vorsicht bei Porträts, hier ist der Effekt eher unerwünscht. Rötungen der Haut würden deutlich verstärkt. Bei Porträts will man meist eher sanfte Farbübergänge (mehr dazu in den Workshops zur Porträtfotografie).

Polfilter sind etwas teurer. Ihre Konstruktion ist schwierig und ihre Farbneutralität wichtig, damit die Farben zwar intensiviert, aber nicht verfälscht werden.

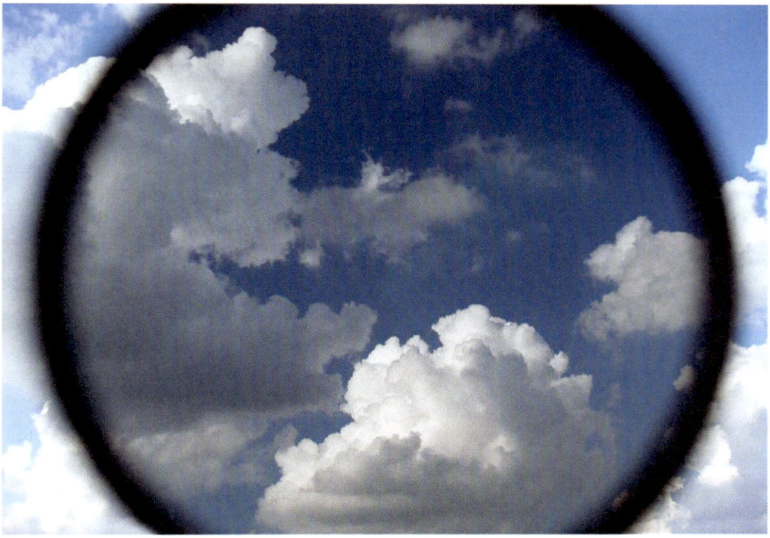

Der Polfilter verstärkt den Kontrast zwischen Himmel und Wolken

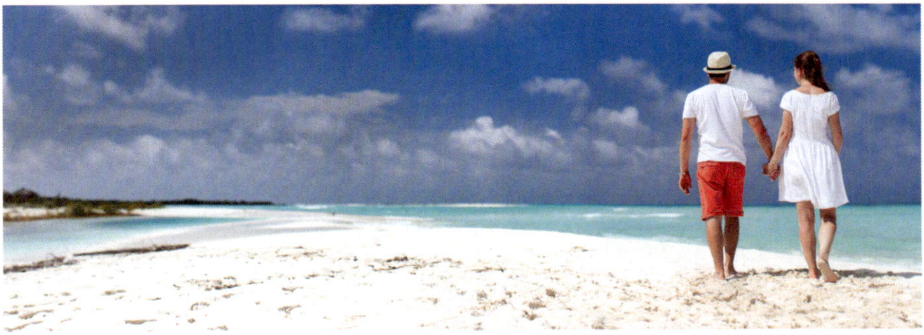

Die Farbintensität des Wassers und der Kleidung wird durch den Polfilter ebenfalls verstärkt

POLFILTER SCHLUCKEN LICHT

Nimm beim Polfilter immer die Verpackung mit, damit du ihn sicher verstauen kannst, wenn du ihn nicht brauchst. Achtung: Der Polfilter schluckt Licht, manche Polfilter bis zu zwei Lichtwertstufen. Ein Objektiv mit Blende f/4 lässt dann nur noch die Lichtmenge eines Objektivs mit f/8 durch.

Graufilter

Dieser Filtertyp ist wichtig, wenn du zu viel Licht hast. Häufiger Einsatzzweck sind Landschaftsfotos mit Wasserfällen oder die Brandung an Stränden oder Klippen. Vielleicht wolltest du schon mal abends einen Brunnen oder am Strand fotografieren und hast diese schöne weiche Darstellung des Wassers eingefangen. Abends ist so wenig Licht vorhanden, das deine Verschlusszeit zwangsläufig länger wird und dadurch dieser Effekt entsteht. Aber tagsüber ist für längere Verschlusszeiten einfach zu viel Licht vorhanden: Das Bild würde zu hell.

Deswegen brauchst du für diesen Effekt einen Graufilter. Es gibt ihn in verschiedenen Stärken. Am besten lässt du dich in einem Fotofachgeschäft beraten, damit du die richtige Stärke, also Abdunklung für deine Zwecke bekommst. Mit einem ND500 bekommst du bei Sonnenschein schon eine Belichtungszeit von etwa 30 Sekunden hin.

Verlaufsfilter

Mit diesem Filtertyp kannst du Teile des Bildes abdunkeln. Am häufigsten ist das der helle Himmel. Bestimmt hast du auch schon einmal bemerkt, dass du vor dir einen tollen blauen Himmel mit schönsten Postkartenwolken hast, aber wenn du dein Foto gemacht hast, siehst du darauf nur einen blassblauen Himmel ohne Wolkenkonturen.

Der Verlaufsfilter dunkelt den hellen Teil ab, und auf deinem Foto sind Struktur und Farbintensität der Wolken wieder sichtbar. In den Workshops findest du mit dem „Wasserfall am Morgen“ ein Beispiel, wo wir Verlaufsfilter und Graufilter kombinieren.

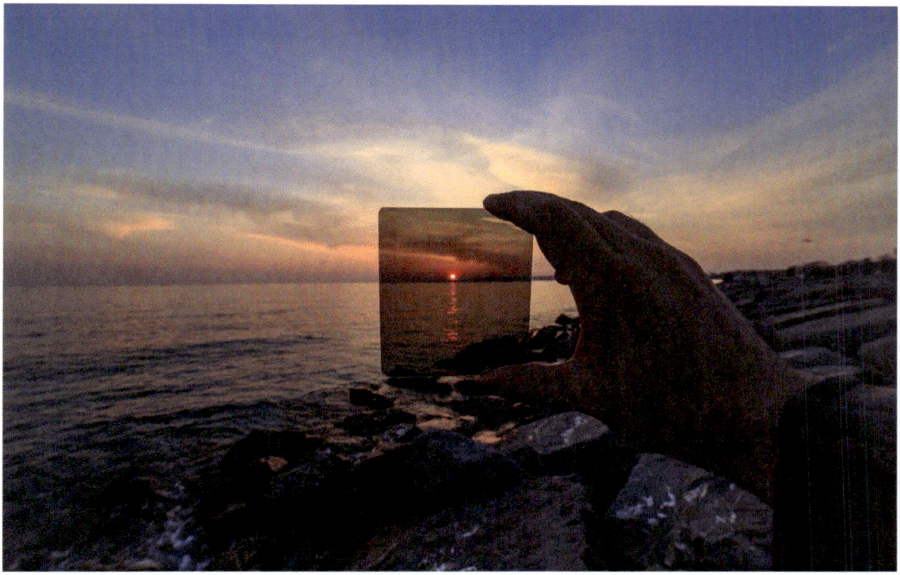

Grau- und Verlaufsfilter braucht man vor allem in der Landschaftsfotografie. Es gibt sie rund, aber auch rechteckig.

Effektfilter

Hier gibt es alles Mögliche, durch die Digitalfotografie und die Nachbearbeitungsmöglichkeiten sind sie jedoch etwas in Vergessenheit geraten. Um nur zwei zu nennen: Sterneffektfilter und Vignettierungsfilter ergeben hübsche Effekte.

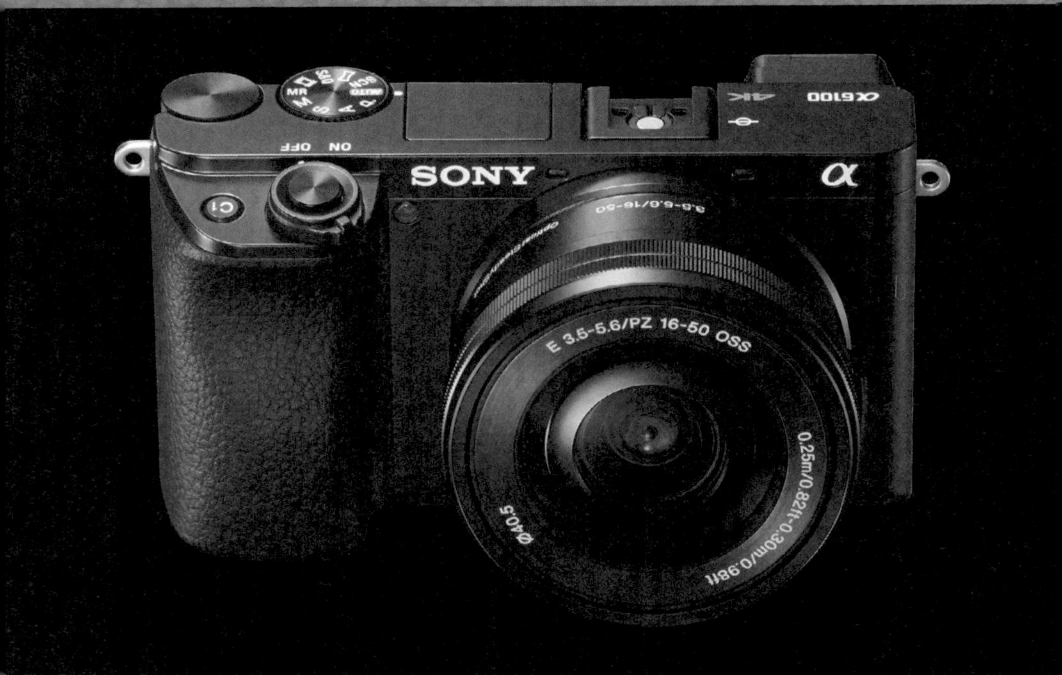
SONY
α
α6100
4K
ON OFF
E 3.5-5.6/PZ 16-50 OSS
0.25m/0.82ft-0.30m/0.98ft
Ø40.5

PRAXISWORKSHOP

Nachdem du nun die Grundfunktionen deiner Kamera kennengelernt hast, ist es Zeit, damit auch zu fotografieren! Für den folgenden Praxisteil haben wir unsere liebsten Fotogenres ausgesucht. Da die Fotografie ein sehr kreatives Hobby ist, kann so eine Auflistung niemals komplett sein. Hier findest du Anregungen und Tipps, deine eigenen Ideen umzusetzen und mit deiner Sony richtig gute Bilder zu machen.

Jedes neue Foto ist eine neue Interpretation und entsteht immer mit etwas anderen Einstellungen und einem anderen Blickwinkel. Auch die Sujets Porträt, Landschaft, Architektur usw. kannst du immer wieder kombinieren: Warum nicht einen Mensch vor einem Gebäude abbilden? Und wenn du das Ganze im Dunkeln fotografierst, hast du gleich auch noch die Nachtfotografie dabei.

Wie funktionieren die Workshops? Die Texte auf der linken Seite enthalten die Einstellungen, die wir während des Fotografierens vorgenommen haben. Auf der rechten Seite siehst du das dazugehörige Bild. Wir haben den Praxisteil in **Porträt**, **Landschaft**, **Architektur** und **Action** aufgeteilt. Etwas freier geht es im Abschnitt **Kreativ unterwegs** zu, dort kommt von allem etwas vor. Du findest Fotos aus dem Urlaub genauso wie Fotos, bei denen du ein bisschen mit der Technik experimentieren kannst. Und zum Abschluss zeigen wir dir, wie du **Nahaufnahmen** und Makroaufnahmen machen kannst.

Und bevor es losgeht, noch ein Wort zum Dateiformat: Manuel fotografiert im Urlaub und im privaten Umfeld sehr häufig ausschließlich im JPEG-Format, hin und wieder natürlich auch in RAW, z B. bei Porträt- und Nachtaufnahmen. Stefan fotografiert sehr viel häufiger im RAW-Format.

Warum diese Erklärung? Wir geben immer auch den gewählten Kreativmodus an und ob und wenn ja welche DRO-Einstellung gewählt wurde. Das ist bei JPEGs sehr wichtig, weil Kontraste und Farbwirkung stark davon beeinflusst werden. Im JPEG-Format sind diese nicht mehr verlustfrei zu ändern. Wenn du in RAW fotografierst, kannst du diese Einstellungen auch nachträglich ändern.

Und jetzt wünschen wir dir viel Spaß beim Nachlesen, Ausprobieren und selbst Kombinieren!

Porträts (Seite 78–93)

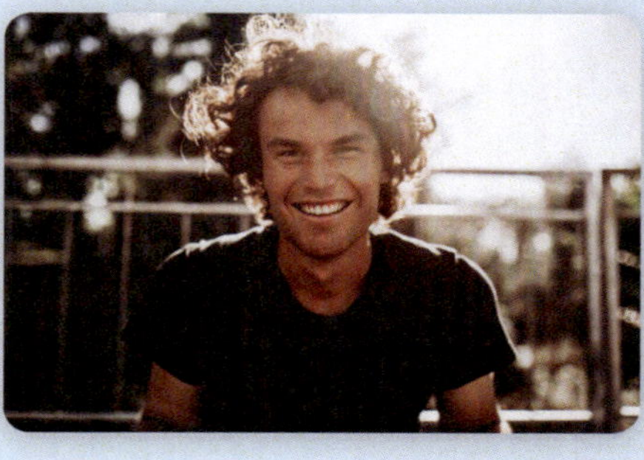

Landschaft (Seite 94–113)

Architektur (Seite 114–135)

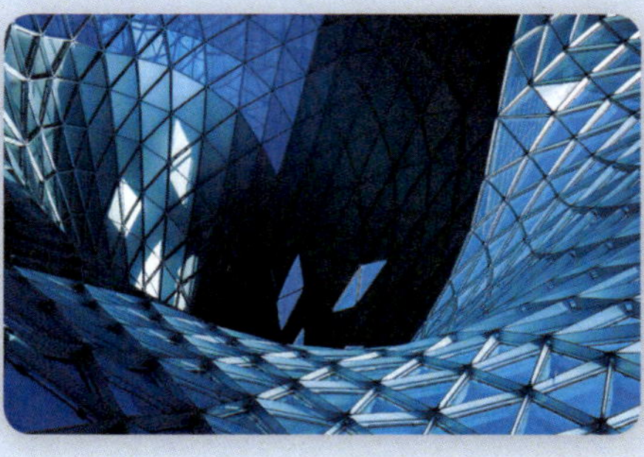

Action (Seite 136–153)

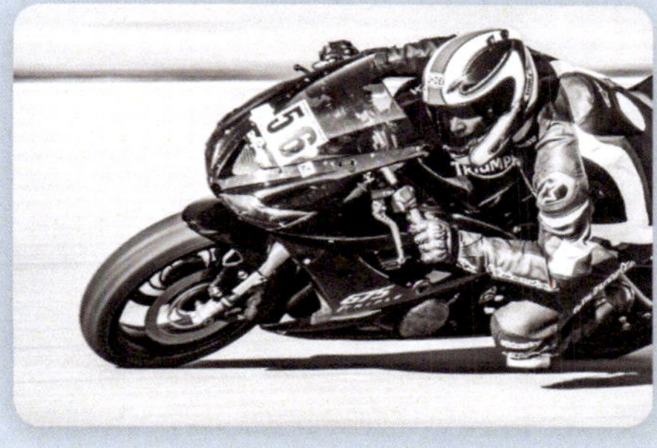

Kreativ (Seite 154–181)

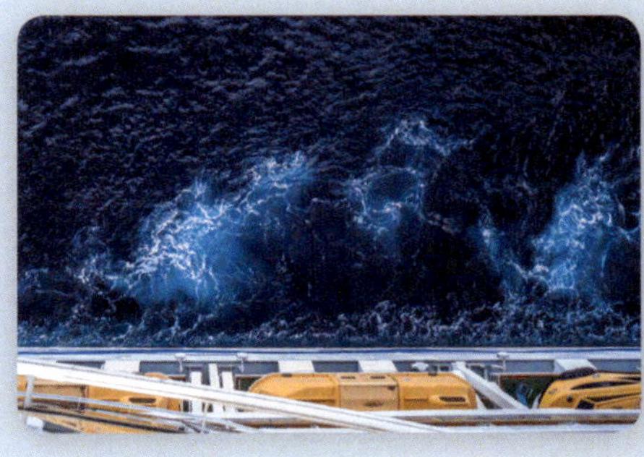

Nahaufnahmen (Seite 182–193)

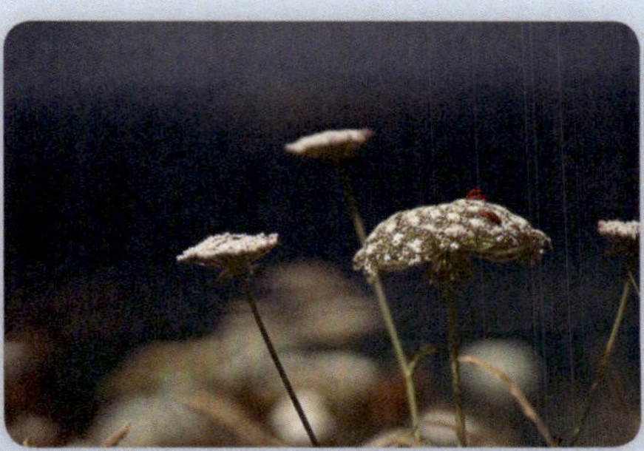

PORTRÄT

Ein Porträt ist ein Bild von einem Menschen, es kann aber auch das eines Tieres, einer Blume oder eines Gegenstands sein. Grundsätzlich geht es darum, den oder das Porträtierte als etwas Besonderes herauszustellen. Hier kannst du ganz viel über kreative Fotografie lernen und anwenden. Es heißt manchmal, Porträts seien die Königsdisziplin der Fotografie. Aber keine Angst, wenn wir gleich damit anfangen, denn es soll vor allem Spaß machen, wenn du dich mit Freunden oder Verwandten zu einem Shooting verabredest.

Sprecht am besten vorher ab, was für eine Art von Porträts ihr machen wollt: cool, ernst, seriös, lustig oder alles auf einmal? Mach ruhig viele Fotos, damit ihr am Ende eures Shootings die besten auswählen könnt – geschlossene Augen oder ein komischer Gesichtsausdruck lassen sich nicht immer vermeiden, daher ist es sinnvoll, besser einmal zu viel als zu wenig auf den Auslöser zu drücken.

Da du während des Fotografierens sehr damit beschäftigt sein wirst, den richtigen Moment zu erwischen und den gewollten Ausschnitt nicht aus den Augen zu verlieren, solltest du deine Kamera zuvor richtig einstellen. Dafür kannst du ein paar ganz einfache Regler nutzen. Vor allem die Blende steuert die Tiefenschärfe des Bildes, das heißt, wie weit die Schärfe vor und hinter die fotografierte Person reicht. Meistens wollen wir bei Porträts wenig Tiefenschärfe, damit der Fokus ganz und gar auf dem Gesicht liegt.

Neben der Tiefenschärfe hat auch das richtige Scharfstellen – auf die Augen – einen großen Einfluss. Die Sony-Alpha-Modelle machen es dir da durch ihren Augen-Autofokus besonders leicht. Doch solltest du auch in der Lage sein, selbstständig dein Fokusfeld richtig zu positionieren. So kannst du dich auch in schwierigen Situationen darauf verlassen, dass der Fokus sitzt. Wichtig sind auch der richtige Ausschnitt und die Wahl der Brennweite.

Viele der hier gezeigten Fotos sind mit Festbrennweiten fotografiert. Auch wir haben zu Anfang unserer Fotokarriere nicht viele besondere Objektive gehabt. Wenn du dich für die Porträtfotografie begeisterst, solltest du über den Kauf einer Festbrennweite nachdenken. Die Möglichkeiten, nicht nur für Porträts, steigen enorm.

Porträts kannst du entweder im Szenenmodus *Porträt* aufnehmen, viel mehr Kontrolle über dein Ergebnis, vor allem die Tiefenschärfe, hast du jedoch, wenn du deine Einstellungen selbst festlegst. Das geht am besten im Modus A, aber auch Modus M ist geeignet.

Die Grundeinstellungen:

- Stelle **Modus A** ein.
- Mit dem Einstellrad bzw. dem Drehregler wählst du eine **kleine Blendenzahl** für eine geringe Schärfentiefe, z. B. **f/4** oder **f/2.8**.
- Stelle einen passenden ISO-Wert oder die ISO-Automatik ein. Bei Tageslicht reichen meistens **ISO 100** oder **200**.
- Deine Verschlusszeit sollte nun nicht länger als **1/80 sek** sein.
- Stelle deine Autofokusoptionen ein: Wähle **Augen-Autofokus** oder den **flexiblen Spot**.

DIE RICHTIGE TIEFENSCHÄRFE

Die Tiefenschärfe wird vor allem von der Blende beeinflusst, aber auch die Brennweite und der Abstand zum Hauptmotiv haben einen Einfluss. Benutze mindestens 50 mm Brennweite und geh nicht zu weit weg von deinem Motiv!

Lara im Hof

①

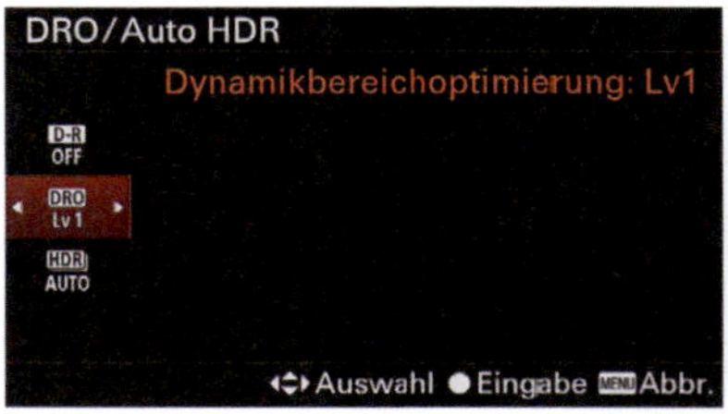

Fn-Menü DRO: *Lv1*: Dadurch hat die schwarze Lederjacke mehr Details in den Schatten.

②

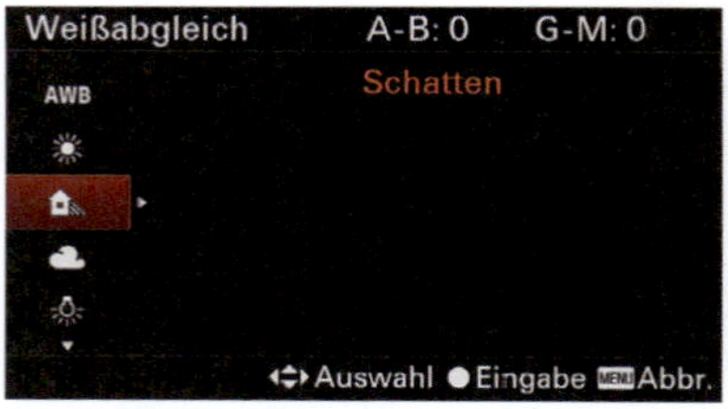

Fn-Menü Der Weißabgleich wurde auf *Schatten* gestellt, um eine etwas wärmere, leicht rötliche Farbe zu bekommen.

③

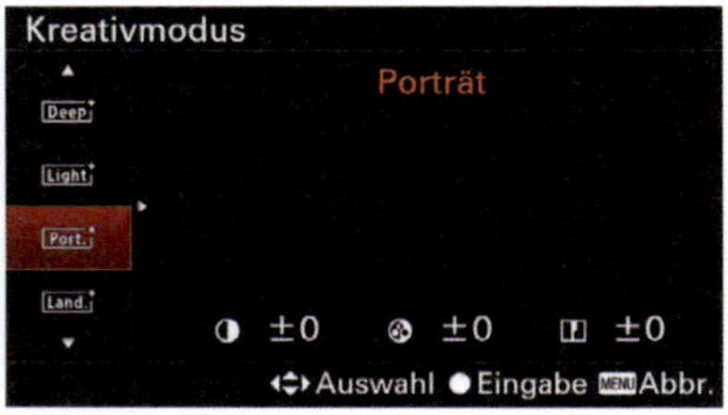

Fn-Menü Kreativmodus: *Porträt* für eine weiche Hautzeichnung

④

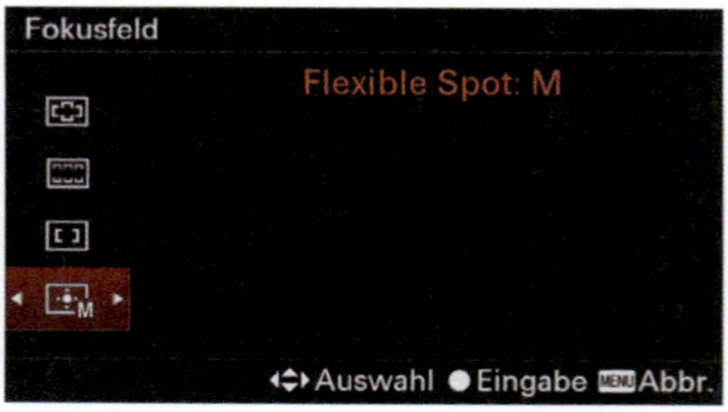

Fn-Menü Fokusfeld: *Flexibler Spot* oder *Augen-AF*. Auch wenn der Augen-AF meistens ganz fantastisch funktioniert, ist es wichtig, die Fokusfeldsteuerung mit dem flexiblen Spot zu beherrschen. So hast du die Routine, wenn er mal nicht zuverlässig funktioniert.

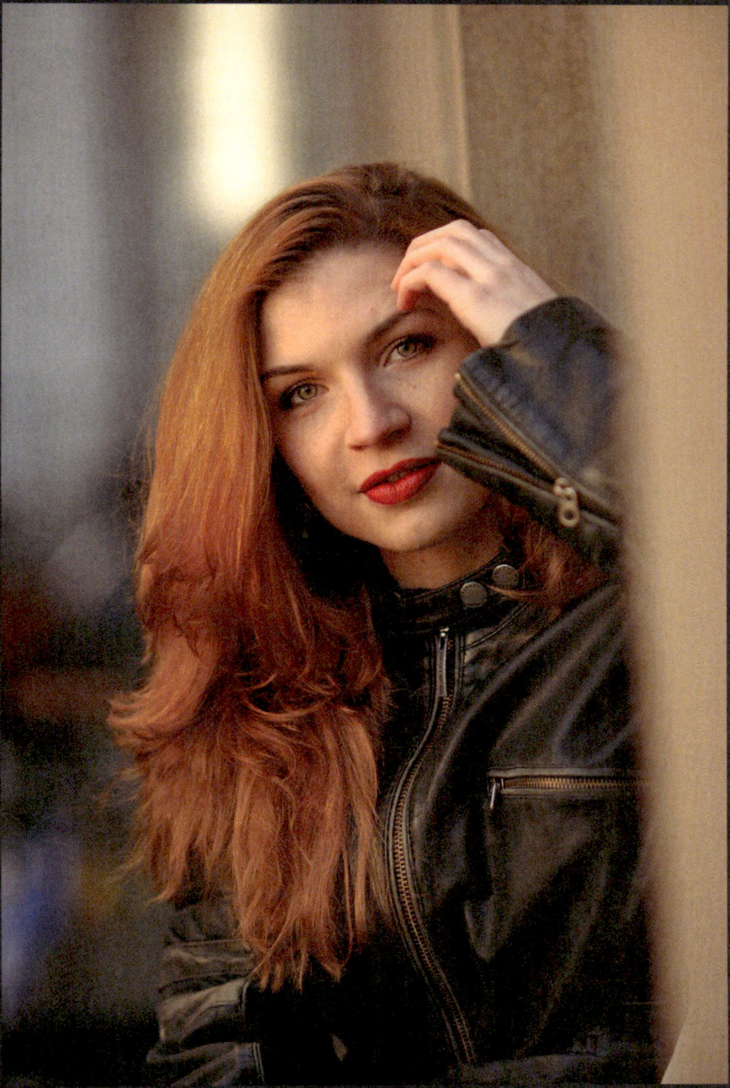

90 mm / f/2.8 / 1/320 sek / ISO 200 / Modus A

Dieses Porträt von Lara entstand in einem Hinterhof. Durch die Unschärfe im Hintergrund sieht man die störenden Objekte, z. B. ein Fahrrad unten links, nicht mehr deutlich. Wichtig war, dass sich die Person im Schatten befindet, um eine gleichmäßige Ausleuchtung zu haben.

Durch die Blume

①

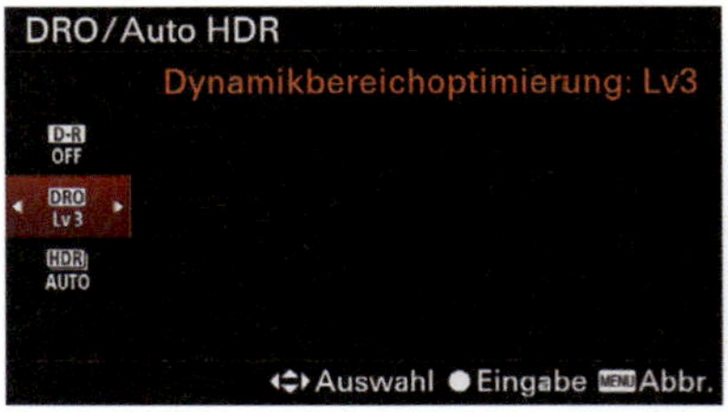

Fn-Menü DRO: *Lv2* oder *Lv3* für eine weiche, schattenfreie Zeichnung

②

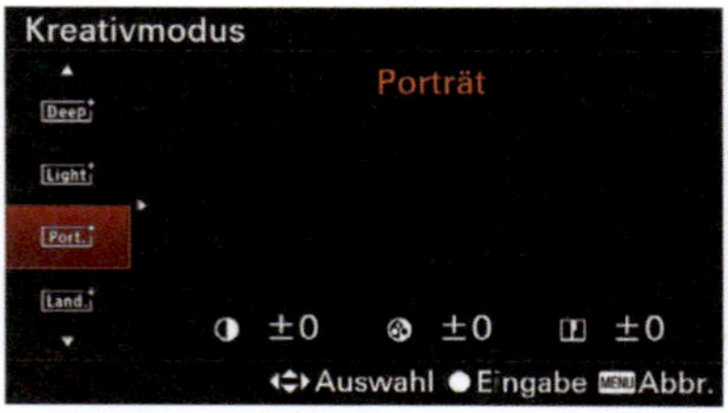

Fn-Menü Kreativmodus: *Porträt* für eine weiche Hautzeichnung

③

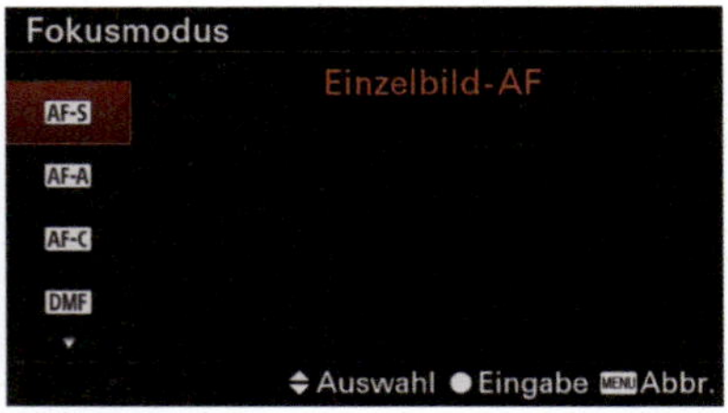

Fn-Menü Fokusmodus: *AF-S*

④

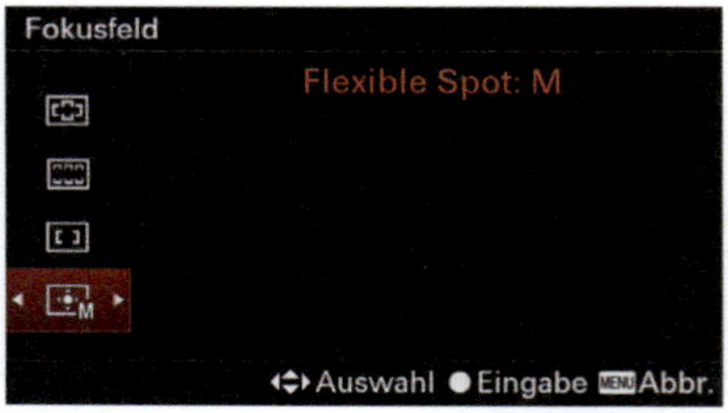

Fn-Menü Fokusfeld: *Flexibler Spot* oder *Augen-AF*. Bei *Breit* wird oft auf das vordere Objekt, hier die Blumen, scharfgestellt.

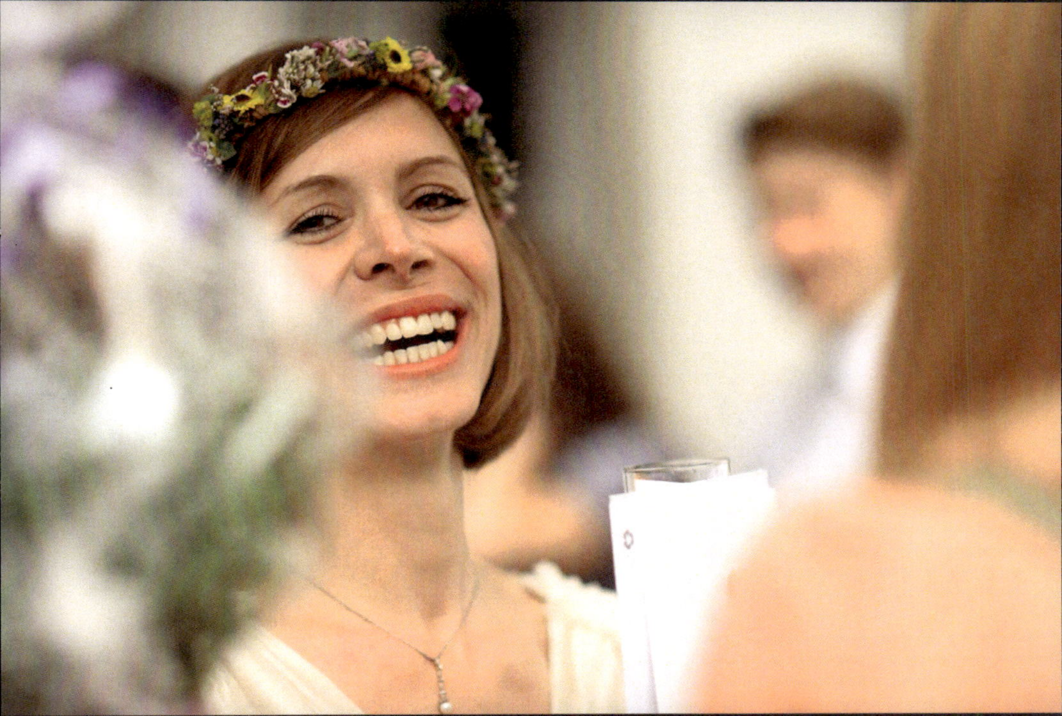

90 mm / f/2.8 / 1/125 sek / ISO 200 / Modus A / +0,7

Nicht nur ein unscharfer Hintergrund kann ein Porträt interessanter und ästhetischer machen. Auch ein Objekt im Vordergrund, das nur noch schemenhaft zu erkennen ist, kann den Betrachter mitten ins Geschehen eintauchen lassen. Achte darauf, dass zwischen dem unscharfen Objekt und der Person, die scharf abgebildet sein soll, mindestens 1,5 bis 2 m liegen.

Stark in Schwarz-Weiß

①

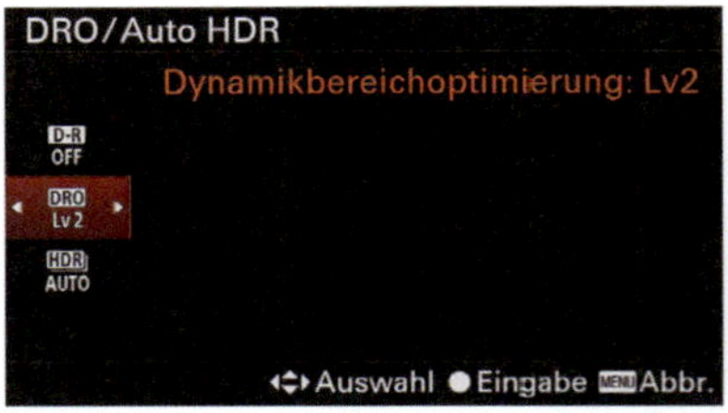

Fn-Menü DRO: *Lv2* oder *Lv3*, damit in den dunklen Bildbereichen noch Zeichnung ist

②

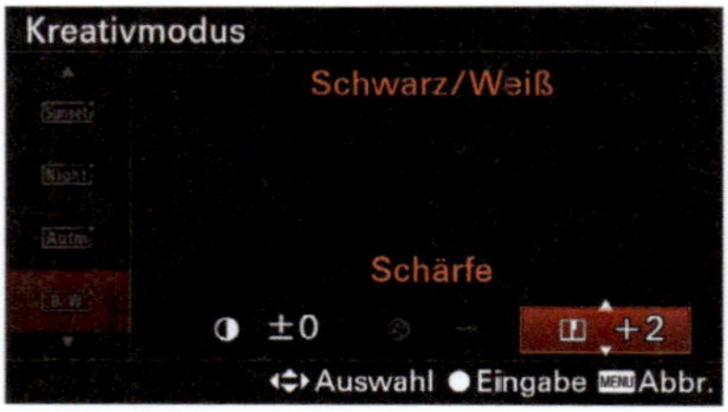

Fn-Menü Kreativmodus: *Schwarz-Weiß*. Klicke bei den Kreativmodi auch mal nach rechts, um noch Feineinstellungen vorzunehmen.

③

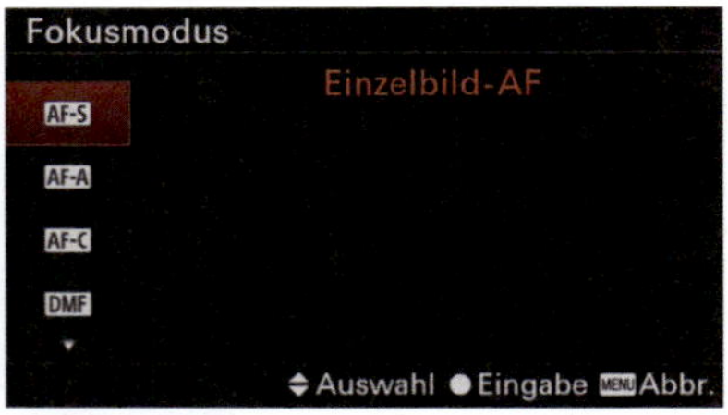

Fn-Menü Fokusmodus: *AF-S* oder *AF-C*

④

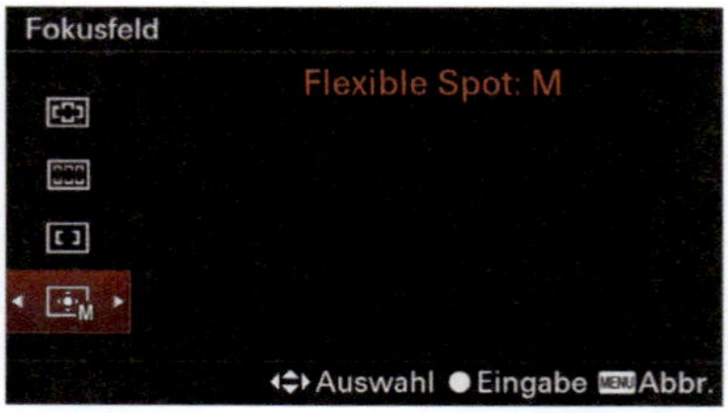

Fn-Menü Fokusfeld: *Flexibler Spot* oder *Augen-AF*

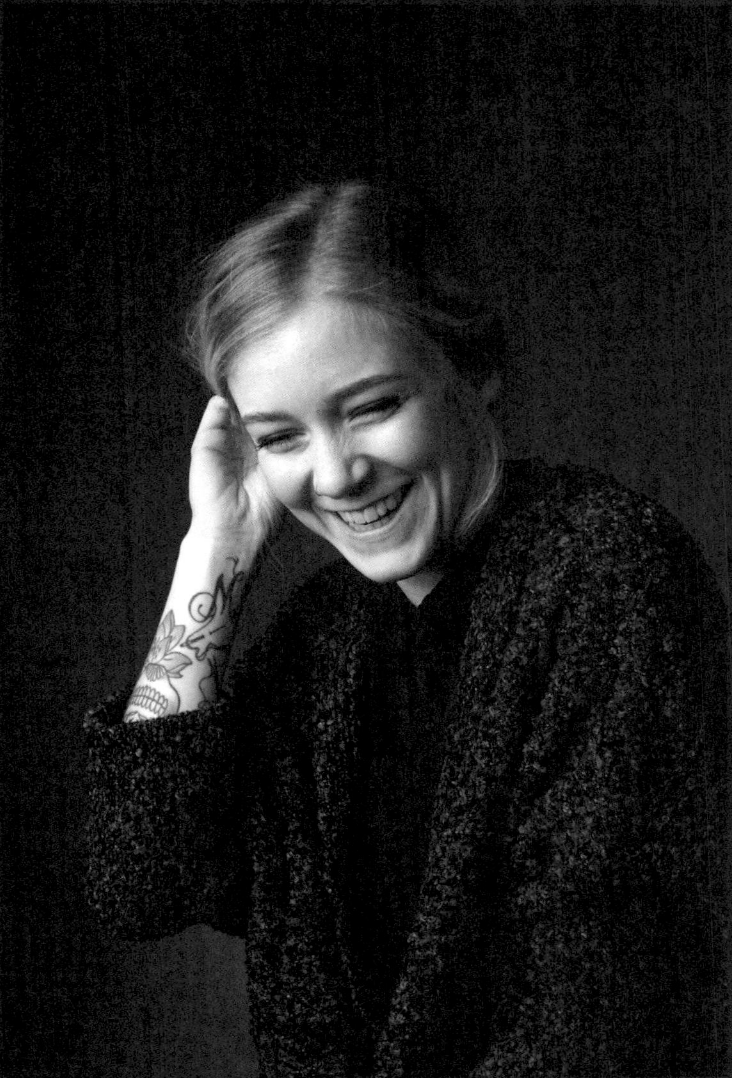

50 mm / f/8 / 1/160 sek / ISO 200 / Modus M

Gerade bei Porträts kann Schwarz-Weiß richtig gut wirken. Der Gesichtsausdruck von Maelle und das Tattoo als besonderes Detail kommen hierdurch noch besser zur Geltung. Die Lichtquelle war ein Blitz, deswegen wurde im Modus M fotografiert. Aber auch eine Lampe oder das Licht, das durch ein Fenster fällt, kannst du in dieser Situation nutzen.

Doppelpack

①

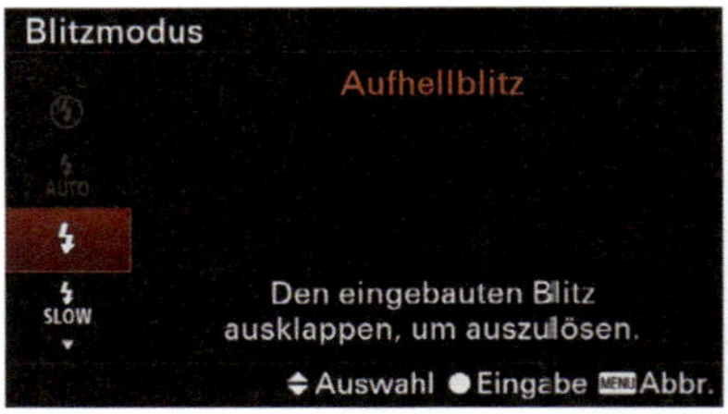

Fn-Menü In Innenräumen erzielt man manchmal keine guten Ergebnisse mit dem automatischen Weißabgleich. Dann kannst du eine Einstellung wie z. B. *Glühlampe* auswählen.

②

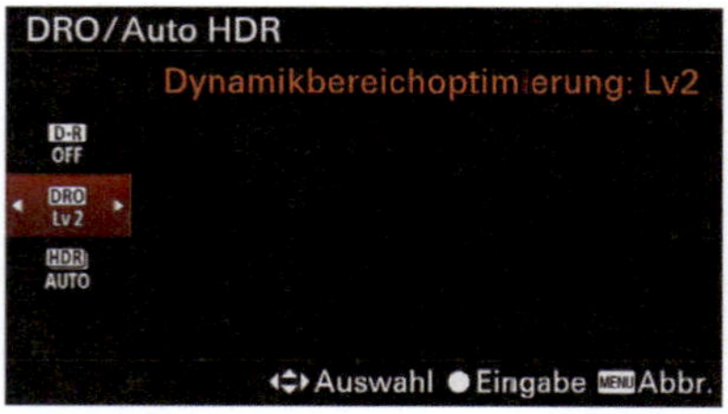

Fn-Menü DRO: *Lv2*, damit der Hintergrund nicht zu dunkel wird

③

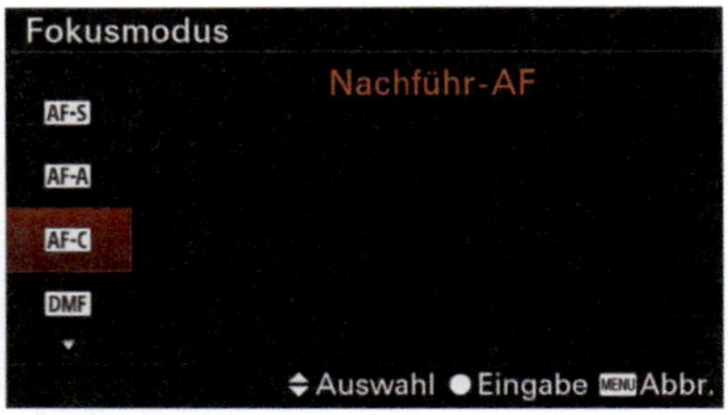

Fn-Menü Fokusmodus: *AF-C*. Wenn es sehr dunkel ist, funktioniert manchmal auch *AF-S* besser.

④

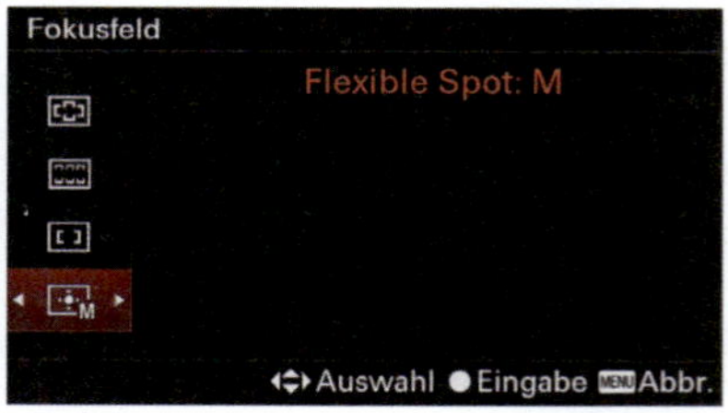

Fn-Menü Fokusfeld: *Flexibler Spot* oder *Augen-AF*. Bei der α6100, 6400 und 6600 kannst du über das Touch Panel das Gesicht antippen. Bei diesem wird dann auf die Augen scharfgestellt.

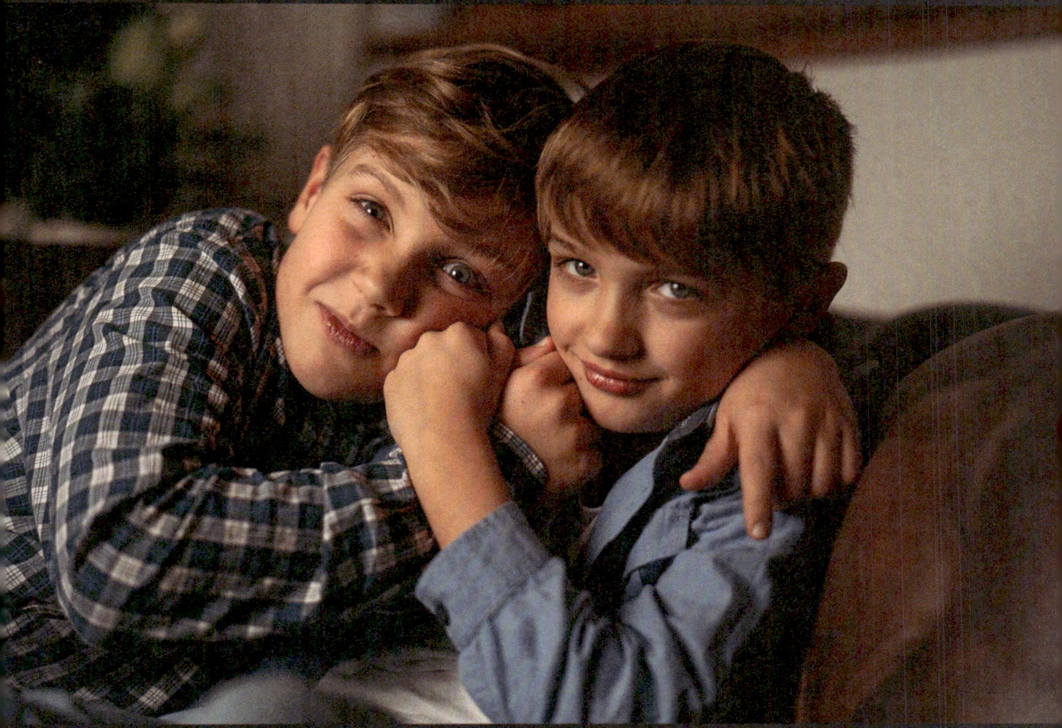

35 mm / f/1.4 / 1/80 sek / ISO 400 / Modus M

Eine besondere Spielart ist das Doppelporträt. Hierbei ist es wichtig, dass die beiden abgebildeten Personen irgendwie miteinander in Bezug stehen. Hier war es die liebevolle Rangelei unter Brüdern, die für ein authentisches Bild sorgte. Die Belichtung wurde manuell ziemlich dunkel eingestellt.

Im Schwimmbad

①

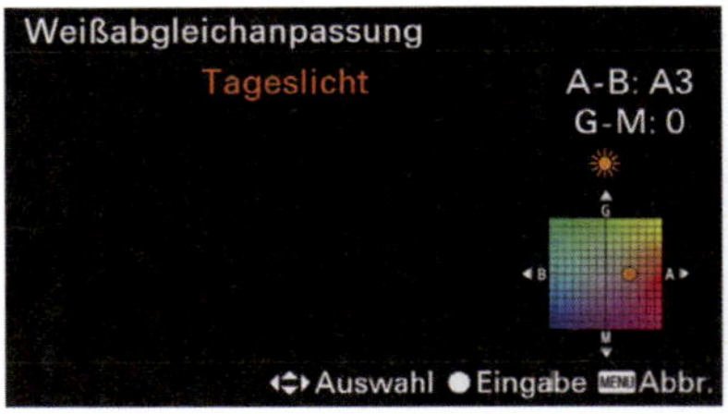

Fn-Menü Der Weißabgleich wurde auf *Sonne* mit einer leichten Verschiebung Richtung Rot gesetzt, um die etwas wärmere Farbe zu bekommen. Mit einem Klick nach rechts auf dem Einstellrad kommst du in diese Detaileinstellungen.

②

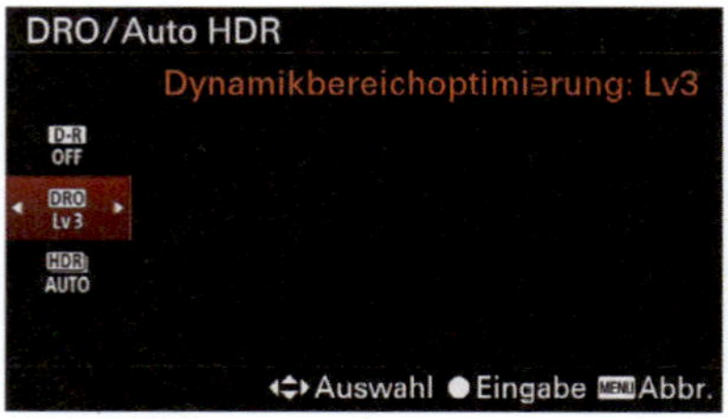

Fn-Menü DRO: *Lv3* für eine weiche, schattenfreie Zeichnung

③

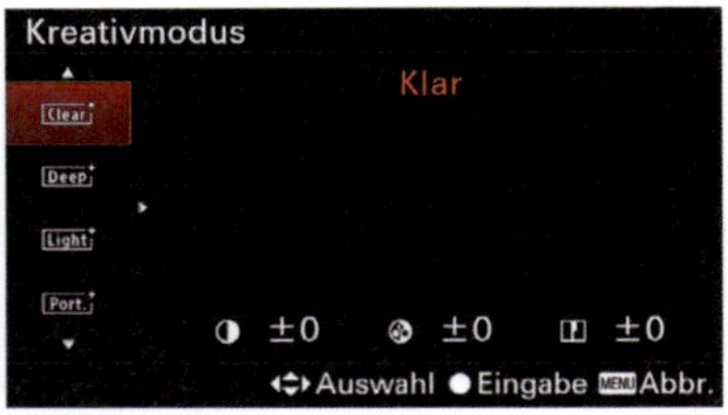

Fn-Menü Kreativmodus: *Klar* oder *Lebhaft*, für kräftige Farben und Kontraste. Du kannst mit einem Klick auf dem Einstellrad nach rechts jeden Kreativmodus noch detaillierter einstellen. Probiere es aus!

④

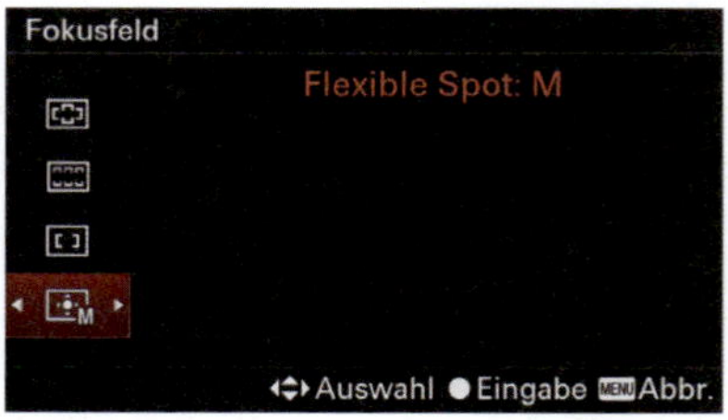

Fn-Menü Fokusfeld: *Flexibler Spot* oder *Augen-AF*

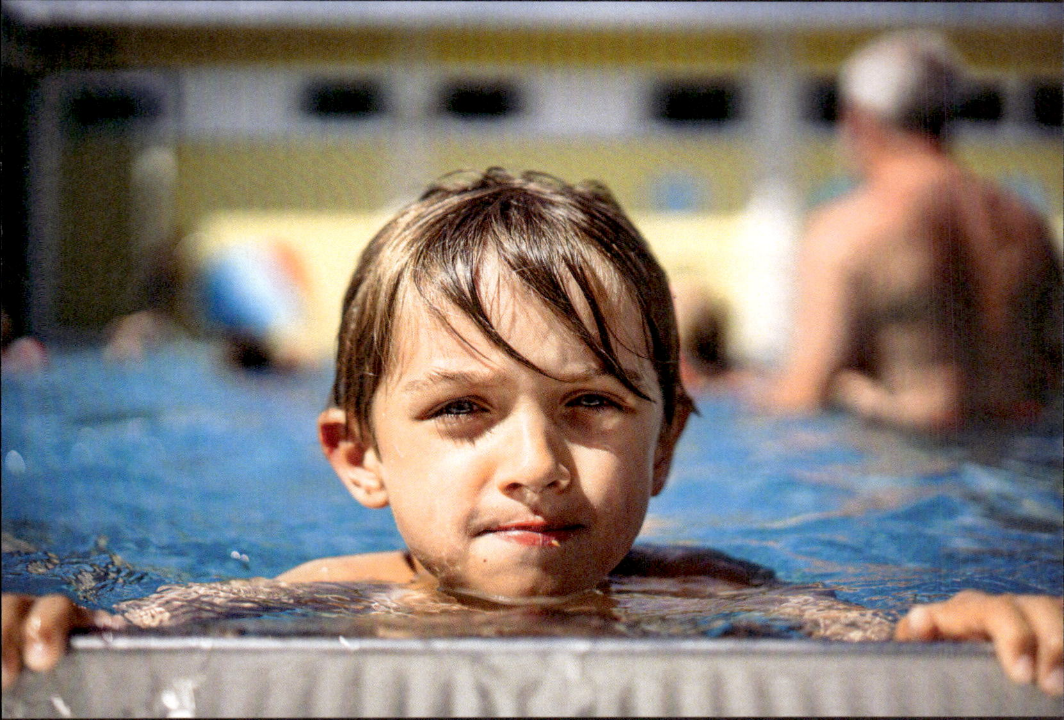

55 mm / f/1.8 / 1/4000 sek / ISO 100 / Modus A

Durch das Wasser bekommt Tim das Licht praktisch von allen Seiten. Das sorgt für den schönen Schimmer und die interessanten Reflexe in den Augen. Der Hintergrund ist durch die offene Blende total aufgelöst. Man erkennt gerade noch, dass es sich um ein Schwimmbad handelt.

Strahlend im Gegenlicht

①

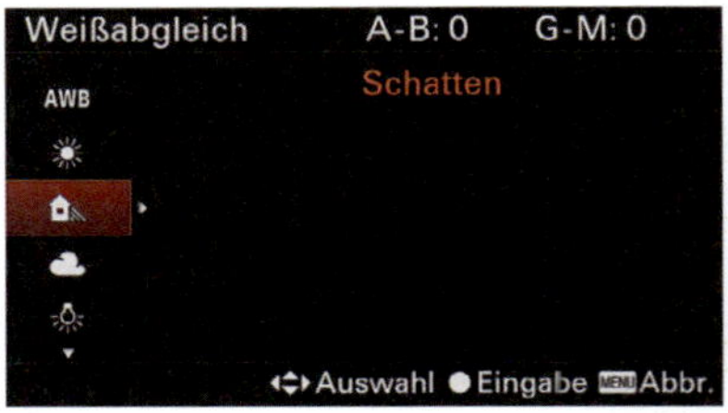

Fn-Menü Der Weißabgleich wurde auf *Schatten* gestellt, da sich die Person im Halbschatten befindet. Die Bildwirkung, auch im Hintergrund, ist dadurch viel wärmer.

②

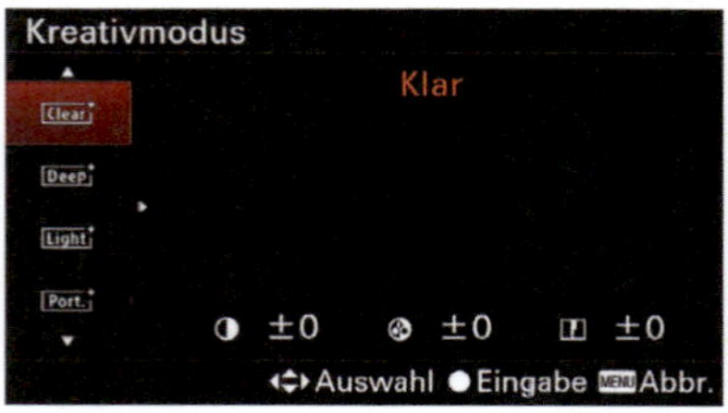

Fn-Menü Kreativmodus: *Klar* für kräftigere Kontraste. Die Scharfzeichnung wurde etwas reduziert, damit die Einstellung besser für Porträts passt.

③

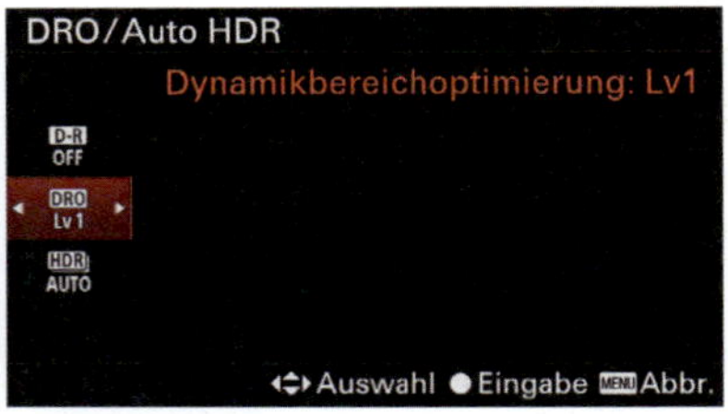

Fn-Menü DRO: *Lv1* für die Aufhellung des Gesichts

④

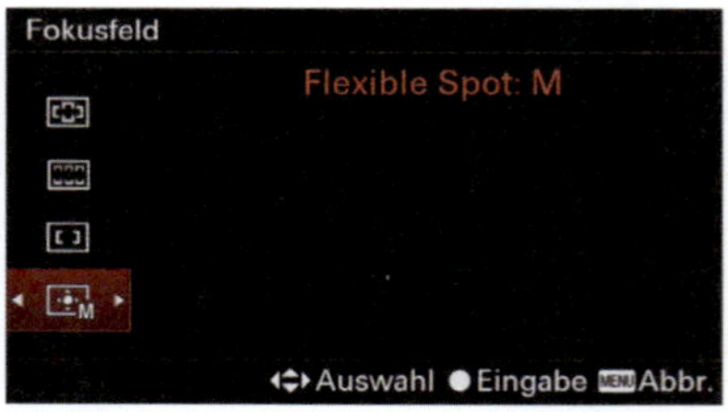

Fn-Menü Fokusfeld: *Flexibler Spot* oder *Augen-AF*. Der Augen-AF funktioniert bei Gegenlicht manchmal nicht perfekt. Für solche Fälle solltest du den flexiblen Spot gut beherrschen.

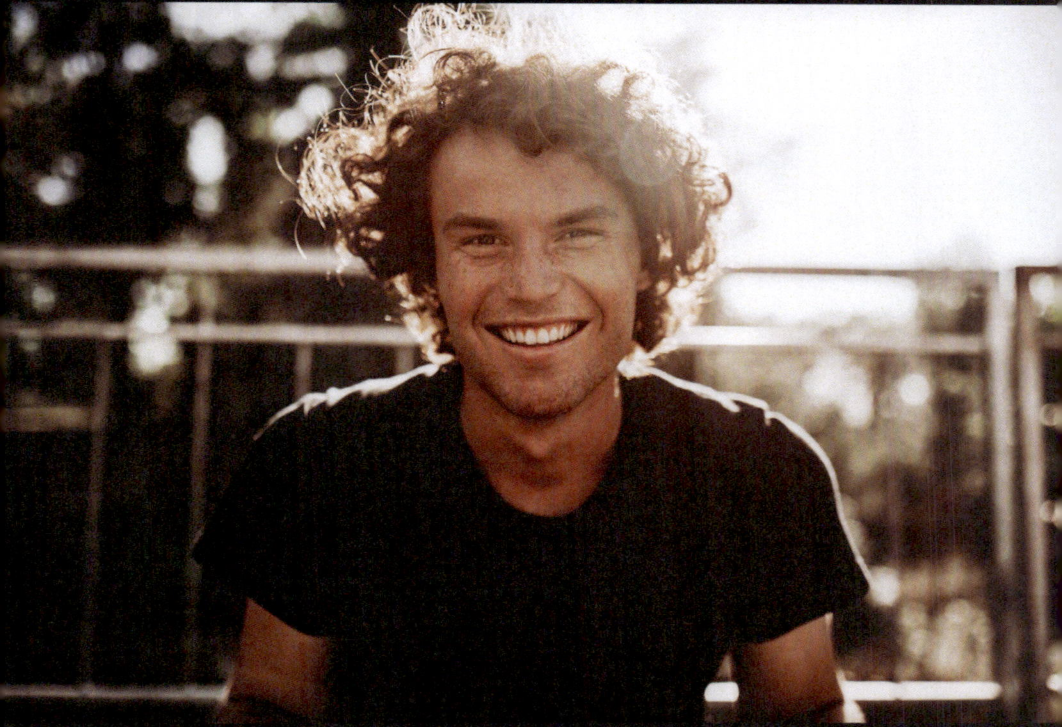

24 mm / f/1.6 / 1/4000 sek / ISO 100 / Modus M

Dieses Porträt gewinnt seinen charmanten Look durch die warmen Farben und den freundlichen Gesichtsausdruck des Modells. Verstärkt wird die Offenheit der Person durch eine eher weitwinklige Perspektive. Sie entspricht im Vollformat in etwa dem 35-mm-Objektiv, eine Brennweite, die gerne für Personenaufnahmen benutzt wird, in denen auch das Umfeld gezeigt werden soll. Wenn du Porträts mit Weitwinkel machst, sollte dein Modell relativ mittig im Bild sein, damit das Gesicht nicht verzerrt wird. Tipp: Um die Lichtflecken in den Haaren zu erhalten, kannst du die Sonnenblende bei Gegenlicht bewusst weglassen.

Ganz nah dran

①

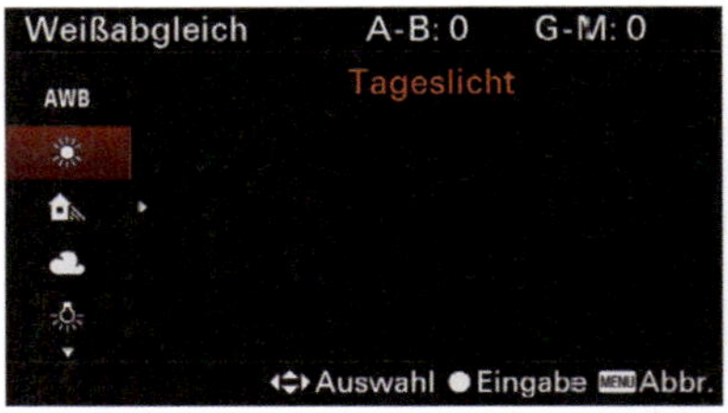

Fn-Menü Der Weißabgleich steht auf *Sonne* – für Sonnenuntergang oder andere besondere Lichtstimmungen wie die blaue Stunde oft die beste Wahl, um die Stimmung zu bewahren.

②

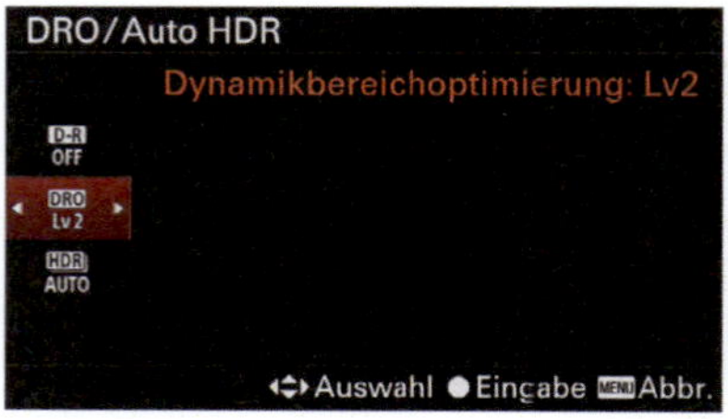

Fn-Menü DRO: *Lv2* für die Aufhellung der Augen und Nasenschatten

③

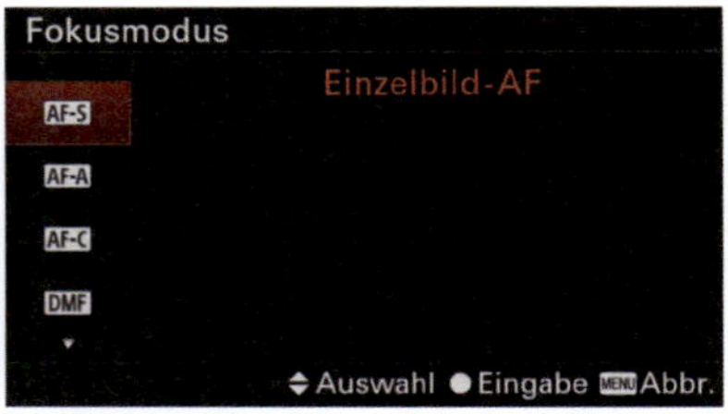

Fn-Menü Fokusmodus: *AF-S*. Da die Augen so weit oben am Bildrand sind, kann es sein, dass du mit angetipptem Auslöser ein wenig deinen Bildausschnitt verschieben musst. Das geht am einfachsten mit AF-S.

④

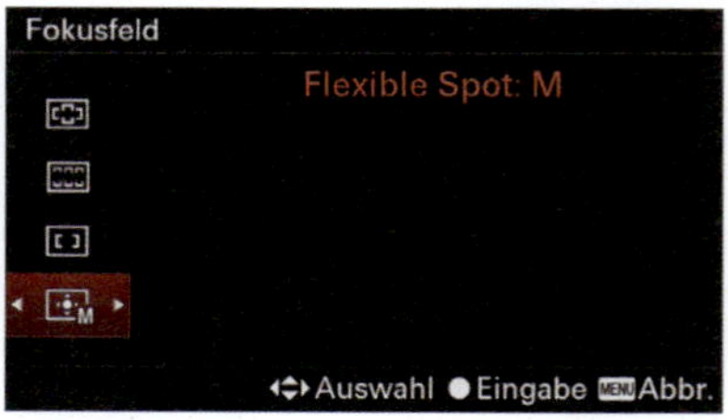

Fn-Menü Fokusfeld: *Flexibler Spot*

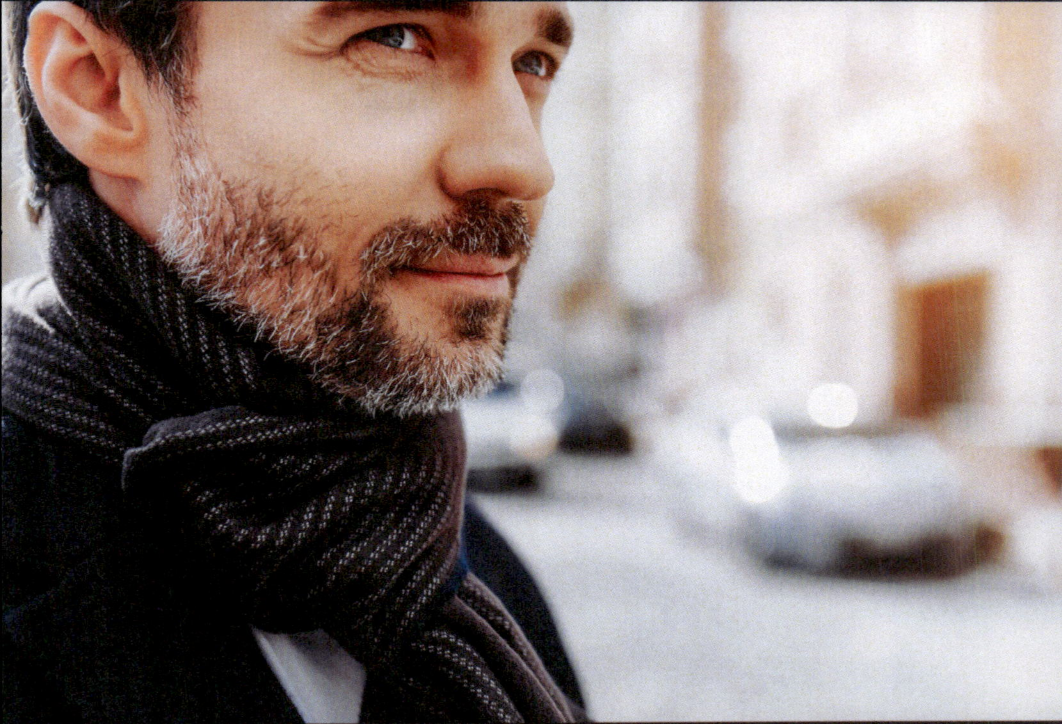

30 mm / f/2.8 / 1/320 sek / ISO 200 / Modus M

Dieses Foto wurde mit der sogenannten Normalbrennweite aufgenommen. Es entstehen praktisch keine Verzerrungen. Dadurch kann die Person ruhig am Bildrand stehen, ohne dass sie „verformt" wird. Das geht zwar auch mit längeren Brennweiten, aber hier wirkt es, als würde man direkt neben der Person stehen. Der extreme Anschnitt direkt oberhalb der Augen führt den Betrachter ins Bild. Die Belichtung ist ziemlich hell. Wenn du im Programm A, S oder P fotografierst, solltest du etwa 0,7 bis 1 Stufe überbelichten. Um sich bei der Aufnahme mitbewegen zu können, sollte die Verschlusszeit relativ kurz sein. Dadurch ist die Blende – passend für Porträts – meist offen.

LANDSCHAFT

Die Landschaftsfotografie gehört zu den beliebtesten Bereichen der Fotografie und ist sehr vielfältig. Bestimmt hast du mit dem Handy schon Landschaftsaufnahmen gemacht und gute Ergebnisse erzielt. Aber mit deiner Sony besitzt du nun eine Kamera mit einem viel größeren Aufnahmesensor, der das Licht viel differenzierter aufnehmen kann. Und weil du jetzt Objektive wechseln oder zoomen kannst und alle Einstellungen selber, also manuell, einstellen kannst, sind deine Möglichkeiten schier grenzenlos.

Landschaften kannst du zwar auch im Szenenmodus *Landschaft* fotografieren, aber um die Helligkeit, die Farben und auch das richtige Maß an Tiefenschärfe kontrollieren zu können, nimmst du hier besser Modus A oder M. Besonders dann, wenn das Licht schwindet, erzielst du oft sogar schneller mit dem Modus M ein gutes Belichtungsergebnis. Das liegt daran, dass die Belichtungsmessung der Kamera mit den großen Kontrasten, also den starken Unterschieden zwischen Hell und Dunkel, z B. beim Sonnenuntergang, nicht so gut umgehen kann: Die Fotos werden oft zu hell, weil es sehr große dunkle Bereiche im Motiv gibt, die aber für die richtige Lichtstimmung dunkel bleiben sollen.

Dadurch dass du im Modus M dein Foto durch Verstellung der Verschlusszeit heller oder dunkler machst, kannst du durch einfaches Betrachten im Sucher oder Monitor oder durch die Hilfe des Histogramms die perfekte Helligkeit für dein Foto einstellen. Dafür hast du bei der Landschaftsfotografie auch meistens genug Zeit.

Neben der Helligkeit und natürlich der Schärfe in der richtigen Ebene sind auch die Farben extrem wichtig. Sie geben deiner Landschaftsaufnahme die richtige Stimmung. Hierbei kannst du eine möglichst realistische Färbung, aber auch eine sehr abstrakte Farbgebung einstellen. Dafür brauchst du den Weißabgleich und den Kreativmodus.

Du solltest dir bei besonderen Lichtstimmungen auch genügend Zeit nehmen – selbst wenn du im RAW-Format fotografierst. Wir haben nämlich ein schlechtes Gedächtnis für Farben: Nach ein paar Tagen würdest du dich nicht mehr an die genaue Farbstimmung des Himmels oder Blattgrüns in deiner Landschaftsaufnahme erinnern.

Die Grundeinstellungen:

- Stelle **Modus A** oder **M** ein.
- Wähle eine **große Blendenzahl** für eine große Schärfentiefe, z. B. **f/11** oder **f/13**.
- Bei Tageslicht reicht meistens **ISO 100** oder **200**. Wenn deine Verschlusszeit zu lang wird, benutze besser ein **Stativ**, anstatt die ISO zu weit zu erhöhen.
- Wähle **AF-S** und den **flexiblen Spot**. Oft sind auch der manuelle Fokus **MF** oder **DMF** sehr gut geeignet.
- Im **Kreativmodus** kannst du bestimmen, wie kontrastreich und farbintensiv deine Bilder werden. Auch die Scharfzeichnung, also die Knackigkeit deines Fotos wird hier festgelegt: *Landschaft, Lebhaft* oder *Klar* sind gut geeignet.

DIE TIEFENSCHÄRFE

Um eine große Tiefenschärfe zu erreichen, hilft dir auch eine weitwinklige Brennweite wie 16 mm oder noch weniger. Auch beim Scharfstellen kannst du darauf achten, nicht auf das dir am nächsten liegende Objekt zu fokussieren. Die scharfe Ebene reicht bei einer kleinen Blendenöffnung auch noch etwas vor das Objekt, das du fokussiert hast, sowie deutlich weiter dahinter. So geht die Tiefenschärfe dann bis an den unteren Bildrand und gleichzeitig bis zum Horizont. Das nennt man dann eine „unendliche Tiefenschärfe".

Abendliches Farbenspiel am Wasser

①

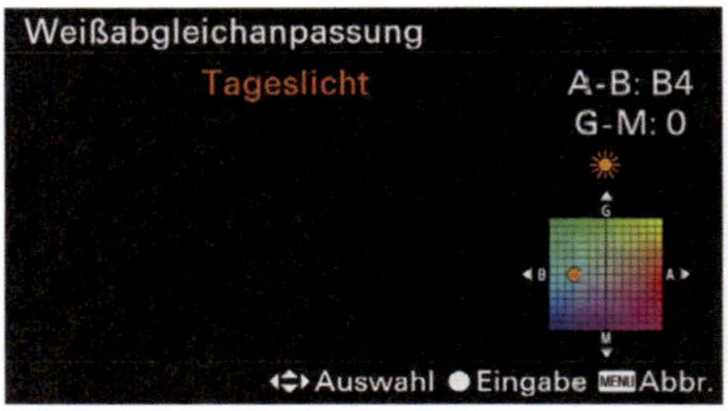

Fn-Menü Der Weißabgleich wurde auf *Tageslicht* gestellt: Sonnenunter- und -aufgänge bekommen dadurch realistischere Farben. Durch einen Klick nach rechts auf dem Einstellrad kannst du deinen Weißabgleich noch feiner anpassen.

②

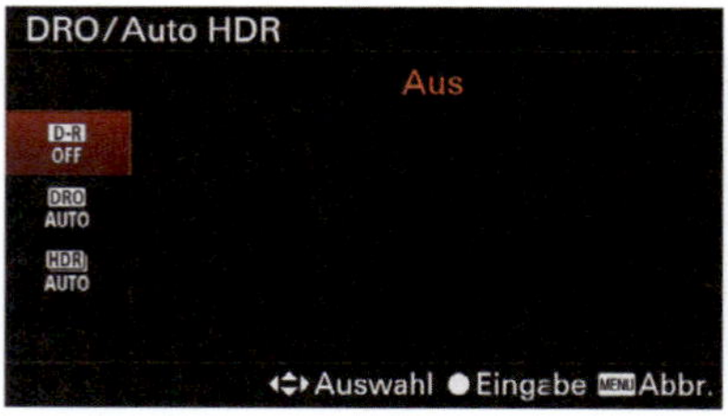

Fn-Menü DRO: *Aus* für kräftige Kontraste und tiefes Schwarz

③

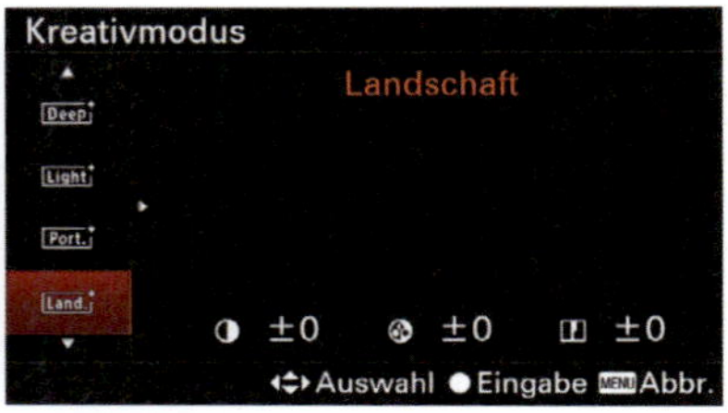

Fn-Menü Kreativmodus: *Landschaft* für eine kräftige Farbwiedergabe. Auch *Klar* und *Lebhaft* funktionieren sehr gut.

④

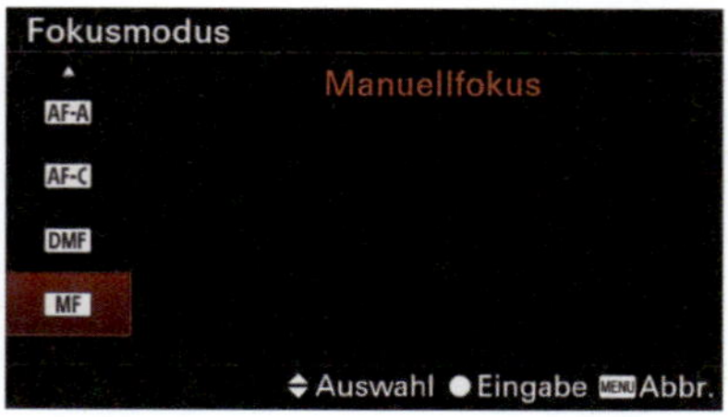

Fn-Menü Fokusmodus: *MF*. Gerade bei Aufnahmen vom Stativ ist es viel angenehmer, mit manuellem Fokus zu fotografieren. Einmal eingestellt bleibt die Schärfe immer gleich – auch wenn du mehrere Aufnahmen machst.

12 mm / f/18 / 2,5 sek / ISO 100 / Modus A / +0,3

Die Farben an diesem Abend waren so intensiv, dass Manuel so wenig Ablenkung wie möglich durch irgendwelche Strukturen im Bild haben wollte. Also wählte er ISO 100 und eine fast geschlossene Blende, um eine lange Verschlusszeit zu bekommen. Dadurch ist die Wasseroberfläche glatt und bildet mit dem farbenprächtigen Himmel eine schöne Einheit. Ein Stativ war hier natürlich Pflicht.

Baumstumpf im Wasser

①

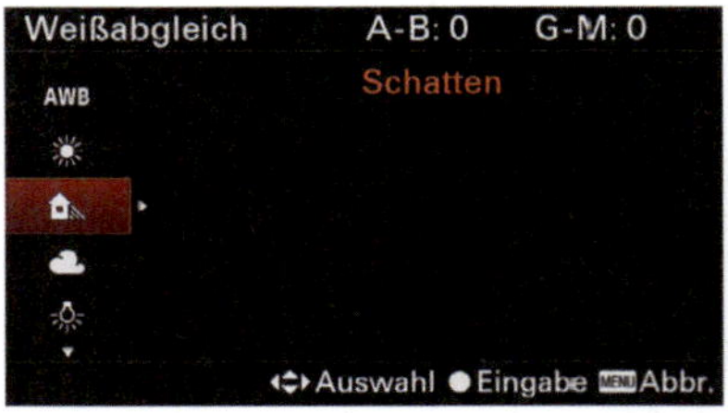

Fn-Menü Der Weißabgleich wurde auf *Schatten* gestellt. Unter grünem Blattwerk wie z. B. im Wald werden Farben oft zu kühl, also bläulich oder grünlich wiedergegeben.

②

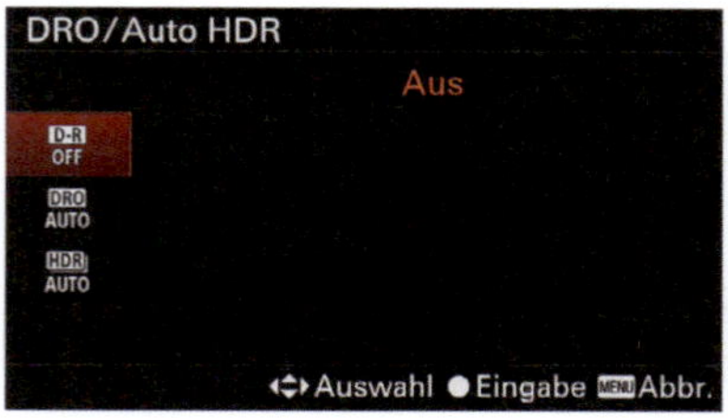

Fn-Menü DRO: *Aus* für kräftige Kontraste und tiefes Schwarz

③

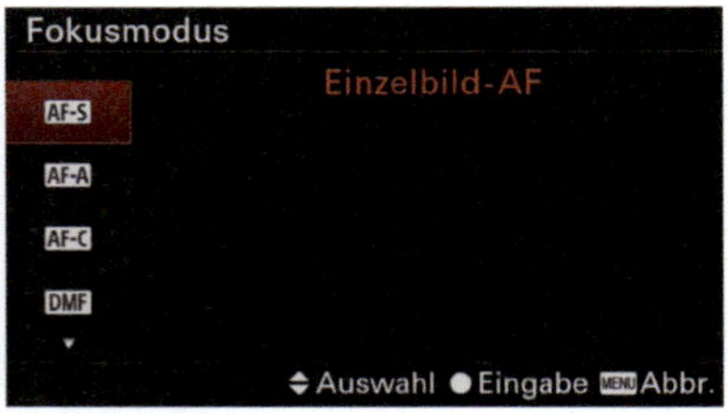

Fn-Menü Fokusmodus: *AF-S*

④

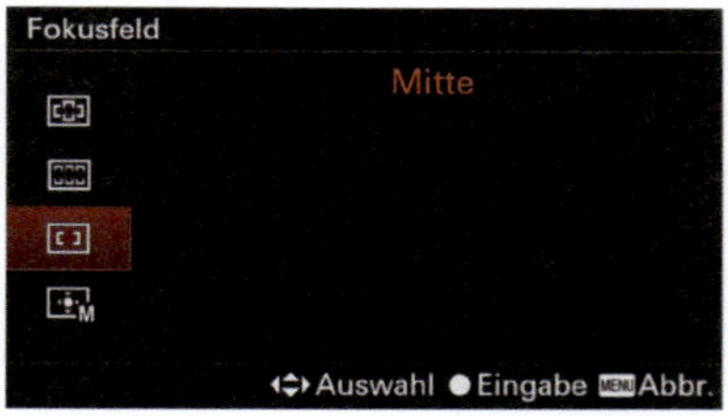

Fn-Menü Fokusfeld: *Mitte*. Gerade wenn man wie hier im Wasser auf rutschigen Steinen steht, ist simpel manchmal besser. Mit der Kombination aus *AF-S* und *Mitte* kannst du sehr intuitiv fotografieren, ohne zu lange deine Einstellungen prüfen zu müssen.

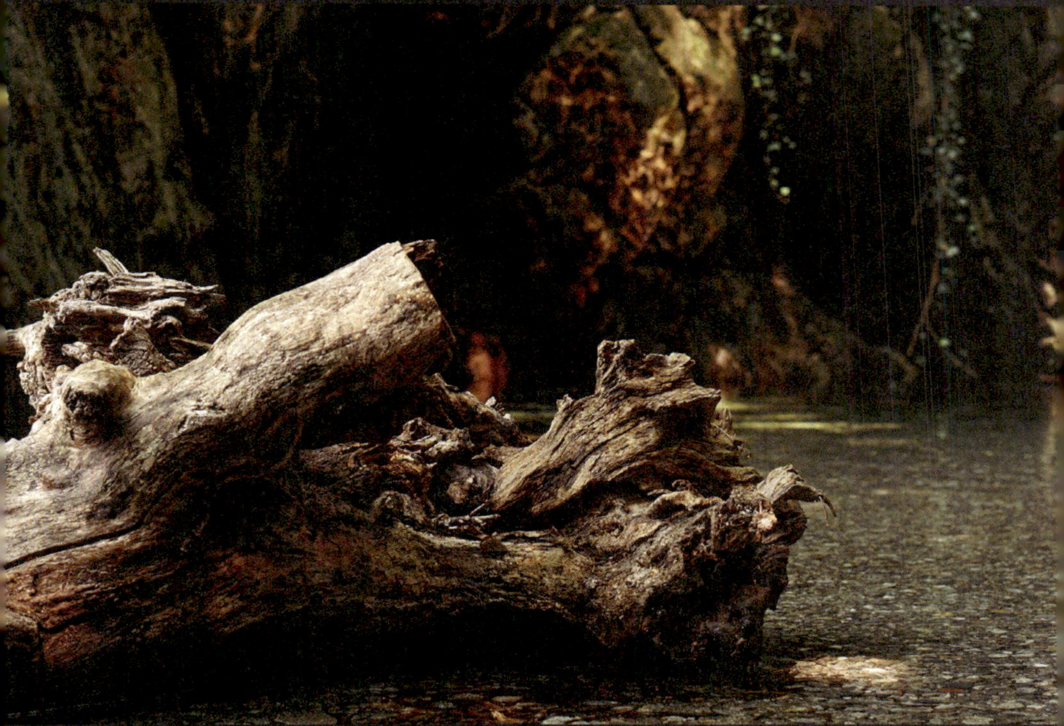

55 mm / f/3.2 / 1/50 sek / ISO 160 / Modus A / –2,3

Um die besondere Lichtstimmung zu erreichen, hat Manuel eine starke Belichtungskorrektur von –2,3 vorgenommen. Dadurch sind die Details im Holzstamm und die Wasserspiegelungen auf den Felsen im Hintergrund gut zu erkennen. Wenn du etwas mehr Zeichnung in den dunklen Schattenpartien haben willst, kannst du DRO-Level 1 oder 2 aktivieren. Da Manuel im Wasser stand und kein Stativ benutzen wollte, hat er die ISO auf 160 erhöht. So bekam er eine Verschlusszeit, die er noch aus der Hand halten kann.

Wasserfall am Morgen

①

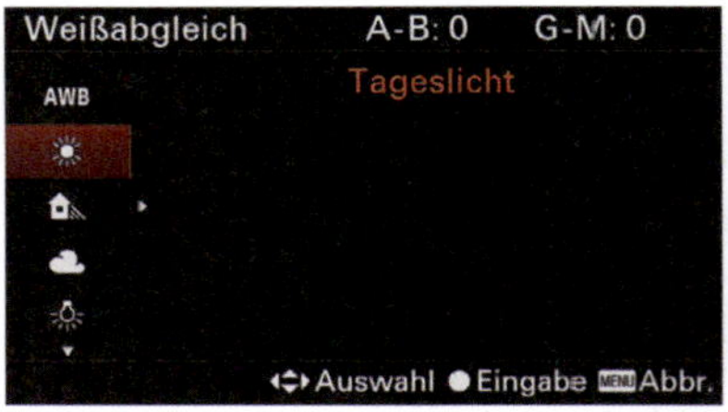

Fn-Menü Der Weißabgleich wurde auf *Tageslicht* gestellt.

②

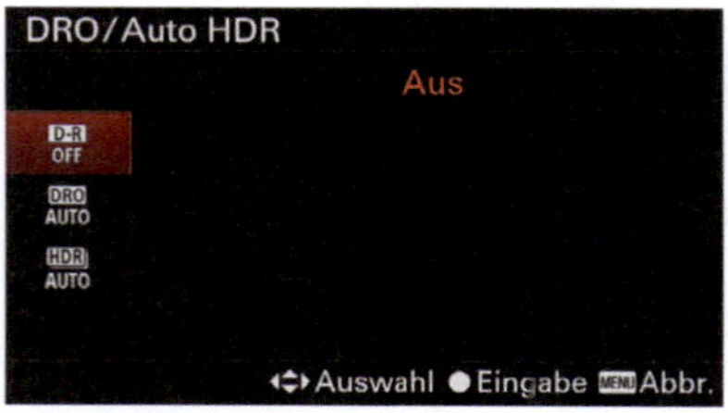

Fn-Menü DRO: *Aus* für kräftige Kontraste und das brillante Weiß des Wasserfalls: Durch DRO können weiße Bereiche manchmal zu stark gesättigt erscheinen.

③

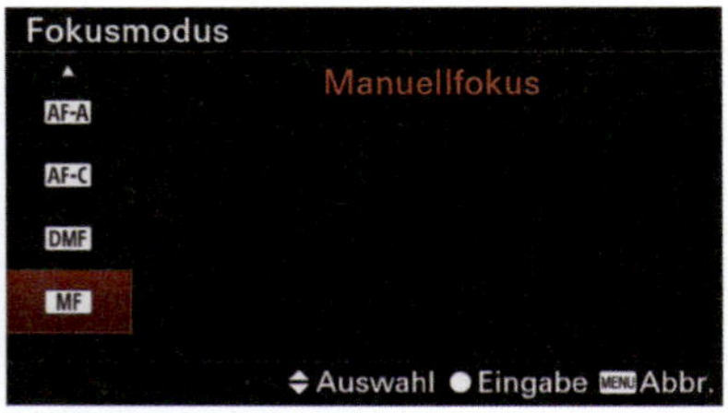

Fn-Menü Fokusmodus: *MF*. Der manuelle Fokus ist bei Landschaften häufig die beste Methode, um scharfzustellen, und wenn du dunkle Graufilter benutzt, erst recht. Übrigens: Wenn du keinen Fernauslöser für deine Kamera hast, kannst du sie mit dem Handy auslösen oder durch einen Linksklick mit dem Einstellrad den Selbstauslöser aktivieren.

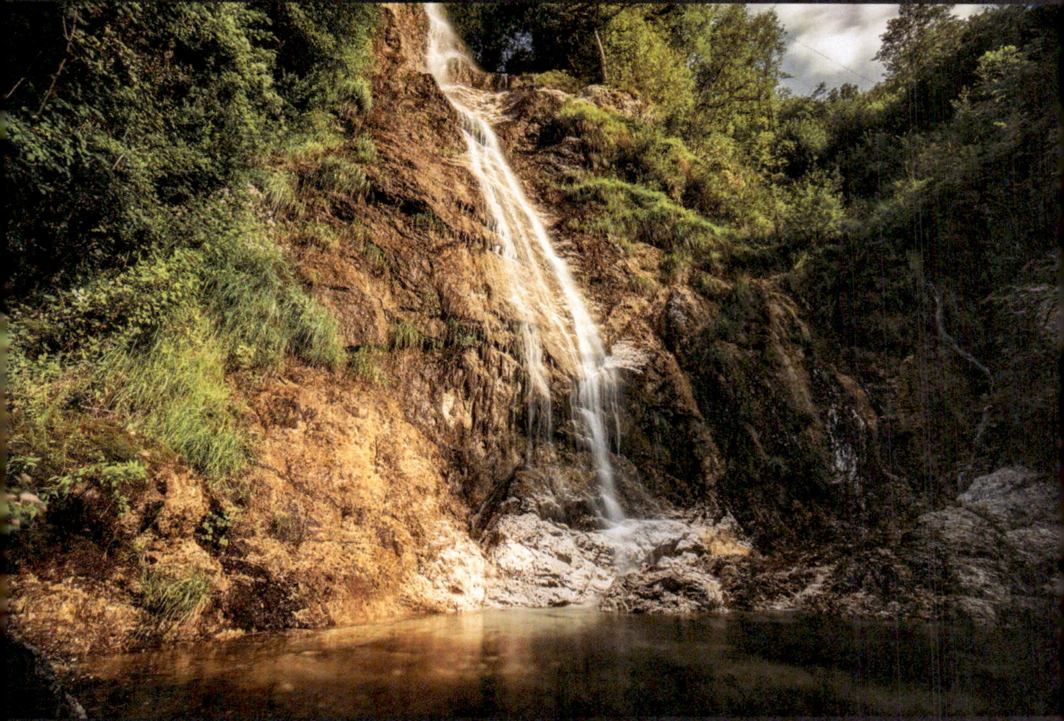

10 mm / f/9 / 25 sek / ISO 100 / Modus A

Dieser Wasserfall war eine Herausforderung an die Belichtung. Durch die tief stehende Morgensonne waren die Kontraste so hoch, dass Manuel mit mehreren Filtern gleichzeitig arbeiten musste. Sonst wäre der unten liegende Teil des Bildes, der See, der im Schatten lag, viel zu dunkel geworden. Zum Einsatz kamen ein ND500-Graufilter und ein Neutralverlaufsfilter. Die extrem lange Verschlusszeit von fast einer halben Minute war nötig, um den Wasserfall nicht nur etwas glatter, sondern auch weiß anstatt grau abzubilden. Hier empfiehlt es sich, mit verschiedenen Verschlusszeiten und Filtern zu experimentieren.

Steine im Wasser

①

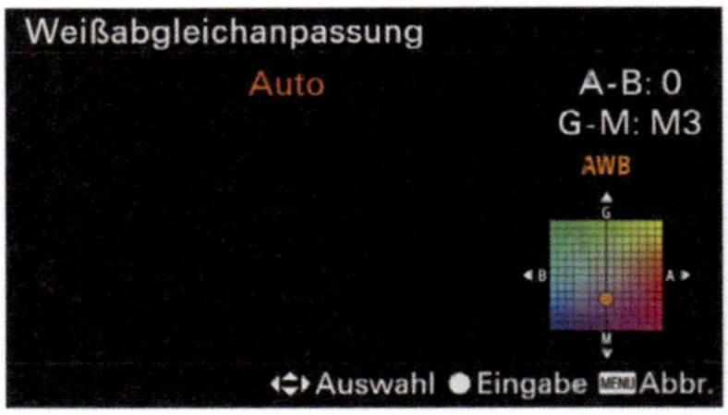

Fn-Menü In diesem Fall funktionierte der *AWB* (automatischer Weißabgleich) schon sehr gut und wurde lediglich etwas in Richtung Magenta verschoben.

③

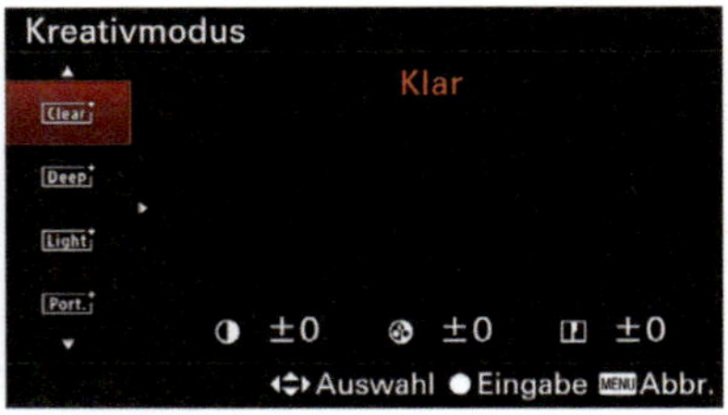

Fn-Menü Kreativmodus: *Klar* für neutrale Farben und dunklere Schattenpartien

②

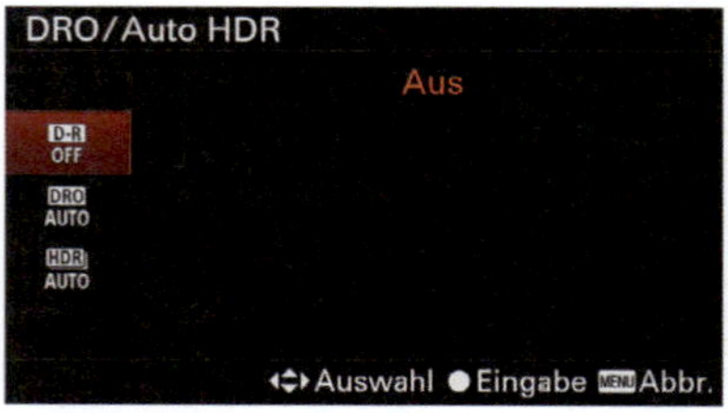

Fn-Menü DRO blieb hier auf *Aus*. Die Schatten sollten sehr dunkel sein. Wenn die Sonne noch etwas höher steht, kann DRO auf niedriger Stufe aber helfen, die Zeichnung in den Lichtern und Schatten zu bewahren.

④

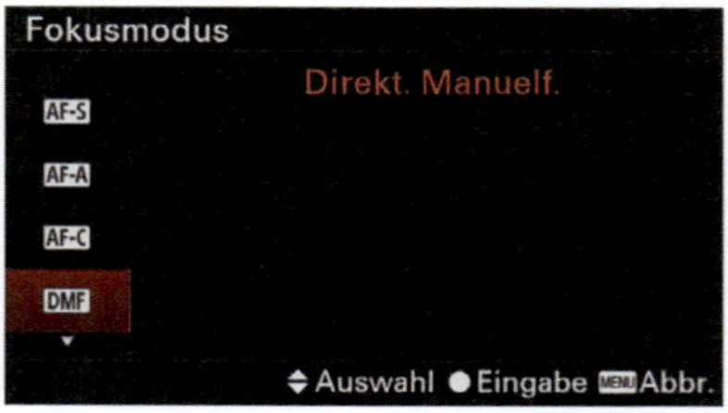

Fn-Menü Fokusmodus: *DMF*. Damit kannst du gut fokussieren und bei Bedarf noch mal ganz genau manuell nachfokussieren.

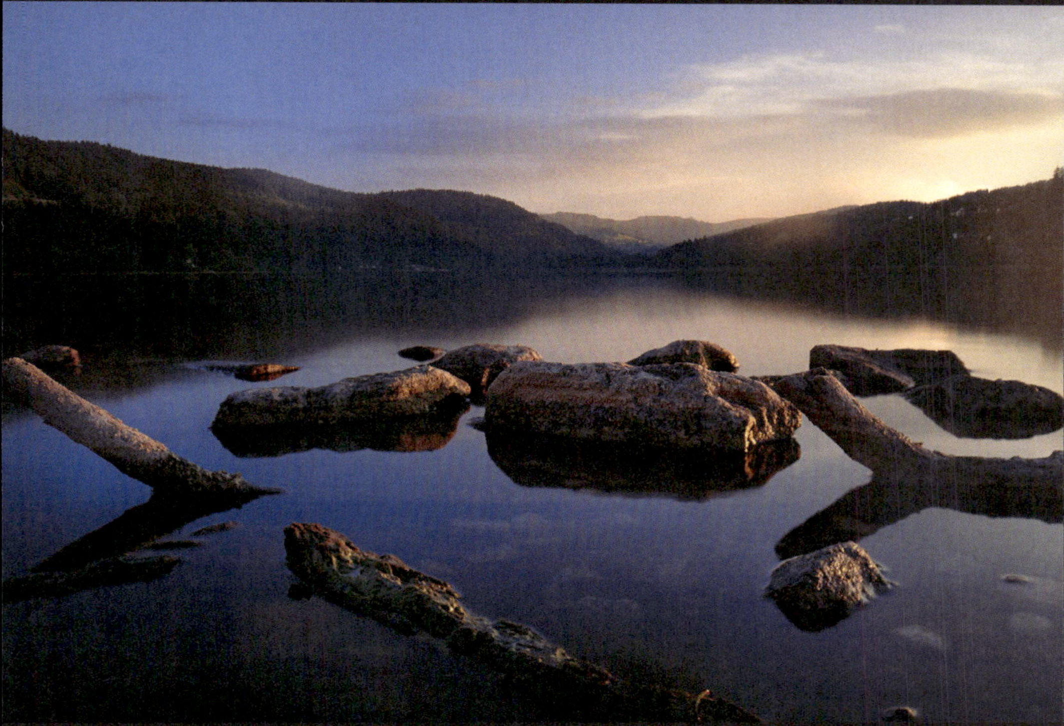

16 mm / f/6.7 / 30 sek / ISO 100 / Modus M

Wasser ist immer ein schönes Motiv. Die Tiefenwirkung dieses Bildes entsteht aber vor allem durch die Steine und Äste im Vordergrund. Damit das Wasser ganz glatt dargestellt wird, wurde auch hier ein Graufilter benutzt. Da die Sonne gerade erst hinter den Hügeln verschwunden war, gibt es keine überbelichteten Bereiche im Himmel, und die Lichtreflexe auf den Objekten im Vordergrund kommen gut zur Geltung.

Sommergarten

①

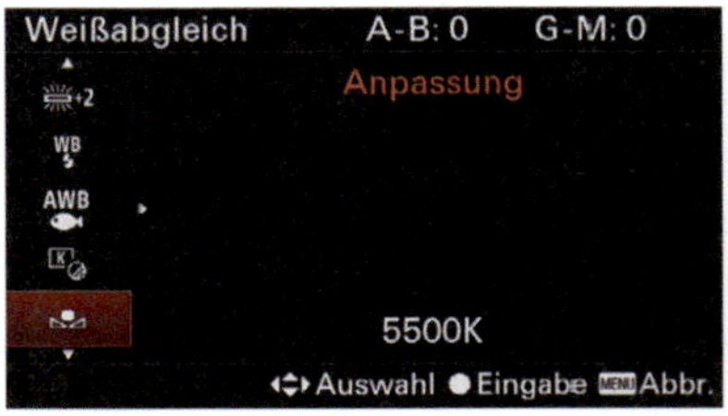

Fn-Menü Dieses Bild wurde mit dem Weißabgleich *Anpassung* gemacht. Dabei stellst du die Farbtemperatur ein, die in Kelvin angegeben wird. Alle anderen Weißabgleicheinstellungen waren bei dieser Lichtstimmung nicht perfekt.

②

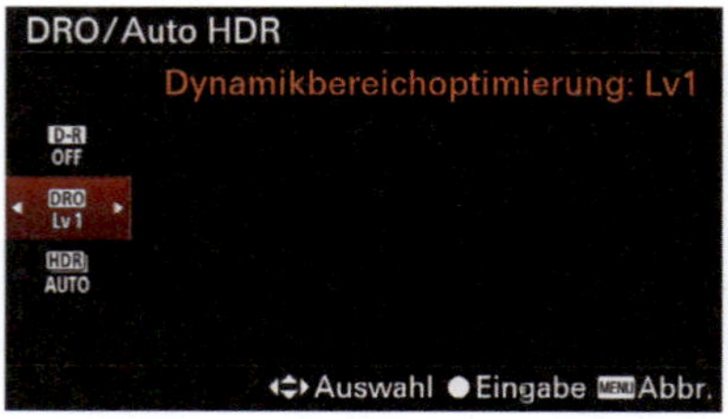

Fn-Menü DRO: *Lv1*: Dadurch behält der Himmel noch seine leicht blaue Färbung.

③

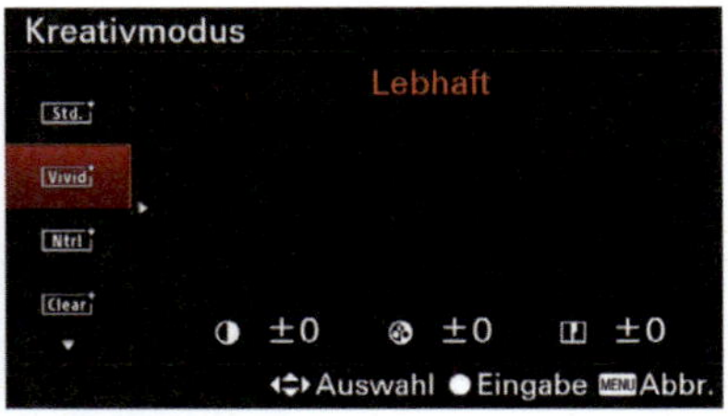

Fn-Menü Kreativmodus: *Lebhaft* für kräftige Farben und hohe Schärfe in den fokussierten Bildbereichen

④

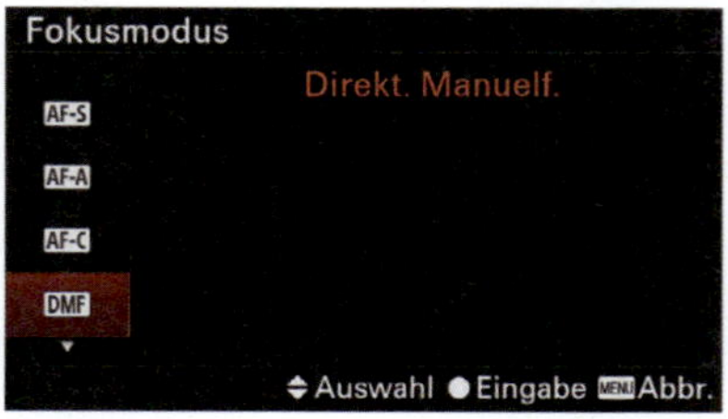

Fn-Menü Fokusmodus: *DMF*

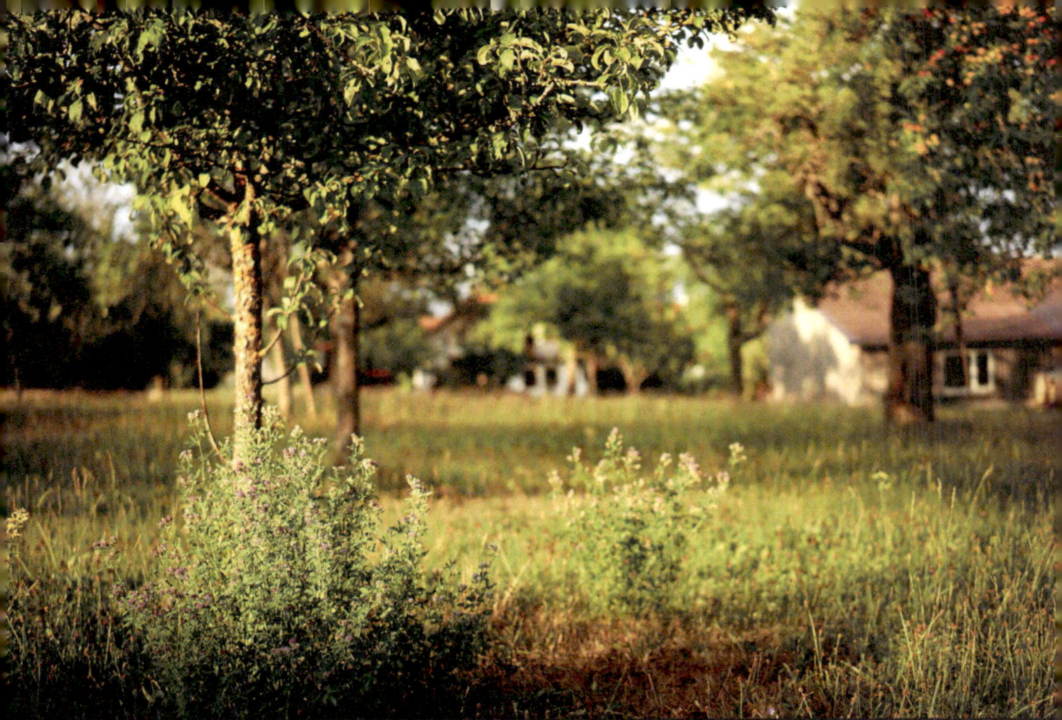

55 mm / f/2 / 1/500 sek / ISO 100 / Modus A

Hier kam mal wieder Manuels Lieblingsobjektiv zum Einsatz. Der besondere Kontrast aus Schärfe und Unschärfe ist immer wieder reizvoll: Damit die Schärfe ganz exakt auf dem Strauch im Vordergrund liegt, wurde mit Fokusmodus DMF und manuellem Weißabgleich fotografiert. Die Farbgebung ist sicherlich eine Geschmacksfrage – probiere auch hier verschiedene Einstellungen aus, aber versuche das Foto schon so gut wie möglich im Kasten zu haben, um dir Nachbearbeitungen zu ersparen.

Am Meer 1

①

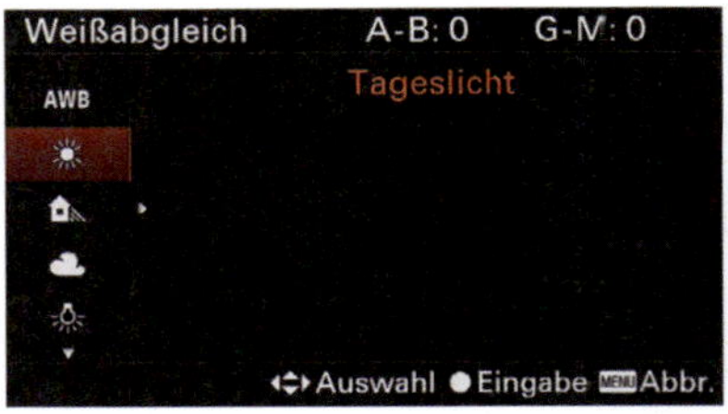

Fn-Menü Der Weißabgleich steht, obwohl es bewölkt ist, auf *Tageslicht*, um die scheinbare Schlechtwetterstimmung zu erhalten.

②

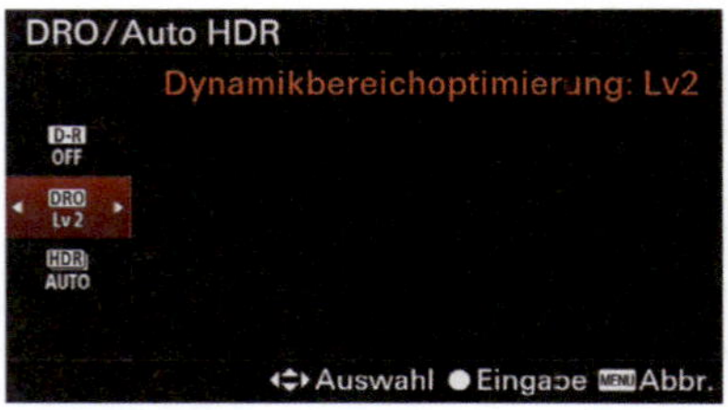

Fn-Menü DRO: *Lv2*. Dadurch behalten die Wolken und der Sonnenuntergang ihre Zeichnung. DRO solltest du nie auf DRO-Automatik lassen, denn dann kann der Kontrast in deinen Fotos anders werden, als du es gerne hättest.

③

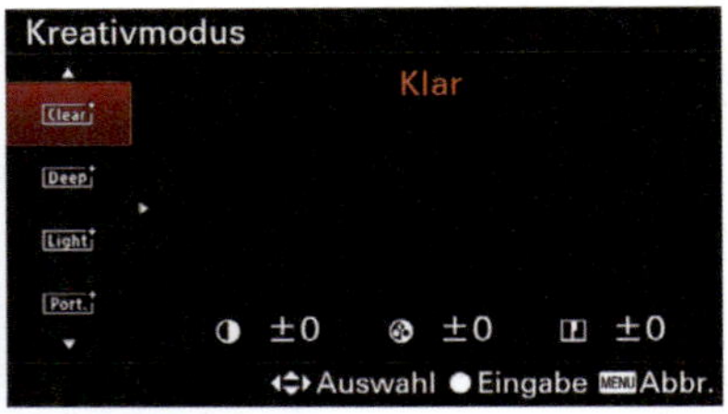

Fn-Menü Kreativmodus: *Klar* für natürliche Farben und dunklere Schattenpartien

④

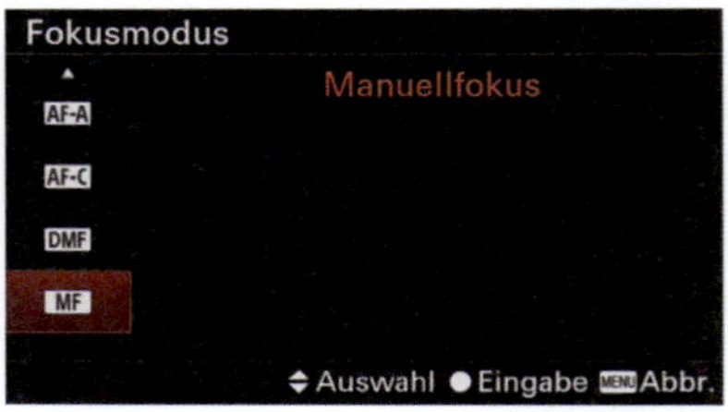

Fn-Menü Fokusmodus: *MF*

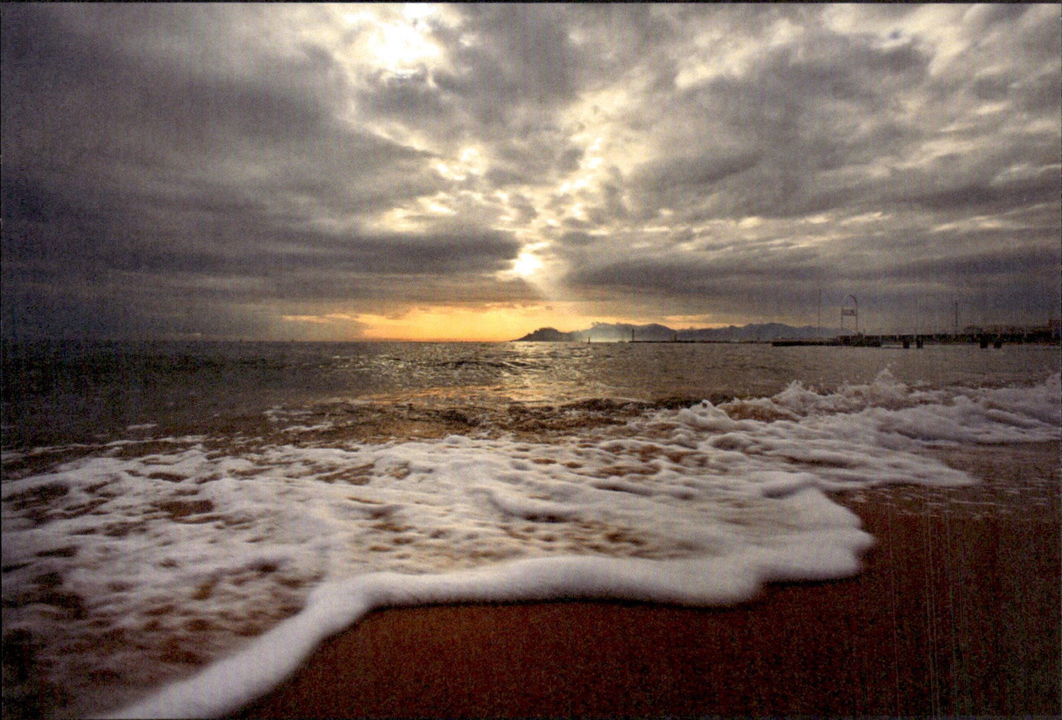

10 mm / f/8 / 1/80 sek / ISO 160 / Modus S / –0,3

Hier ein Beispiel für ein Landschaftsfoto, das weder in Modus M noch in A gemacht wurde. Da man bei Weitwinkelaufnahmen nur sehr wenig Spielraum bei der selektiven Schärfe hat, also immer relativ viel Tiefenschärfe hat, sollte durch die Bewegungsunschärfe der Wellen mehr Spannung ins Bild kommen. Also war Modus S der richtige. Die Verschlusszeit war hier 1/80 sek. Welches die passende Zeit ist, musst du jeweils ausprobieren, denn wie scharf oder unscharf die Gischt werden soll, ist Geschmackssache.

Am Meer 2

①

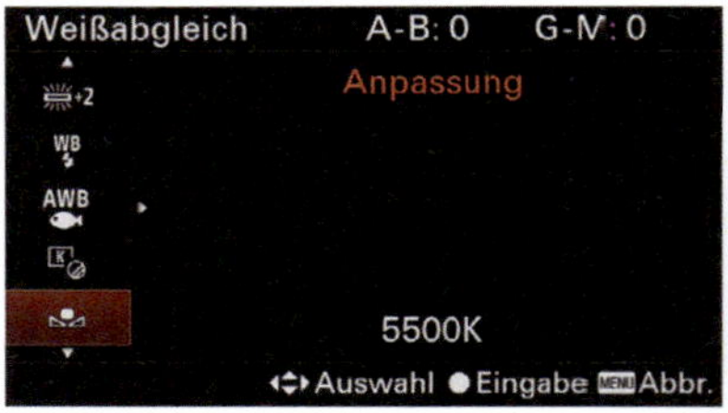

Fn-Menü Der Weißabgleich steht auf *Anpassung*, um eine besondere Farbstimmung zu erhalten. Experimentiere ruhig mal mit dem Weißabgleich.

②

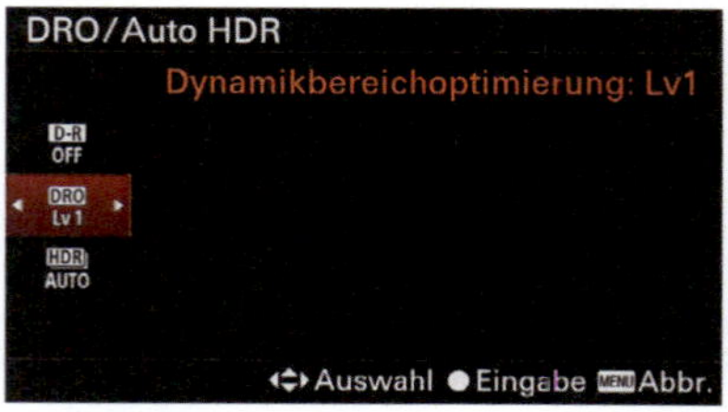

Fn-Menü DRO: *Lv1*. Eine höhere Einstellung hätte den Sonnenstrahl unkenntlich machen können.

③

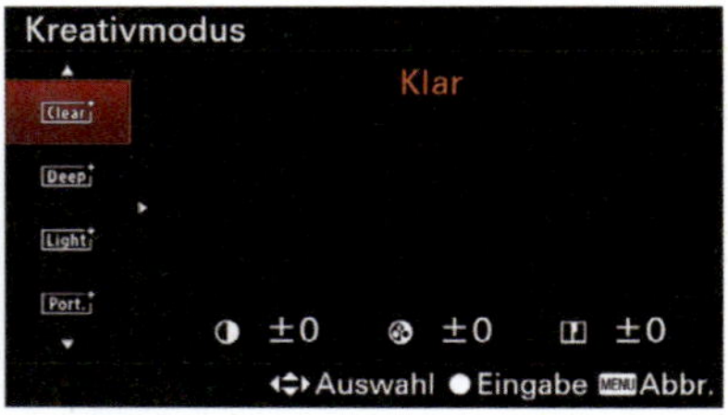

Fn-Menü Kreativmodus: *Klar* für einen etwas höheren Kontrast

④

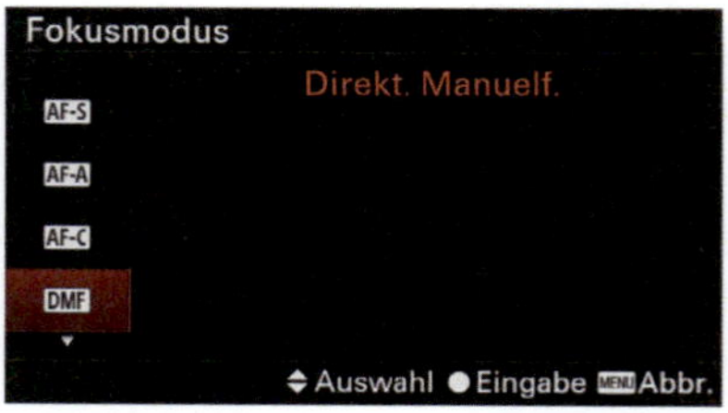

Fn-Menü Fokusmodus: *DMF*. Auch hier hilft der Fokusmodus, die Schärfe an die exakte Stelle zu legen.

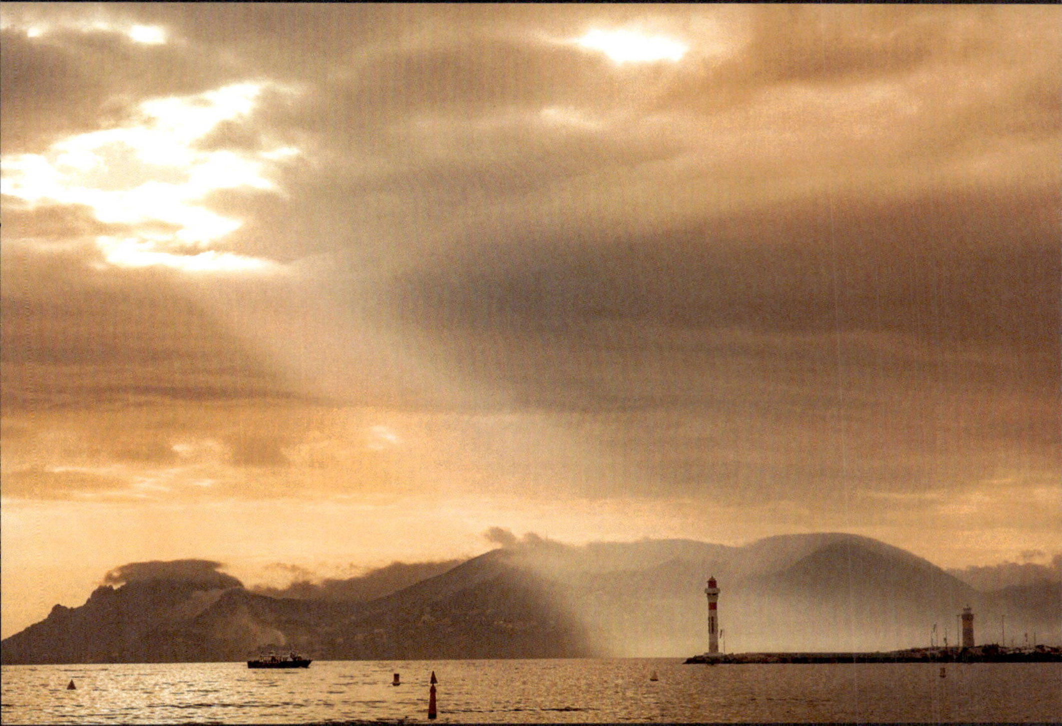

85 mm / f/5.6 / 1/640 sek / ISO 160 / Modus A / +0,7

Dieses Foto entstand nur sechs Minuten früher als das vorangegangene, und natürlich mit einer ganz anderen Brennweite. Da wir nicht ganz so nah herankamen, wie wir wollten, haben wir das Bild später etwas beschnitten. Du siehst, wie unterschiedlich eine Situation mit verschiedenen Objektiven und nur ein paar Minuten Zeitunterschied wirken kann.

Leuchtturm von Kermorvan

①

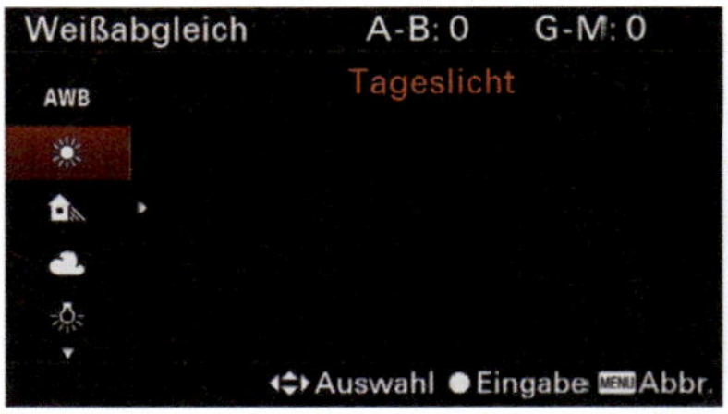

Fn-Menü Der Weißabgleich steht auf *Sonne*.

②

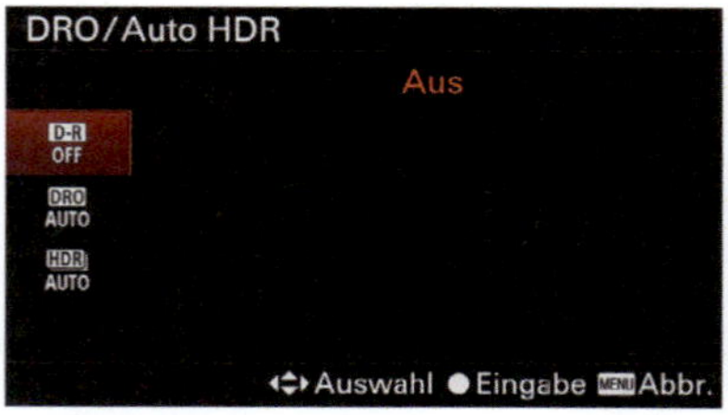

Fn-Menü DRO: *Aus*, um dem harten Kontrast der Umrisse des Leuchturms von Kermorvan noch mehr Ausdruckstärke zu geben

③

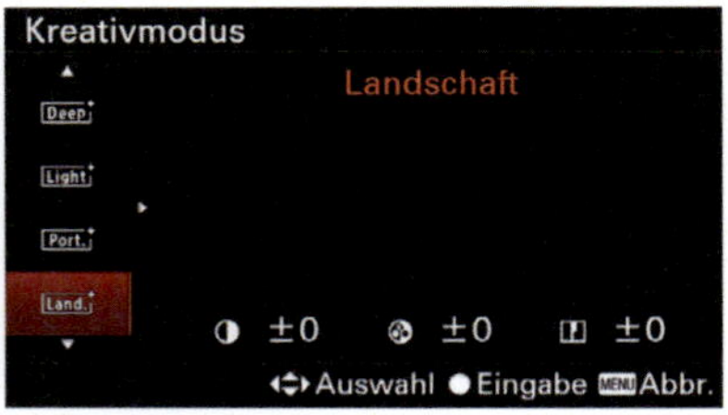

Fn-Menü Kreativmodus: *Standard*, damit durch möglichst wenig Farbverfälschungen die Erinnerung an den Moment erhalten wird

④

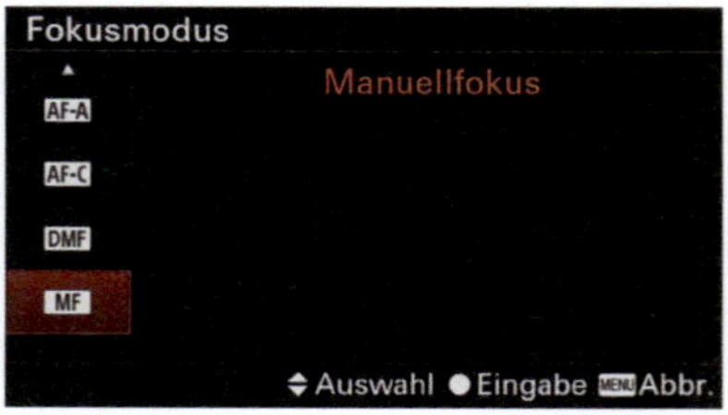

Fn-Menü Fokusmodus: *MF*. Das direkte Sonnenlicht führte hier zu einem Fehlfokus. Wenn du dir die Zeit zum manuellen Fokussieren nimmst, kann ein solches Bild entstehen.

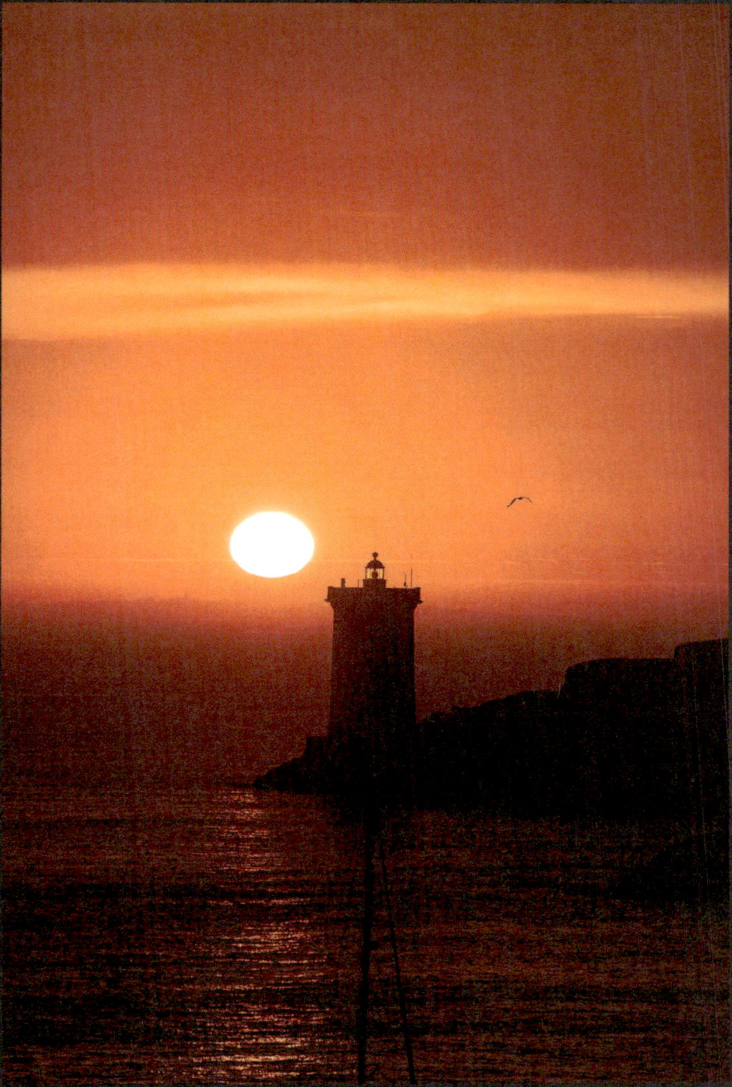

200 mm / f/8 / 1/500 sek / ISO 200 / Modus M

Auch ein Teleobjektiv kann sich sehr gut für Landschaftsfotos eignen. Die Schwierigkeit besteht hier darin, die richtige Belichtung zu finden. Die Sonne soll kein weißes Loch im Bild werden und der Himmel seine kräftigen Farben behalten. Meistens ist hier eine Unterbelichtung oder der manuelle Modus am besten geeignet. Auch musste hier manuell scharfgestellt werden. (Hier wurde mit Adapter LA-EA3 fotografiert.)

Sternenhimmel

①

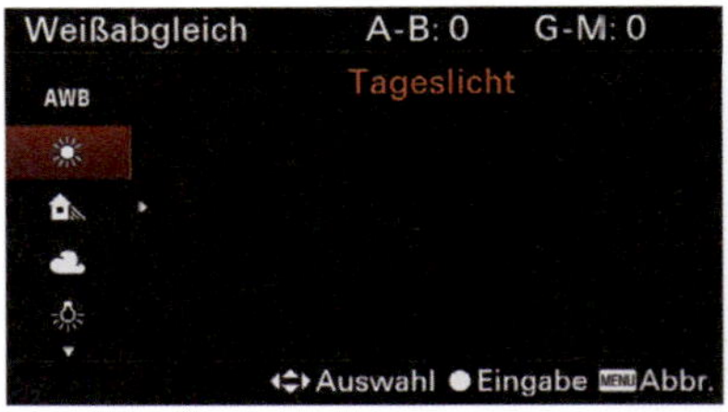

Fn-Menü Der Weißabgleich steht auf *Sonne*. Bei Nachtaufnahmen solltest du hier immer ein wenig ausprobieren – in diesem Fall waren die Ergebnisse so am besten.

②

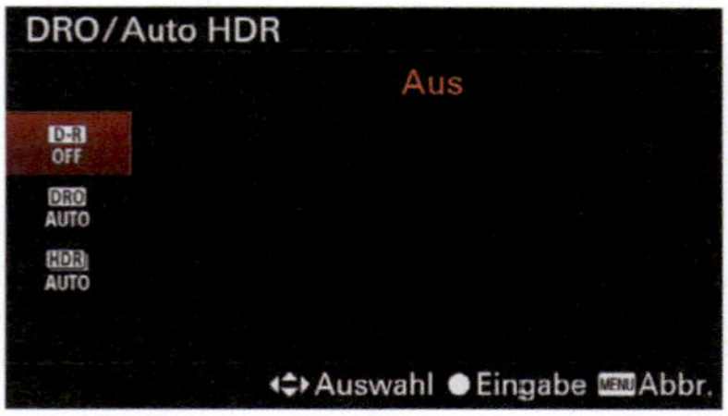

Fn-Menü DRO: *Aus*, denn bei Nachtaufnahmen würde der Himmel zu sehr aufhellen.

③

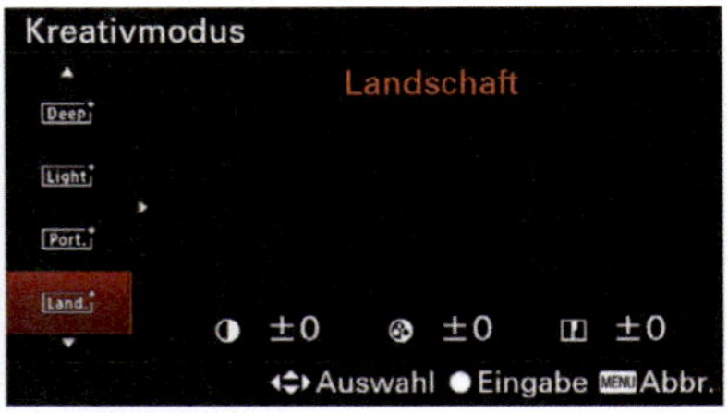

Fn-Menü Kreativmodus: *Landschaft* für einen hohen Kontrast

④

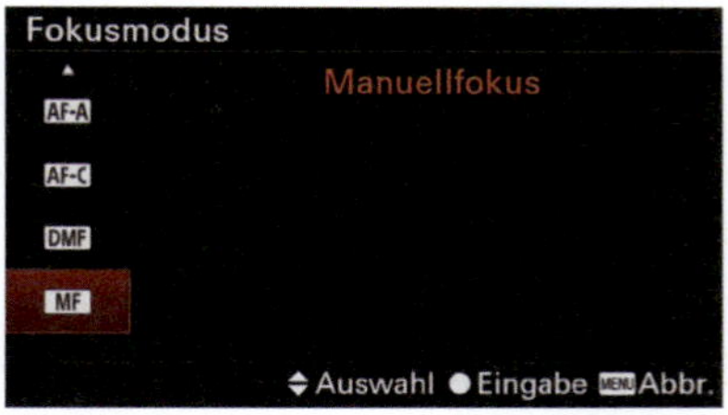

Fn-Menü Fokusmodus: *MF*. Tipp: Übe das manuelle Fokussieren erst mal bei Tageslicht. Die Fokusvergrößerung kann bei Sternenhimmelaufnahmen sehr gut helfen. Wenn die Punkte der hellsten Sterne am punktförmigsten und kleinsten sind, hast du die höchste Schärfe getroffen.

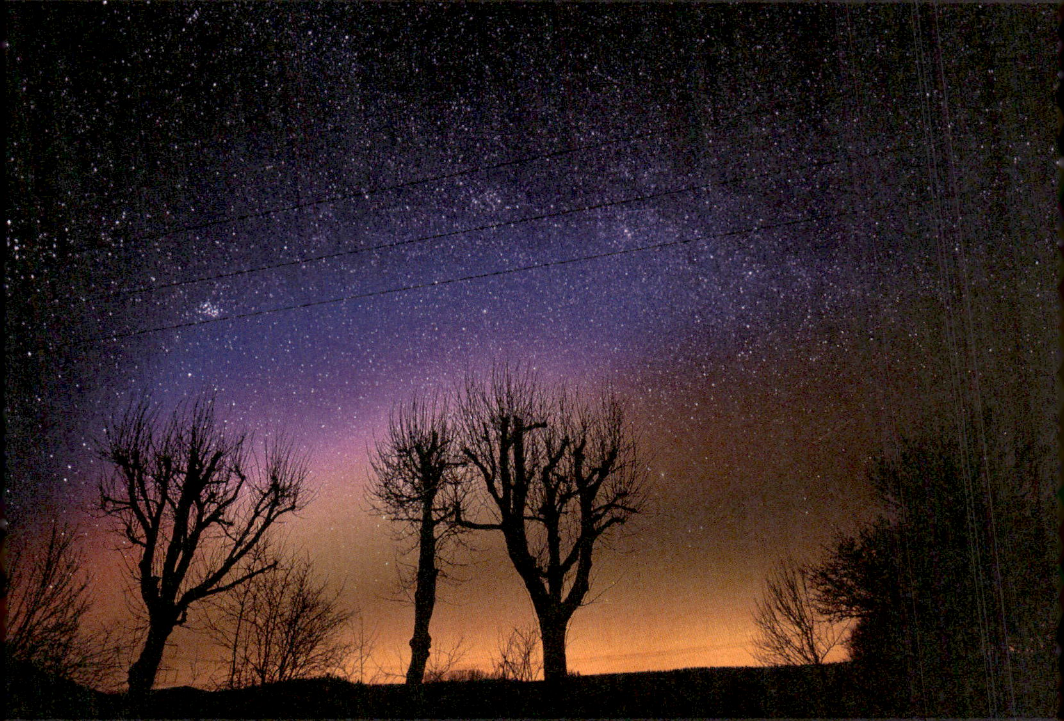

12 mm / f/2 / 20 sek / ISO 800 / Modus M

Beim Fotografieren des Sternenhimmels brauchst du neben einer langen Verschlusszeit – und natürlich einem Stativ – auch höhere ISO-Werte. Wenn du nämlich zu lange belichtest, ziehen die Sterne durch die Erdrotation Streifen im Bild. Deswegen ist ein lichtstärkeres Objektiv auch noch mal ein Turbo für gute Sternenaufnahmen. Wenn du schon eine Festbrennweite besitzt, probiere es mal bei ganz geöffneter Blende aus. Auch wenn du dann nicht den ganzen Himmel auf dein Bild bekommst, siehst du den Unterschied zwischen einer Festbrennweite und einem Zoom sehr deutlich.

ARCHITEKTUR

Bei der Architekturfotografie kommt es sehr auf Linien und Formen an. Deswegen solltest du immer auf sie achten. Meistens sollten waagerechte Linien im Bild auch absolut gerade sein. Manchmal dürfen sie aber auch gewollt ganz schräg sein. Verschiedene Beispiele findest du in den folgenden Workshops.

Im Idealfall benutzt du für diese Art der Fotografie ein Stativ. Nicht nur, um lange Verschlusszeiten scharf fotografieren zu können, es profitiert auch die Bildkomposition, also die schon erwähnten geraden Linien und Formen, davon. Mit ein bisschen Übung fällt es dir viel leichter, eine ansprechende und spannende Komposition zu erreichen.

Bei Architektur denkt man sofort an Weitwinkel, damit man alles aufs Bild bekommt, aber auch Ausschnitte eines Gebäudes können sehr interessant sein, weil sie nicht gleich alles offenbaren. Du kannst also auch ohne ein Weitwinkelobjektiv schon mal in die Architekturfotografie schnuppern. Und auch Menschen dürfen in ihr durchaus vorkommen. Das zeigt Größenverhältnisse und bringt etwas Lebendiges in deine Bilder.

Die Grundeinstellungen:

- Auch bei der Fotografie von Architektur und Gebäuden kommt es wieder einmal auf die Schärfentiefe an. Deswegen ist auch hier **Modus A** eine gute Wahl. Aber wie bei der Landschaftsfotografie hast du meistens Zeit und kannst auch **Modus M** benutzen.
- In der Regel willst du das gesamte Gebäude scharf abbilden: von ganz vorne bis ganz nach hinten. Da sind **Blendenwerte** von **f/8 und aufwärts** meistens die richtige Wahl. Achte aber darauf, die Blende nicht ganz (auf z. B. f/22) zu schließen: In der Fotografie gibt es optische Besonderheiten, in diesem Fall die sogenannte Beugungsunschärfe. Das bedeutet, wenn du die Blende ganz schließt, wird dein Foto etwas unschärfer. Daher bleibst du am besten unter dem höchstmöglichen Blendenwert.
- Damit deine **Tiefenschärfe** aber bei diesen Blendenwerten ausreicht, musst du sehr genau scharfstellen. Bei dieser Art der Fotografie hast du meistens genug Zeit und kannst die Fokusmodi **MF** und **DMF** üben. Manuel benutzt gerne die Fokusvergrößerung. Oder du stellst dir im Menü die Kantenanhebung ein, wie Stefan es gerne beim manuellen Fokussieren macht. Es gibt also auch hier wieder mehrere Wege, zu einem guten Ergebnis zu kommen.

Kolonnaden

①

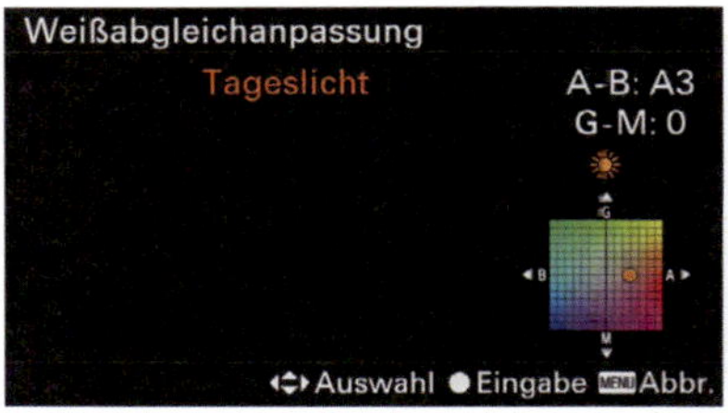

Fn-Menü Der Weißabgleich steht auf *Tageslicht*, mit leichter Verschiebung nach Rot. Dadurch kommt die abendliche Lichtstimmung mehr heraus.

②

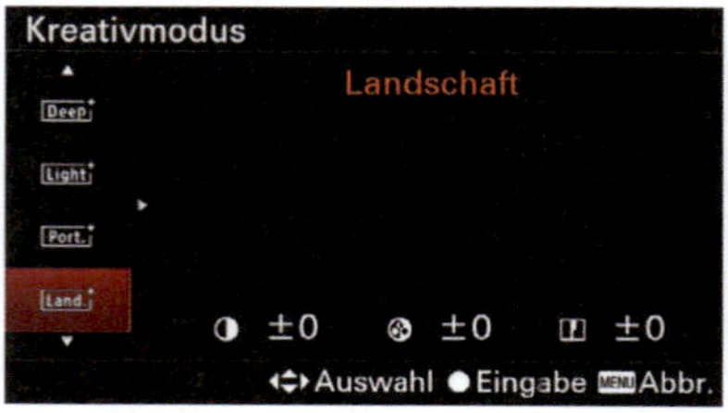

Fn-Menü Kreativmodus: *Landschaft* mit seinem höheren Kontrast und der stärkeren Scharfzeichnung eignet sich häufig auch für Architektur.

③

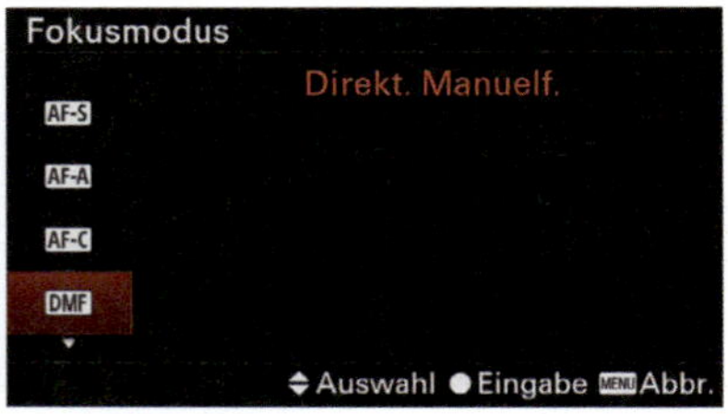

Fn-Menü Fokusmodus: *DMF*, um die Schärfe ganz exakt zu legen. Blende f/11 sorgt für die optimale Schärfe, die aber bei ungenauem Scharfstellen nicht den ganzen Bildbereich abdecken würde.

④

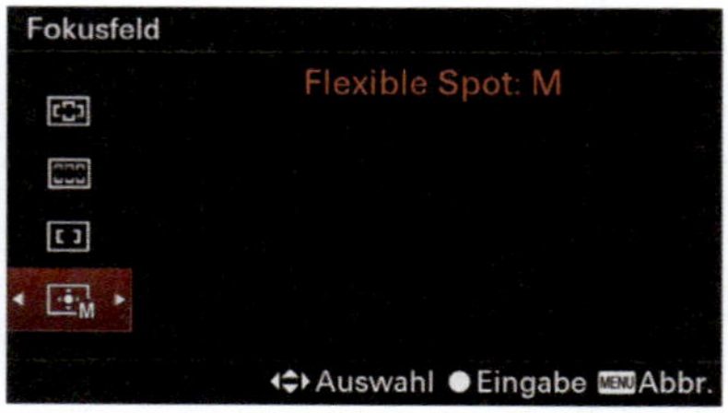

Fokusfeld: *Flexibler Spot*, damit bei der Fokusvergrößerung direkt auf das Fokusfeld vergrößert wird

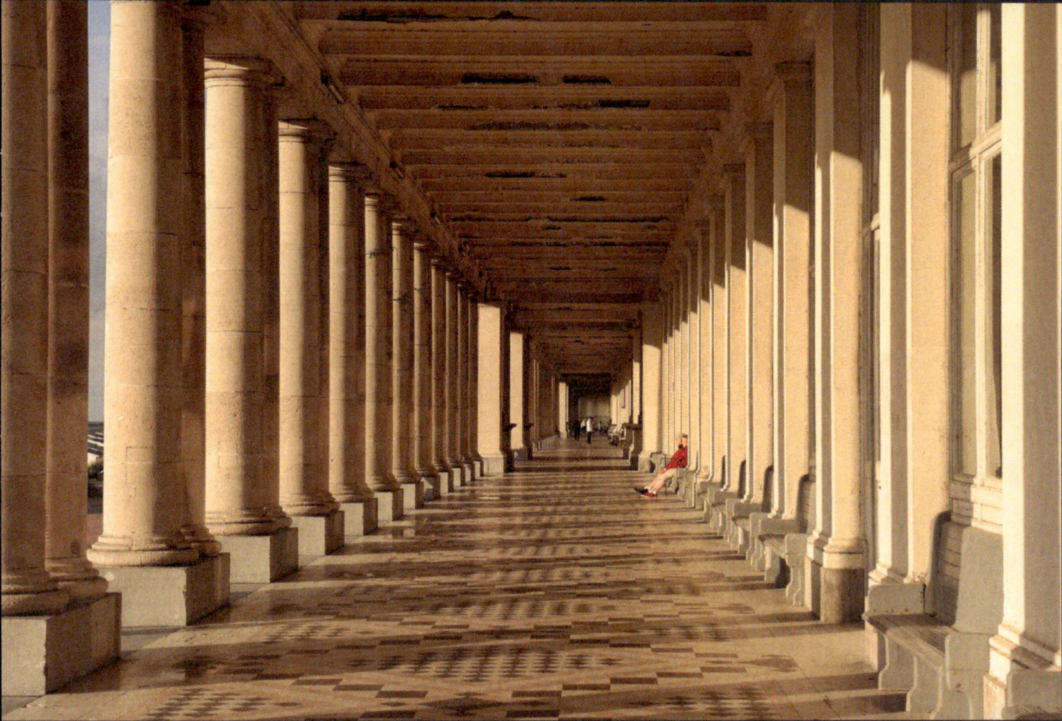

16 mm / f/8 / 1/320 sek / ISO 100 / Modus A

Dieses Motiv bietet sich für die Zentralperspektive an. Die Personen im Mittel- und Hintergrund ermöglichen es dem Betrachter, die Größe der Säulen und die Tiefe des Gebäudes abzuschätzen.

Architektur in Low Key

①

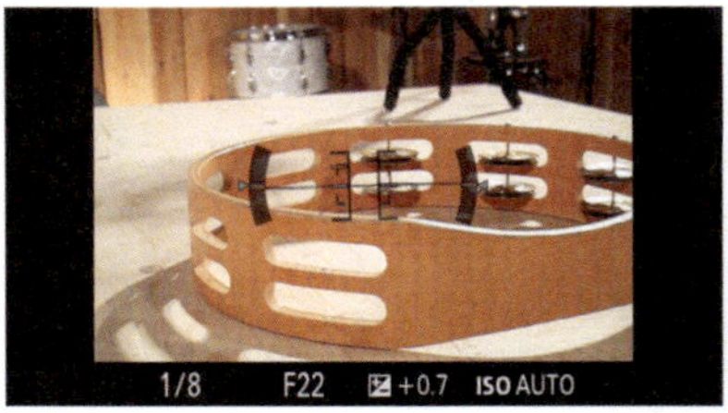

Disp-Taste: Die elektronische Wasserwage hilft, die Kamera gerade auszurichten. So musst du dein Bild nicht später beschneiden und gerade ausrichten (die α6000 hat keine Wasserwaage).

②

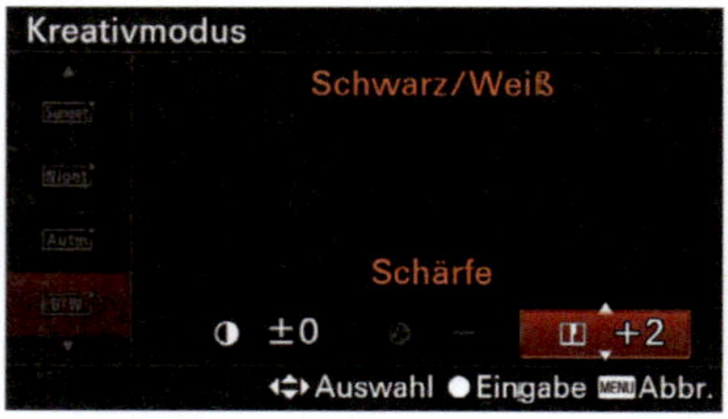

Fn-Menü Kreativmodus: *Schwarz-Weiß*. Du kannst den Kontrast und die Scharfzeichnung auch erhöhen. Dann werden solche Motive noch spannender.

③

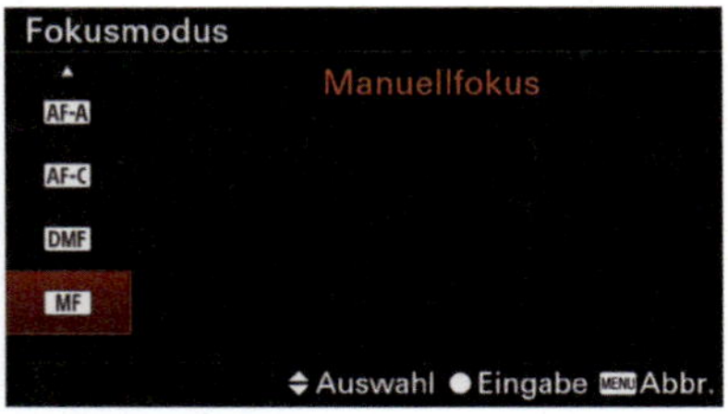

Fn-Menü Fokusmodus: *MF*. Da du während des Auslösens nicht durch den Sucher und gerade so eben auf dein Display schauen kannst, hast du so einfach mehr Sicherheit, dass das Bild scharf wird.

④

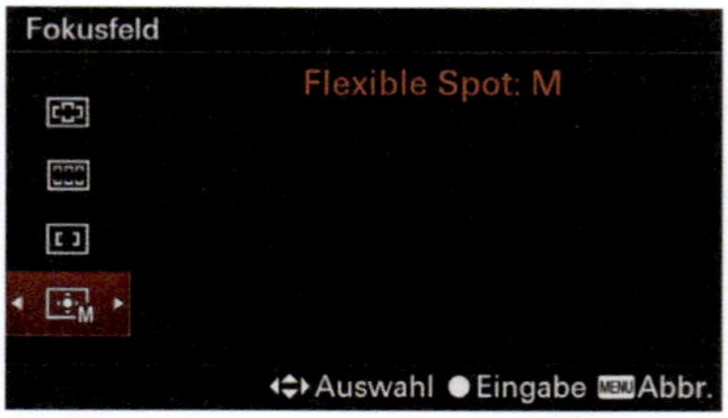

Fn-Menü Fokusfeld: *Flexibler Spot*

35 mm / f/7.1 / 1/250 sek / ISO 200 / Modus M

Dieses Motiv lebt von der Darstellung in Schwarz-Weiß und der sehr dunklen Belichtung. Das Stativ wurde hier wie ein Selfie-Stick ganz hochgehalten und dann mit dem Selbstauslöser ausgelöst. Der virtuelle Horizont half, die Kamera geradezuhalten.

Linienführung

①

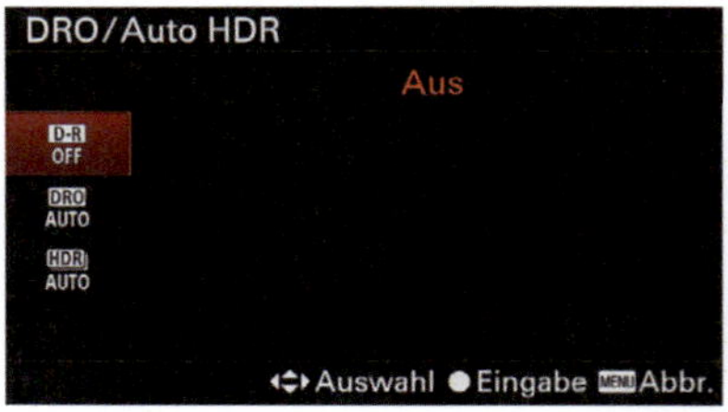

Fn-Menü DRO: *Aus* bei Schwarz-Weiß-Fotos, die einen so harten Kontrast haben sollen

②

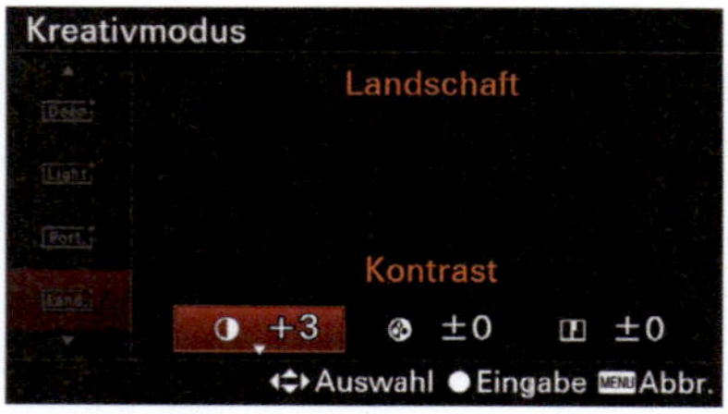

Fn-Menü Im Kreativmodus *Schwarz-Weiß* den Kontrast auf Stufe 2 oder 3 einstellen

③

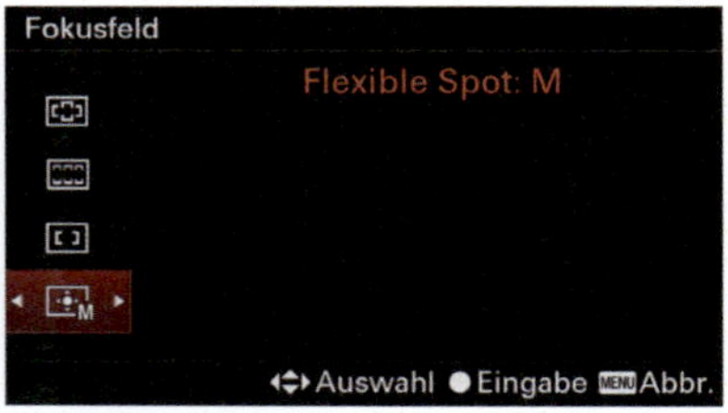

Fn-Menü Fokusfeld: *Flexibler Spot* mit *AF-S*

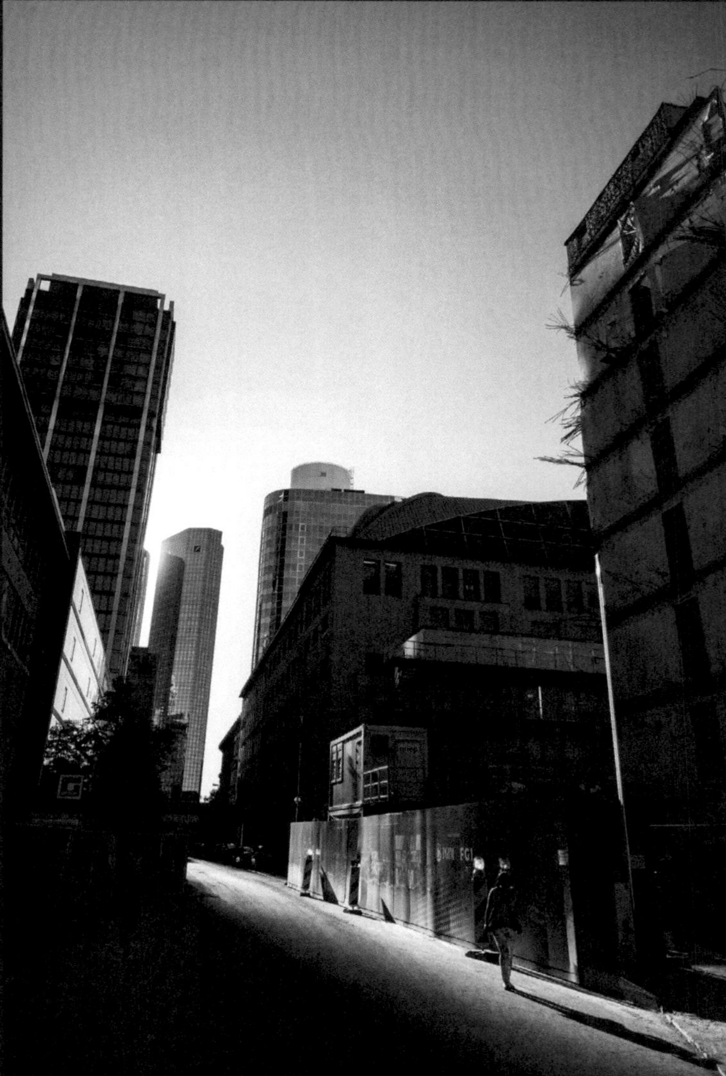

12 mm / f/5.6 / 1/160 sek / ISO 100 / Modus A / –1,0

Ohne die Person im Bild würde hier ein Größenvergleich fehlen. Sie verstärkt zudem die Dramatik und die Tiefenwirkung des Fotos. Die wichtigsten Linien sind im Bild: der Lichtschein der Sonne, die über die Straße scheint, und der Schatten der Person. Sie führen als Diagonale in die untere Bildecke.

Brücke

①

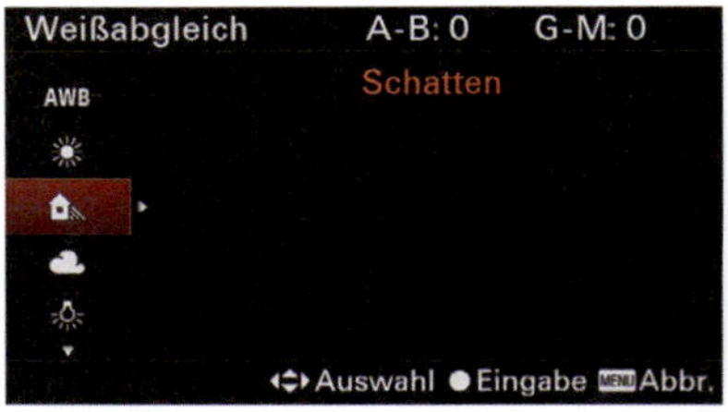

Fn-Menü Der Weißabgleich wurde auf *Schatten* gestellt, um die etwas wärmere, leicht rötliche Farbe zu bekommen.

②

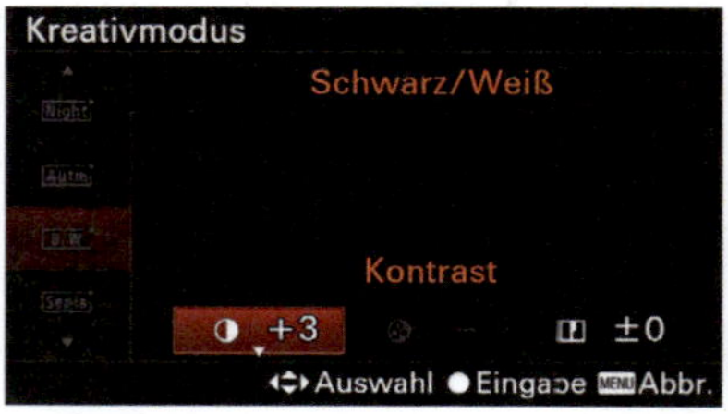

Fn-Menü Kreativmodus: *Landschaft* mit Kontrast auf Stufe 3 für eine harte Zeichnung

③

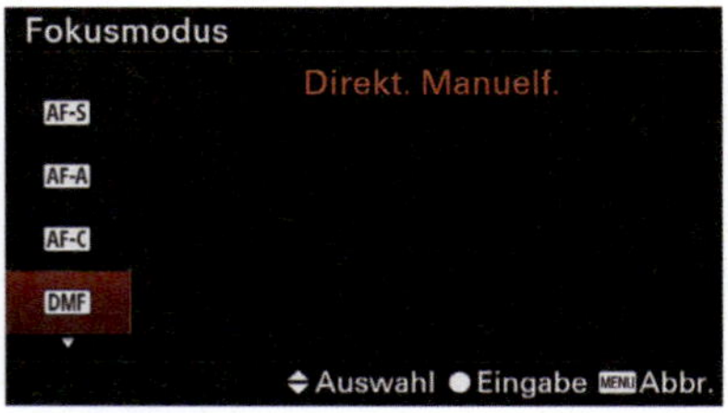

Fn-Menü Fokusmodus: *DMF*

④

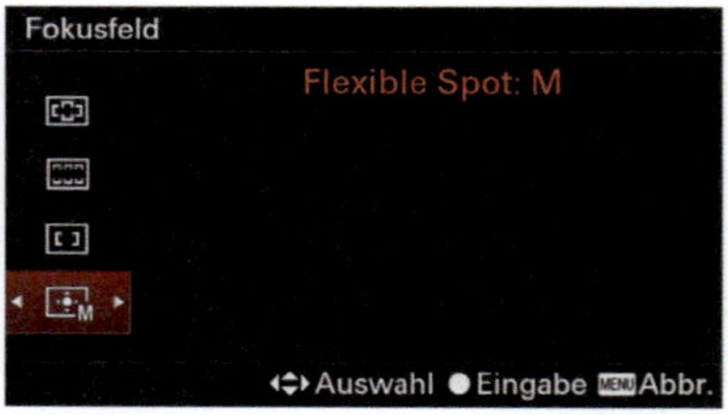

Fn-Menü Fokusfeld: *Flexibler Spot*, damit bei Fokusvergrößerung direkt auf das Fokusfeld vergrößert wird

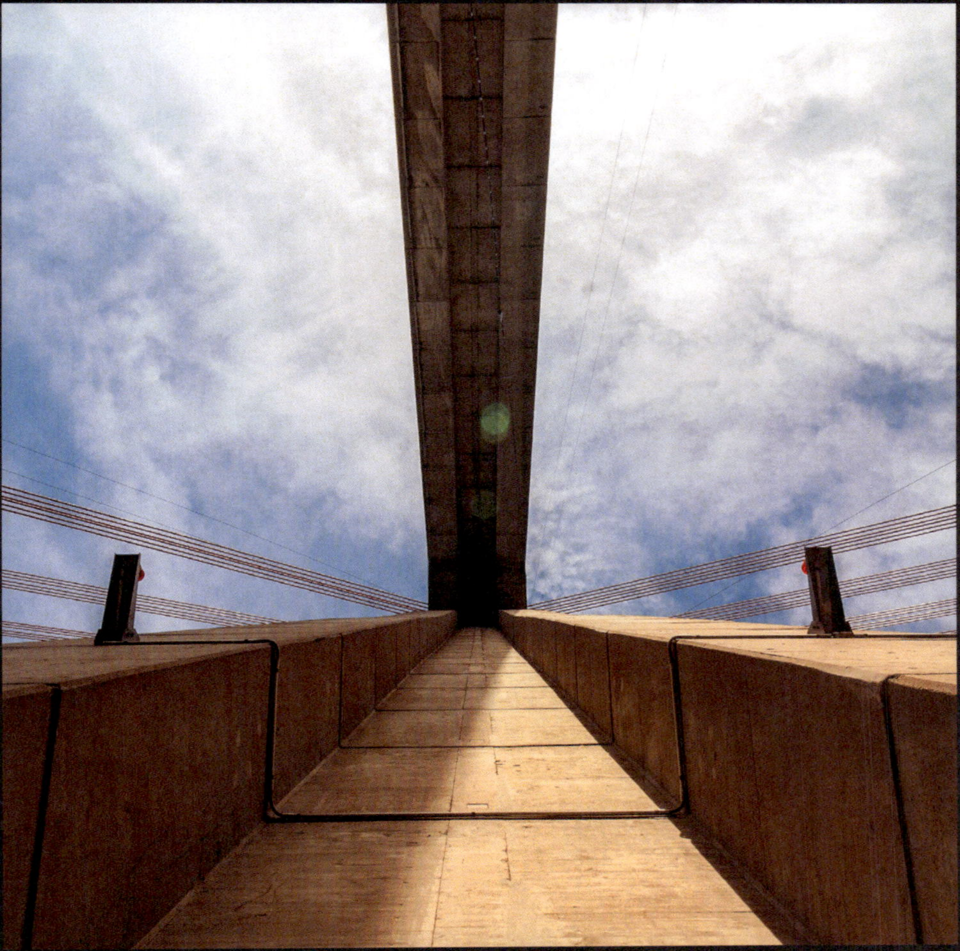

35 mm / f/8 / 1/160 sek / ISO 100 / Modus A

Durch die ungewöhnliche Perspektive und den reduzierten Ausschnitt wirkt diese Abbildung eines Brückenpfeilers abstrakt. Auch das ist eine Spielart der Architekturfotografie. Der Betrachter weiß nicht sofort, um was es geht, und wird dadurch praktisch gezwungen, das Bild länger zu betrachten.

Vertikal blau

①

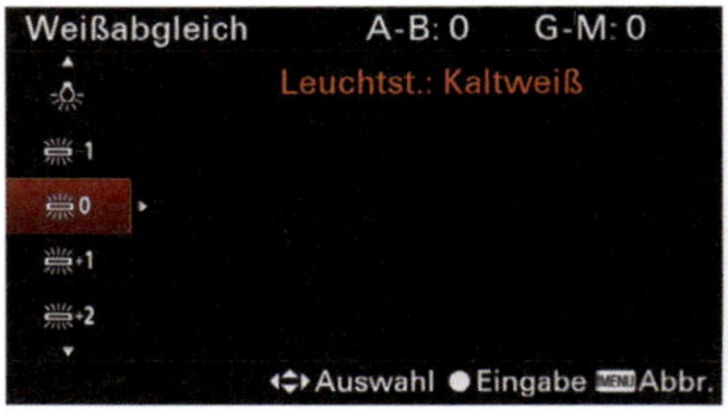

Fn-Menü Der Weißabgleich *Leuchtstoffröhre* kann zu interessanten Farben führen. Da er für grünliches Licht gemacht ist, wirkt das Bild hier leicht violett. Experimentiere ruhig mit verschiedenen Weißabgleicheinstellungen.

②

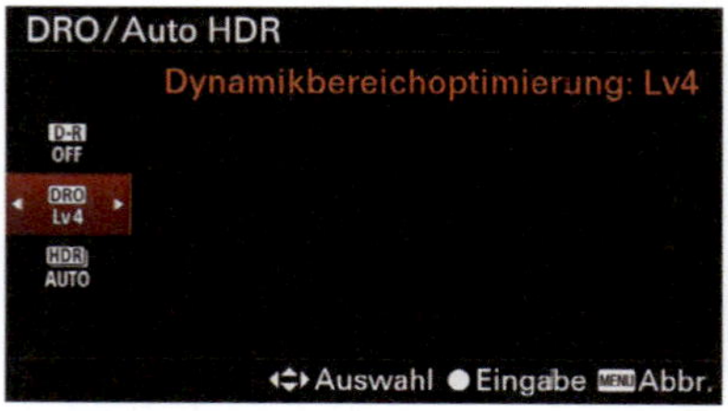

Fn-Menü DRO: Diese Einstellung solltest du normalerweise nicht zu stark anwenden. Hier hat *Lv4* aber zu der gewünschten Wirkung geführt.

③

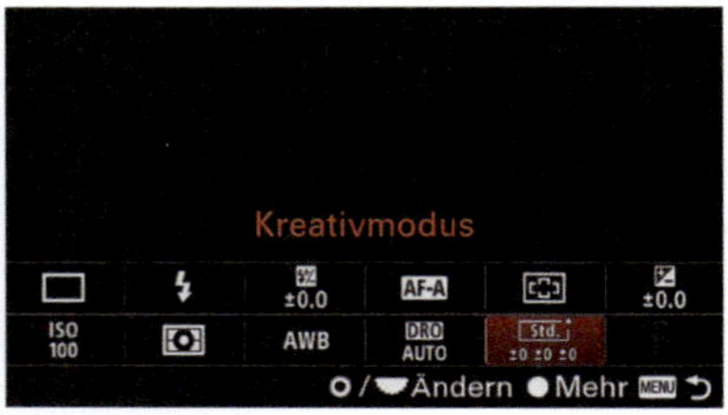

Fn-Menü Kreativmodus: *Standard* oder *Neutral*, um die gewünschten flachen Kontraste nicht wieder zu verstärken

④

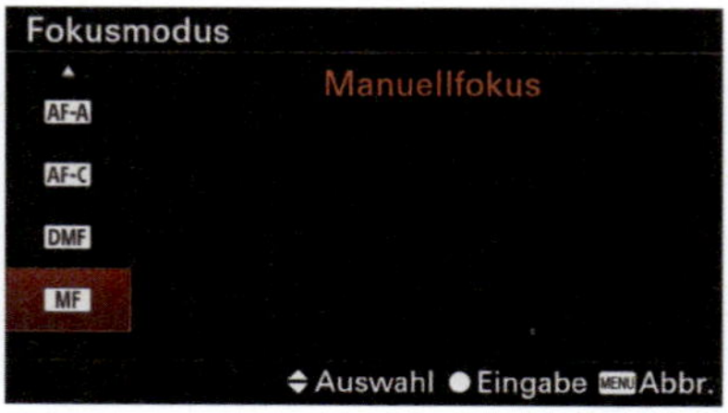

Fokusmodus: *MF*
Fokusfeld: *Flexibler Spot*

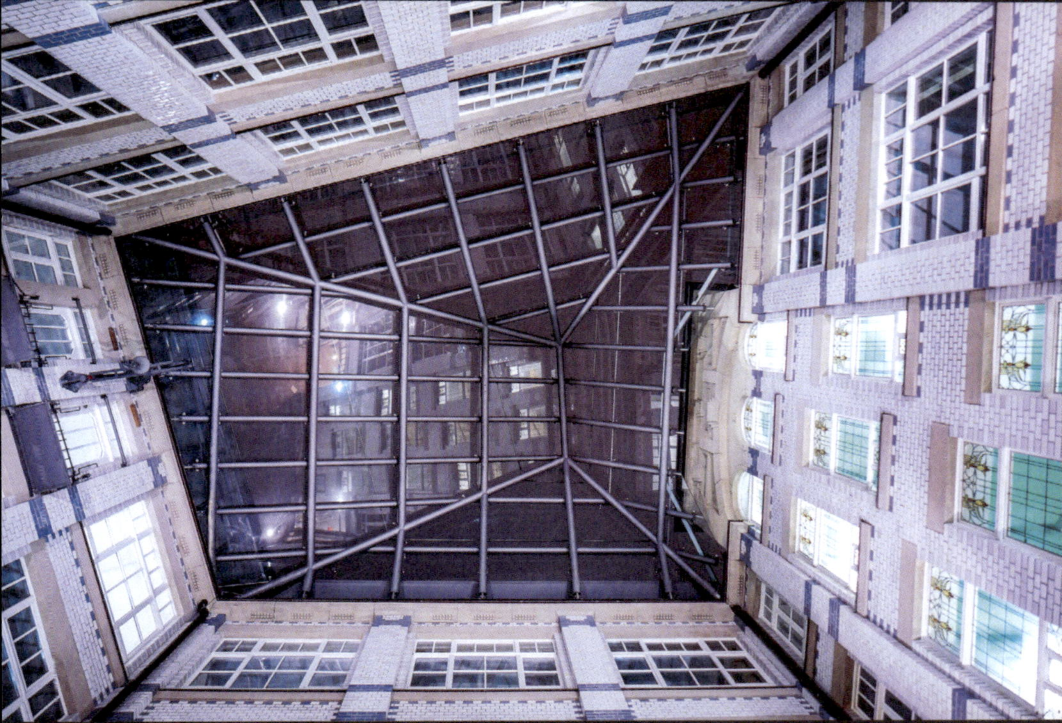

16 mm / f/2.8 / 1/15 sek / ISO 6400 / Modus A

Auch diese Architekturaufnahme lebt von der Perspektive. Die besonderen Formen des Glasdachs ziehen den Blick konsequent in die Mitte der Aufnahme, und dadurch, dass sich Gebäudeteile in den Glasflächen spiegeln, sieht man immer wieder neue Details im Bild.

High Rise

①

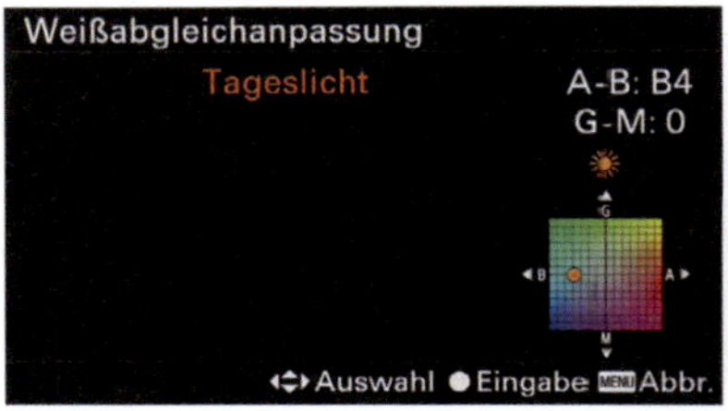

Fn-Menü Der Weißabgleich *Tageslicht* mit leichter Verschiebung Richtung Blau gibt kühlere Farben, ohne unnatürlich zu wirken.

②

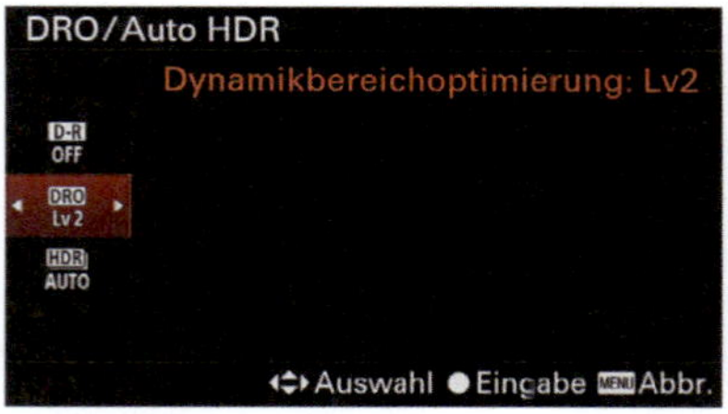

Fn-Menü DRO: *Aus*; nur wenn die Wolken zu hell werden, *Lv1* oder *Lv2*

③

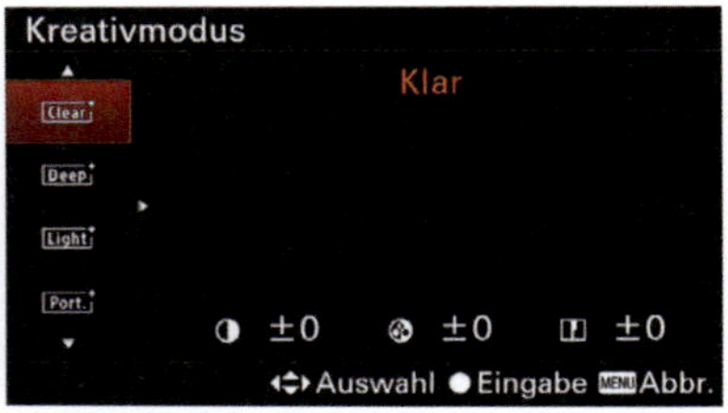

Fn-Menü Kreativmodus: *Klar* gibt harte Kontraste und eine höhere Scharfzeichnung, die Farben sind neutral.

④

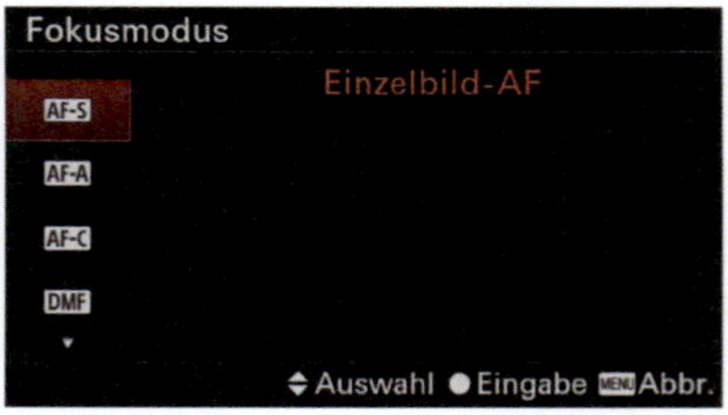

Fn-Menü Fokusmodus: *AF-S*

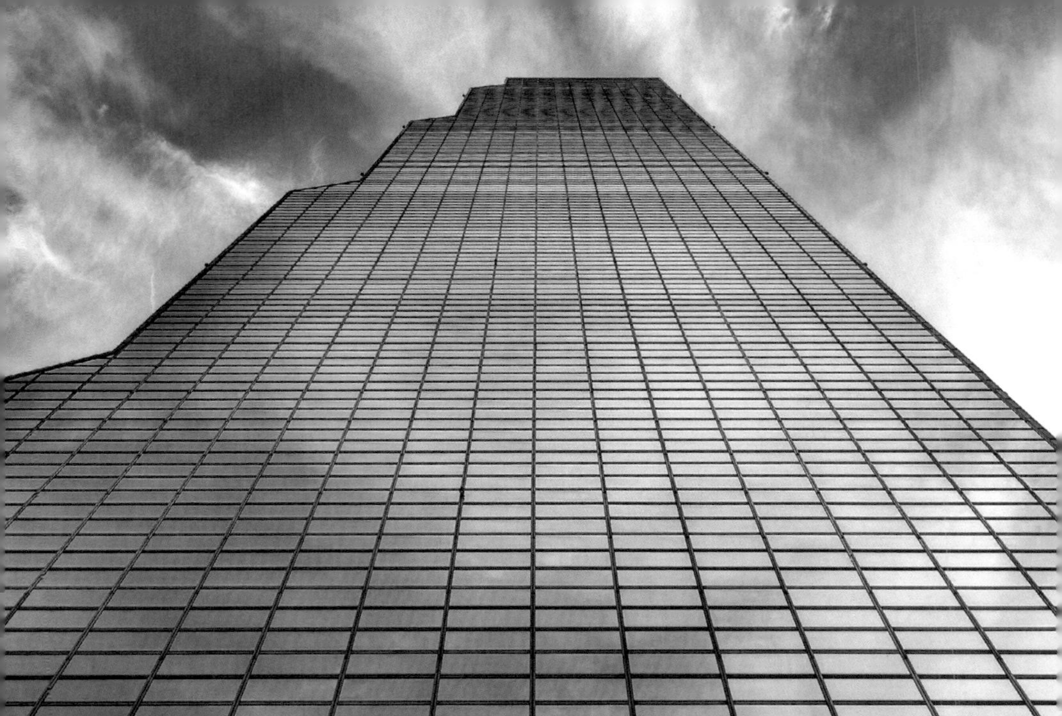

24 mm / f/8 / 1/400 sek / ISO 100 / Modus A

Wolkenkratzer und andere sehr hohe Gebäude kann man nur per Luftaufnahme oder von einem anderen hohen Gebäude aus gerade fotografieren. Hier wurde mit den schrägen Linien, den sogenannten stürzenden Linien, als Gestaltungsmittel gespielt, die durch die stark gekippte Kamera übermäßig verdeutlicht wurden.

Organische Formen

①

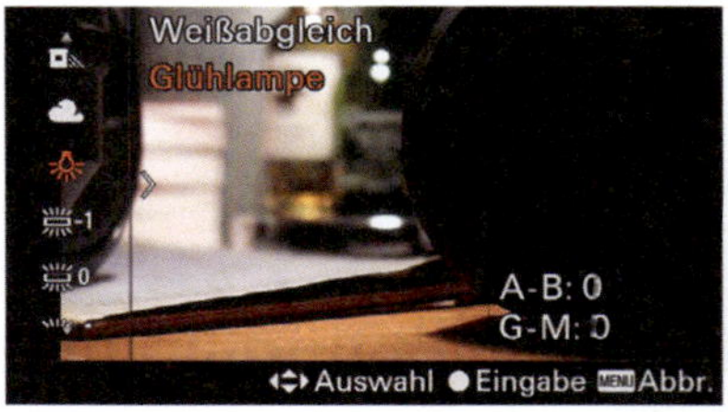

Fn-Menü Mit dem Weißabgleich *Glühlampe* bekommst du tagsüber bläuliche Farben. Mit einer Verschiebung in Richtung Rot kannst du das etwas abmindern.

②

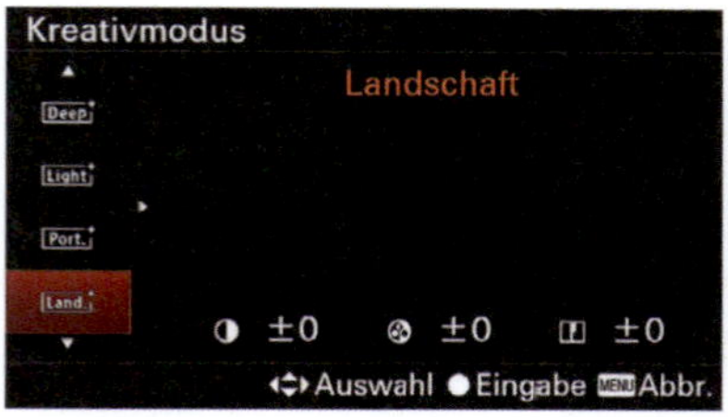

Fn-Menü Kreativmodus: *Landschaft* oder *Klar* gibt harte Kontraste und eine höhere Scharfzeichnung.

③

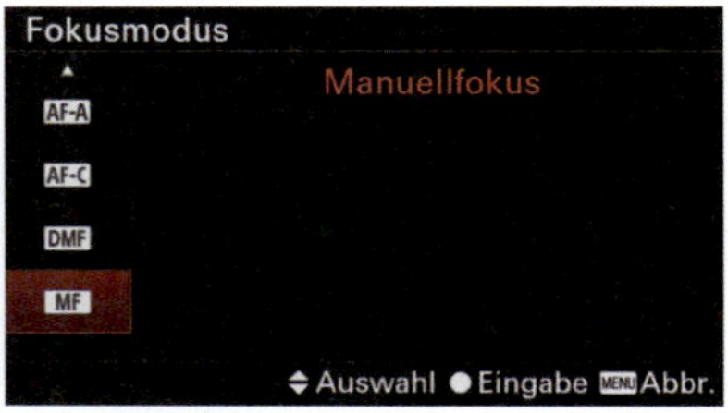

Fn-Menü Fokusmodus: *MF*. Damit kannst du mithilfe der Fokusvergrößerung genau die Details scharfstellen, die dir am wichtigsten sind.

④

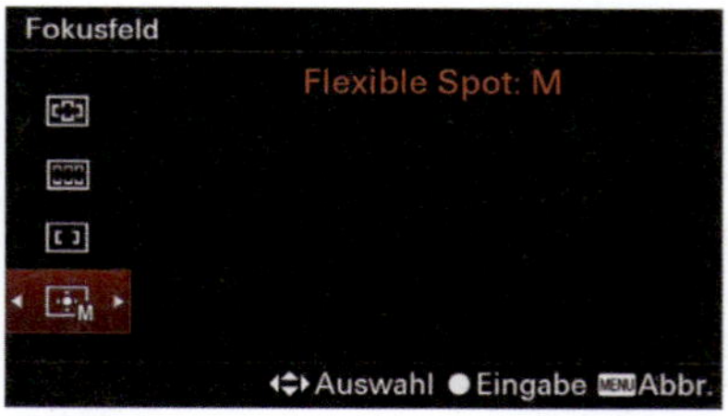

Fn-Menü Fokusfeld: *Flexibler Spot*. Verschiebe dein Fokusfeld schon ungefähr an die Stelle, wo du nachher scharfstellen möchtest, damit du nicht in der Fokusvergrößerung die Übersicht verlierst.

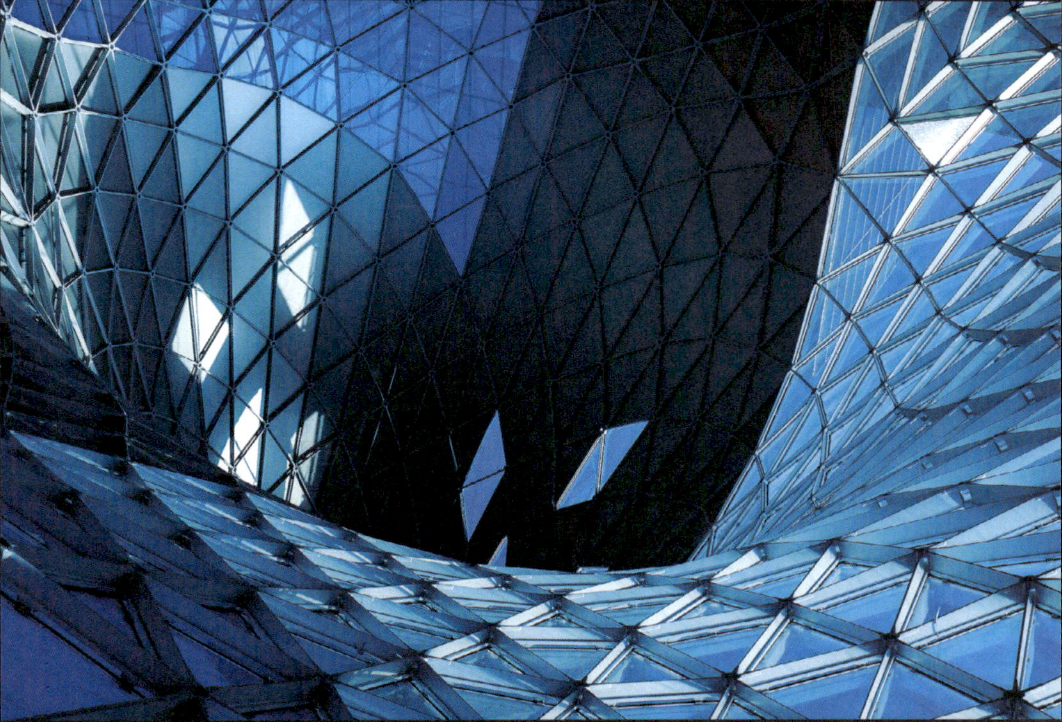

240 mm / f/11 / 1/125 sek / ISO 100 / Modus M

Auch bei Architekturaufnahmen kann ein Teleobjektiv toll wirken. Hier wurde nur ein Ausschnitt eines besonderen Details in einem Einkaufszentrum fotografiert. Wie du diese organisch wirkenden Linien und Formen arrangierst, ist deine fotografische Freiheit. Bei moderner Architektur bietet sich oft eine kühlere Farbgebung an, die du über den Weißabgleich steuern kannst.

Schräge Linien

①

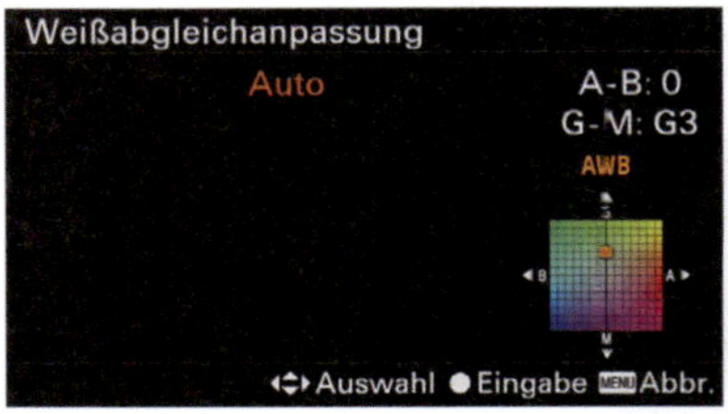

Fn-Menü Hier wurde nur der *automatische Weißabgleich* etwas in Richtung Blau und Grün verschoben.

②

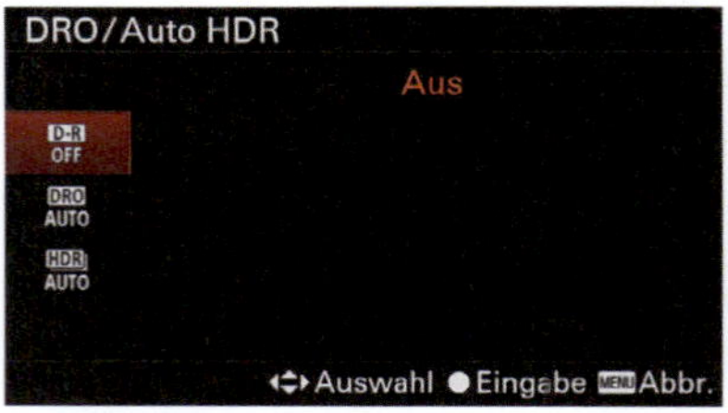

Fn-Menü DRO: *Aus*, denn die überbelichteten hellen Stellen und zugelaufenen Schatten sind gewollt

③

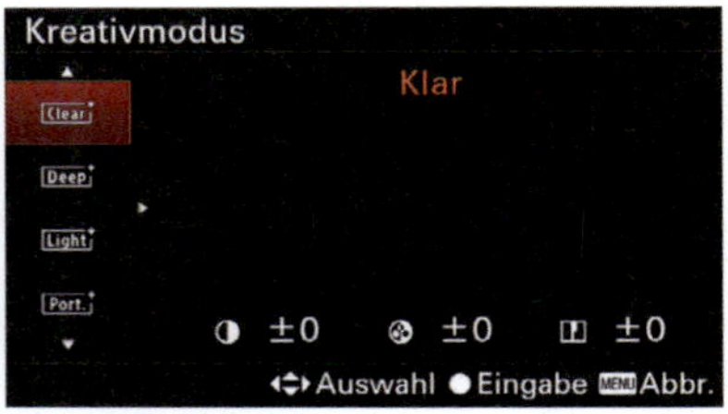

Fn-Menü Kreativmodus: *Klar* sorgt für den Look. Zusätzlich ist die Sättigung noch reduziert.

④

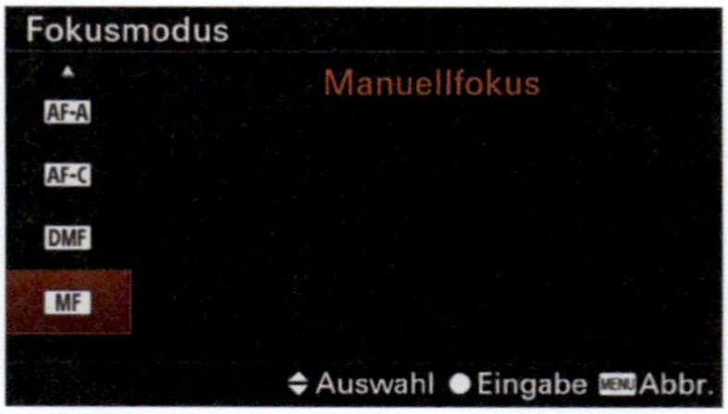

Fn-Menü Fokusmodus: *AF-S*

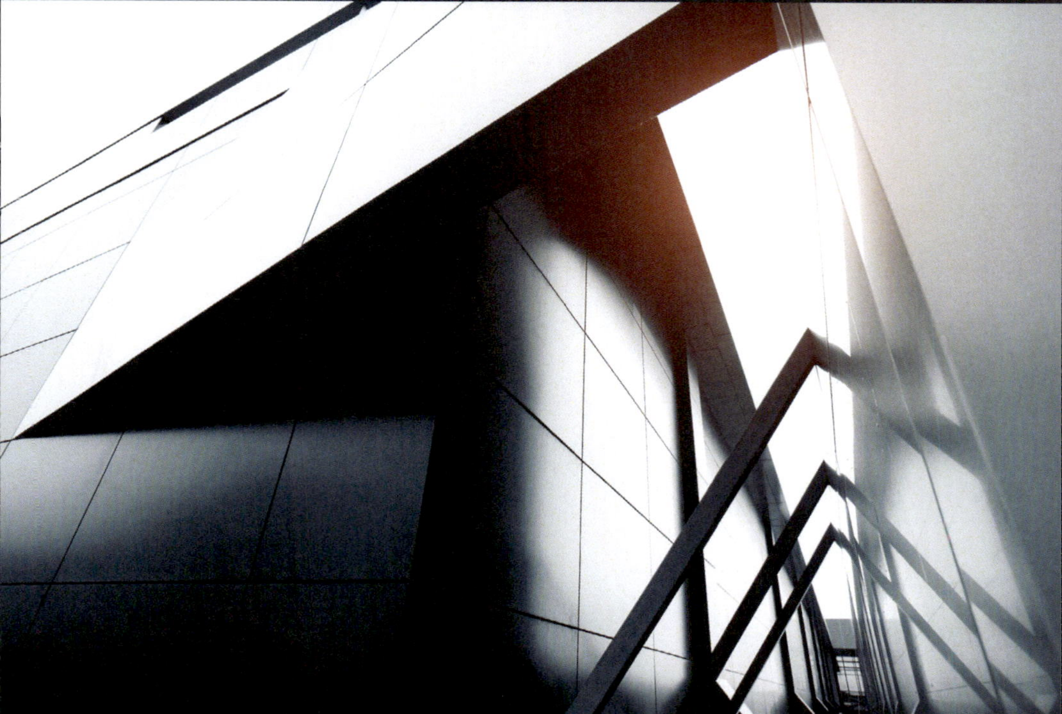

12 mm / f/5.6 / 1/100 sek / ISO 100 / Modus M

Dieses Architekturfoto lebt von seinen diagonalen Linien. Durch den hohen Kontrast wirkt das Foto fast wie ein Schwarz-Weiß-Bild. Dass hier der Himmel ausgefressen, also zu hell ist, stört wegen der grafischen Wirkung nicht. Dieses Foto ist ohne Stativ entstanden.

Betonpfeiler

①

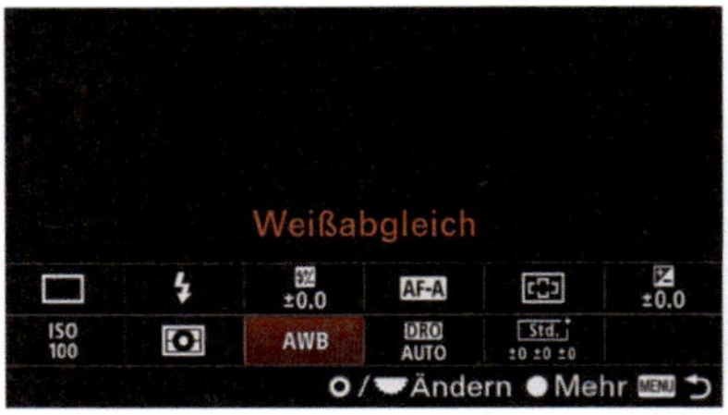

Fn-Menü Der Weißabgleich steht auf *Automatik*.

②

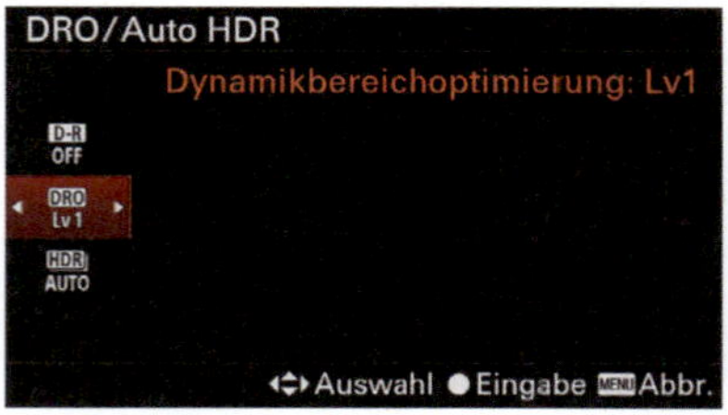

Fn-Menü DRO: *Lv1* rettet die Lichter vor Überstrahlung. Höhere DRO-Werte können in Kombination mit hohen ISO-Werten zu Bildrauschen führen.

③

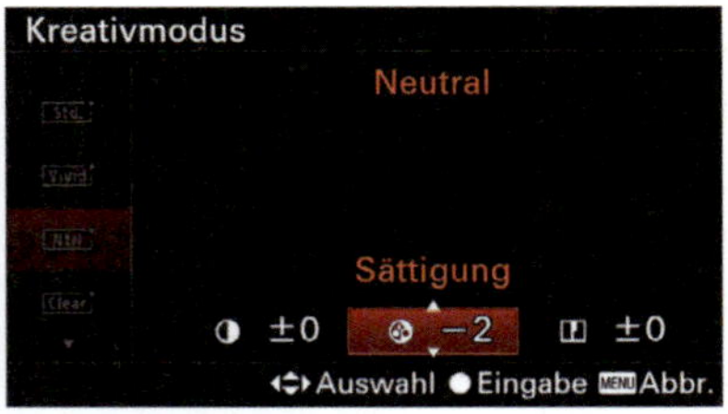

Fn-Menü Kreativmodus: *Neutral*. Damit das Foto eine beinahe monochrome Wirkung erhält, wurde die Sättigung noch verringert.

④

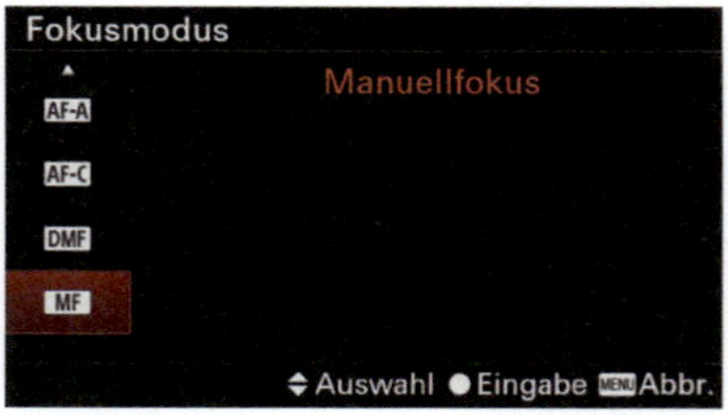

Fn-Menü Fokusmodus: *AF-S*

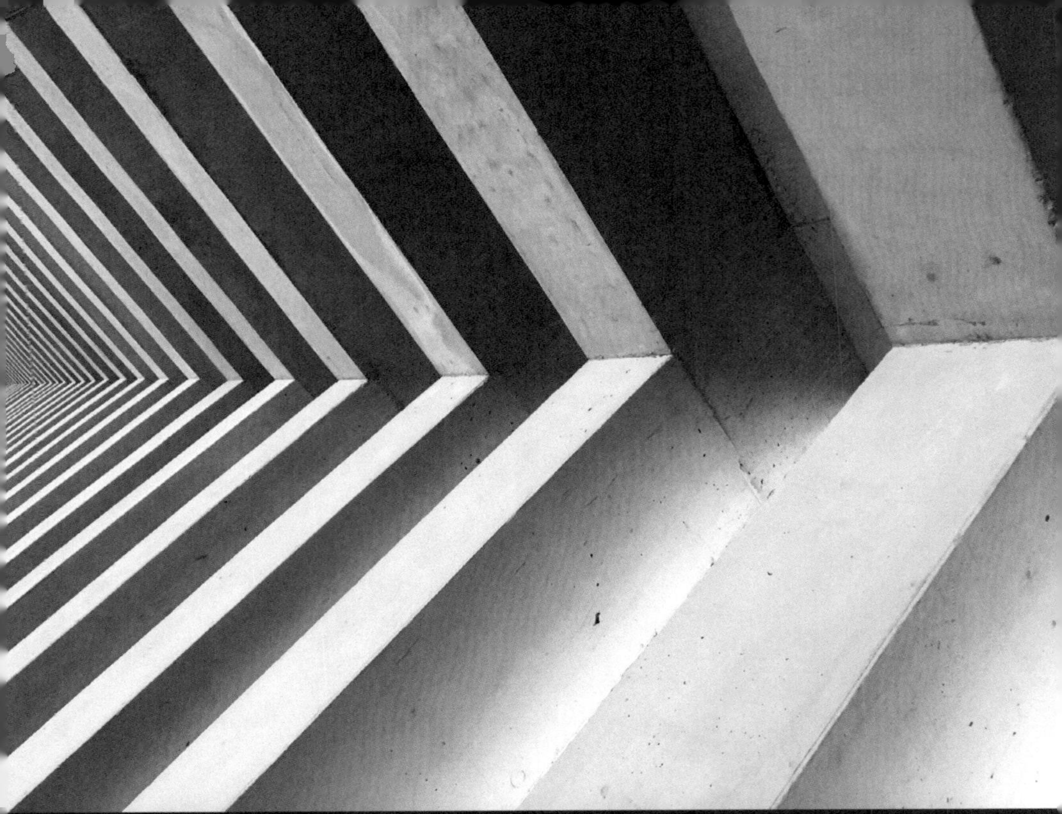

19 mm / f/14 / 1/50 sek / ISO 1250 / Modus A / +0,7

Architekturfotografie kann auch mal ganz einfach und trotzdem effektvoll sein. Dreh doch mal das Buch und rate, wie herum diese Betonpfeiler eigentlich gehören. Dieses Bild entstand mit dem Kit-Objektiv und einer höheren ISO-Einstellung.

Schienen

①

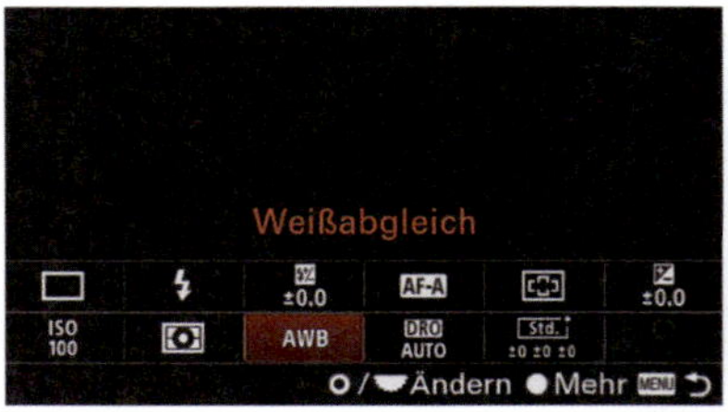

Fn-Menü Bei Schwarz-Weiß hat der Weißabgleich kaum Auswirkung. Wenn du ein Farbbild nachträglich in Schwarz-Weiß konvertierst, kann ein stark farbstichiges Bild einen Effekt auf die Kontraste haben.

②

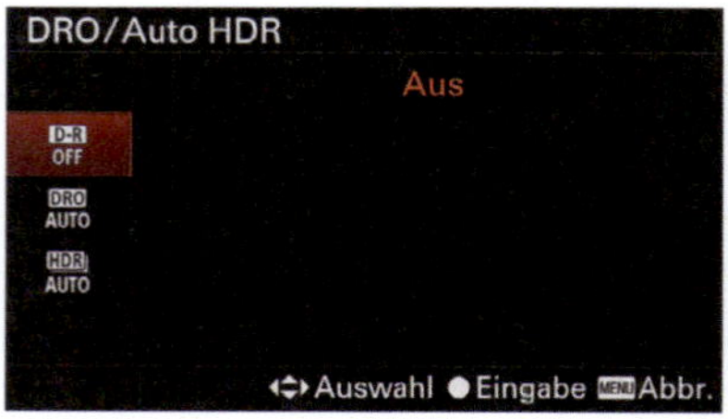

Fn-Menü DRO: *Aus*, da es den gewollten harten Kontrast mildern würde. Achte bei JPEG-Aufnahmen unbedingt auf diese Einstellung und lasse sie am besten nie auf DRO Auto.

③

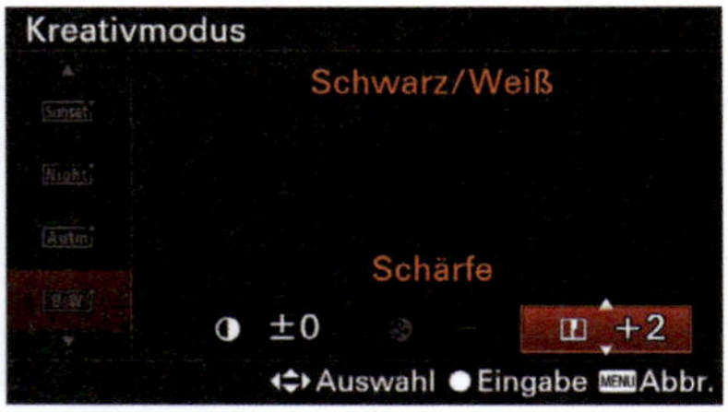

Fn-Menü Kreativmodus: *Schwarz/Weiß* mit normalem Kontrast, aber höherer Schärfe

④

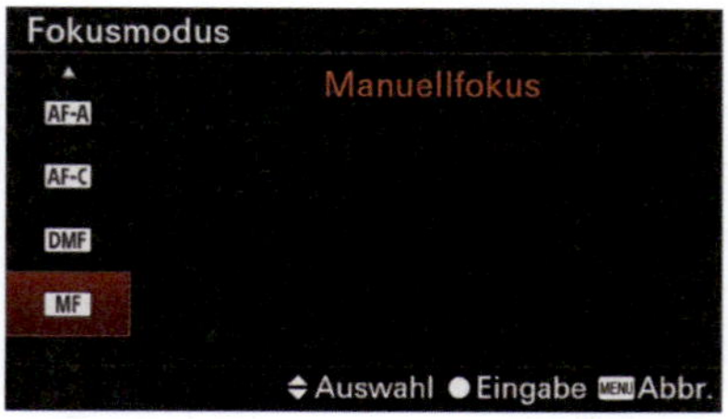

Fn-Menü Fokusmodus: *AF-S* oder *MF*

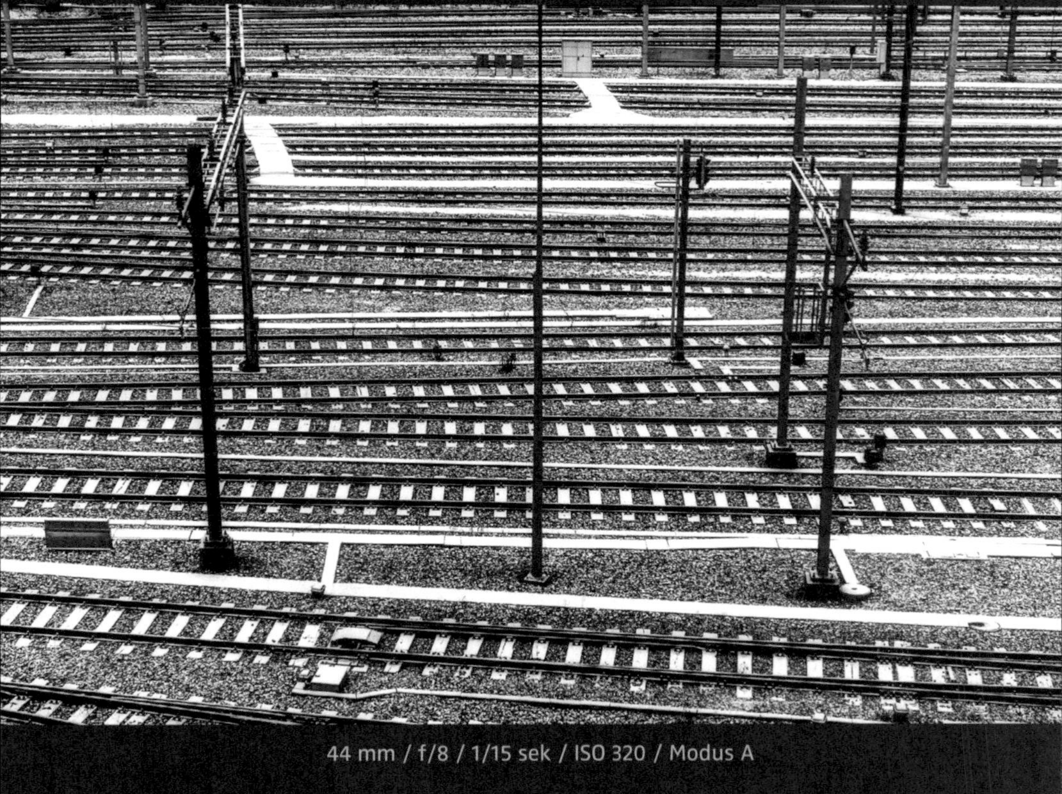

44 mm / f/8 / 1/15 sek / ISO 320 / Modus A

Es müssen nicht immer Gebäude sein. Auch die Strukturen der Gleise, Pfeiler und vor allem der Steine wirken in Schwarz-Weiß sehr klassisch. Wichtig ist hier, die Schärfe richtig zu setzen. Sie liegt etwas hinter dem vorderen Drittel. Ein solches Bild sollte entweder gestochen scharf über den gesamten Bildausschnitt sein oder bewusst nur sehr wenig Tiefenschärfe haben.

ACTION

Unter diesem Begriff haben wir alles zusammengefasst, was sich bewegt. Bei Sport, Tieren oder Menschen in Bewegung hast du nicht so viel Zeit wie bei anderen Motiven: Die Schwierigkeit besteht darin, dein Motiv in den Bildausschnitt zu bekommen – und dann auch noch scharf, eingefroren oder dynamisch mit einer ästhetischen Bewegungsunschärfe ... das ist gar nicht so leicht. Aber mit unseren Grundeinstellungen und Tipps werden dir in Zukunft tolle Fotos von actionreichen Motiven gelingen. Zunächst noch ein paar Hintergrundinformationen zum Autofokus der verschiedenen Kameramodelle aus der α6000-Serie.

Die α6000 hat die Besonderheit, dass ihre 169 Phasen-Autofokuspunkte im AF-C nur bei den Fokusfeldeinstellungen *Breit* oder *Feld* aktiviert sind. Bei den restlichen Fokusfeldoptionen ist nur der Kontrast-Autofokus aktiv, der deutlich langsamer arbeitet. Hier unterscheiden sich die Modelle der Serie ein wenig, da sich der Autofokus in den letzten Jahren rasant weiterentwickelt hat.

Die neue Generation, also die Modelle α6100, 6400 und 6600, können vor allem mit dem **Echtzeittracking** sehr präzise und schnell nachverfolgen. Hier wird der **Fokusmodus AF-C** im Fn-Menü eingestellt und zusätzlich das **Fokusfeld** auf **Tracking** geändert.

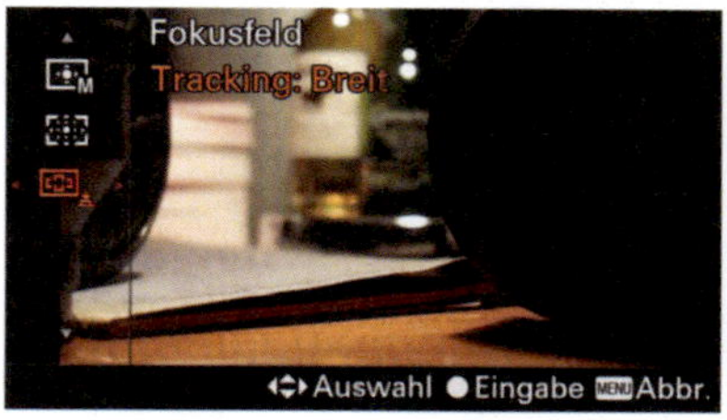

Auswahl des Tracking-Fokusfelds. Die beiden kleinen Pfeile zeigen an, dass du hier noch nach rechts oder links blättern kannst.

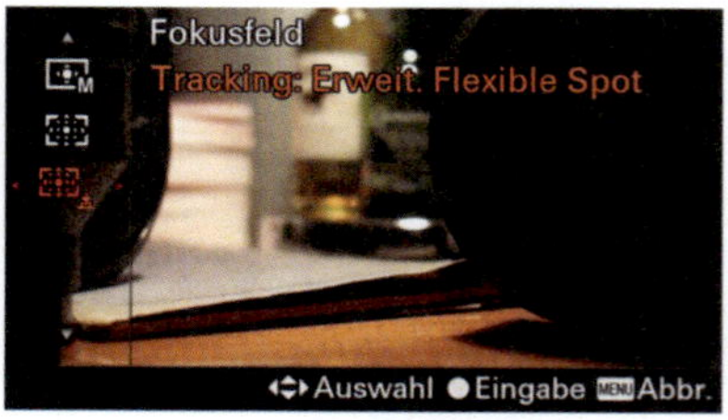

Die Einstellung auf flexiblen Spot oder erweiterten flexiblen Spot gibt dir mehr Kontrolle, welches Objekt du verfolgen lassen möchtest.

Für die Generation der α6000, 6300 und 6500 heißt diese Steuerung **AF-Verriegelung**. Auch diese arbeitet sehr zuverlässig, wenn sich das Motiv deutlich vom Hintergrund abhebt, beispielsweise ein Fußballspieler auf dem Spielfeld. Bei sehr unruhigem Hintergrund fällt es der AF-Verriegelung schwerer, ein Motiv zu verfolgen.

Die Grundeinstellungen:

- Bewegte Motive fotografierst du am besten mit dem **Modus S**: Mit ihm stellst du die nötigen kurzen Verschlusszeiten ein.
- Oder du versuchst das Umgekehrte: Der **Mitzieheffekt** oder „Mitzieher“ ist ein beliebtes Gestaltungsmittel bei Sport- und Actionfotos. Die Kunst besteht darin, die Bewegung des Objekts möglichst genau „mitzuziehen“. Sehr schön kann man das an einer Straße mit Autos oder mit Fahrrädern üben, um sowohl die Routine für die richtige Schwenkbewegung als auch für die passenden Zeiten bei verschiedenen Objektgeschwindigkeiten zu bekommen. Je **langsamer** die **Bewegung** ist, umso **länger** muss die **Verschlusszeit** werden.
- **Sehr kurze Verschlusszeiten** lassen auch sehr schnelle, für das Auge nicht scharf wahrzunehmende Bewegungen knackscharf erscheinen.
- Da durch die superschnelle Verschlusszeit das Licht nur sehr kurz auf den Sensor fällt, wird die **Blende weit geöffnet**, häufig bis auf den größten Wert. Dadurch wird auch das wichtige Objekt „freigestellt“, also scharf vor einem unschärferen Hintergrund abgebildet.
- Durch die oft benutzten **Telebrennweiten** (du möchtest ja nicht z. B. ein bis zwei Meter vor dem Motorrad stehen) wird die Freistellung noch mal gesteigert. (Es gibt aber auch noch andere Möglichkeiten, dein Foto mit einem interessanten Unschärfeeffekt aufzupeppen – Beispiele folgen in den Workshops.)
- Damit dein Foto bei weniger Licht nicht zu dunkel wird, hilft die **ISO-Automatik**. Auch beim Mitzieheffekt solltest du die ISO-Automatik benutzen. Sollte dein ISO-Wert nämlich zu hoch sein, können tagsüber bei den eher längeren Verschlusszeiten deine Fotos sonst zu hell sein – die ISO-Automatik setzt die Empfindlichkeit dann einfach weit genug runter.

Eingefroren

①

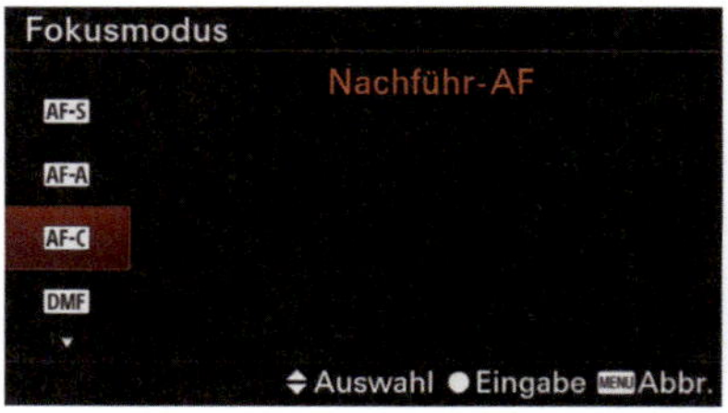

Fn-Menü Fokusmodus: *AF-C*. Da sich das Motorrad sehr schnell auf dich zubewegt, funktioniert nur diese Einstellung.

②

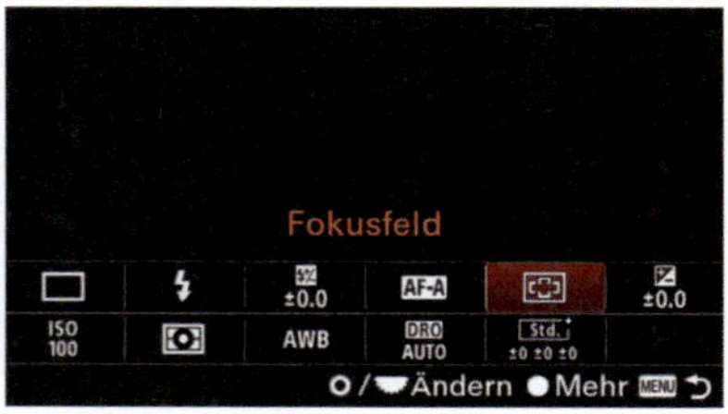

Fn-Menü Fokusfeld: *Breit* oder *Verriegelt/Tracking*

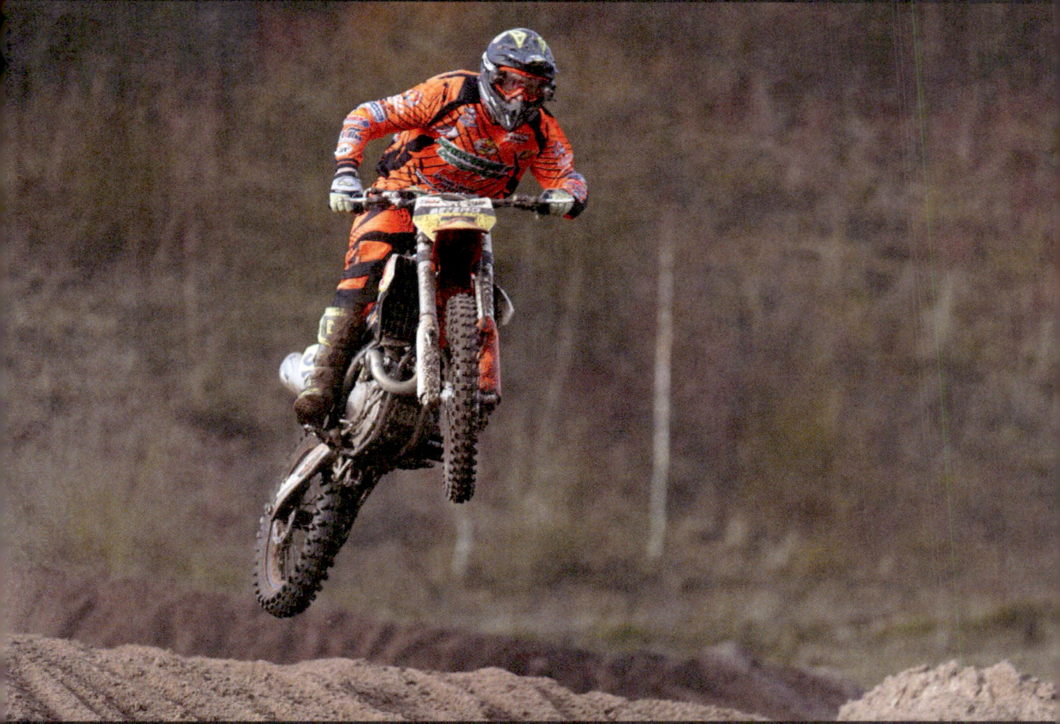

130 mm / f/2.8 / 1/4000 sek / ISO 1250

Beim Sport gibt es entweder Momente, die man dynamisch abbilden will oder wie hier einfrieren. Kurze eindrucksvolle Momente wie der Sprung des Motocrossers werden so angehalten, und man kann sie sich noch mal ganz in Ruhe ansehen. Das macht den Reiz von schnellen Verschlusszeiten aus, wenn sie richtig eingesetzt werden.

Mitzieheffekt

Die hier gewählte 1/125 sek ist eine relativ kurze Zeit, da das Rennmotorrad ziemlich schnell unterwegs ist. Bei Fahrrädern oder Autos im Stadtverkehr sind Verschlusszeiten zwischen 1/20 und 1/40 sek oft passend.

Sei kreativ und probiere die Methode auch bei gehenden Menschen, fliegenden Vögeln usw. aus. Je langsamer die Bewegung ist, umso länger muss die Verschlusszeit werden.

①

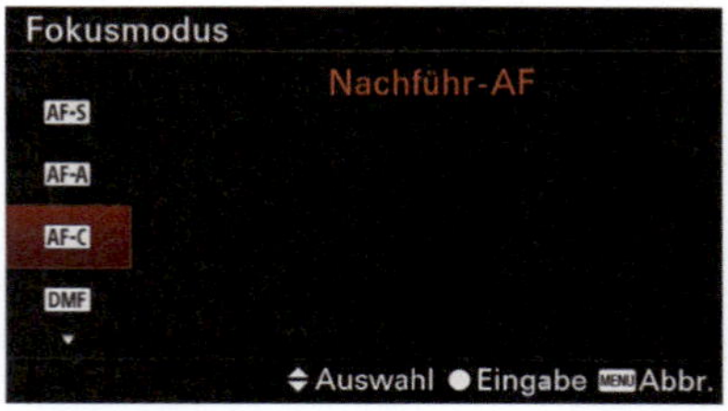

Fn-Menü Fokusmodus: *AF-C*
(bei Mitziehern funktioniert auch der *AF-S* oft schon gut genug)

②

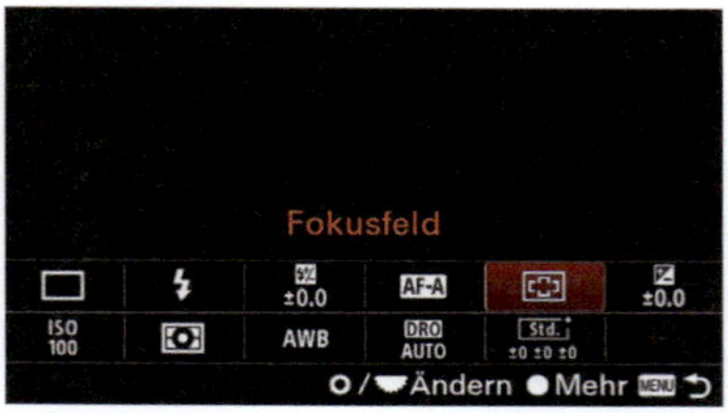

Fn-Menü Fokusfeld: *Breit* oder *Verriegelt/Tracking*. Am Anfang kann es helfen, das Fokusfeld *Mitte* oder den *flexiblen Spot* zu benutzen: Dann hast du eine Orientierung im Sucher.

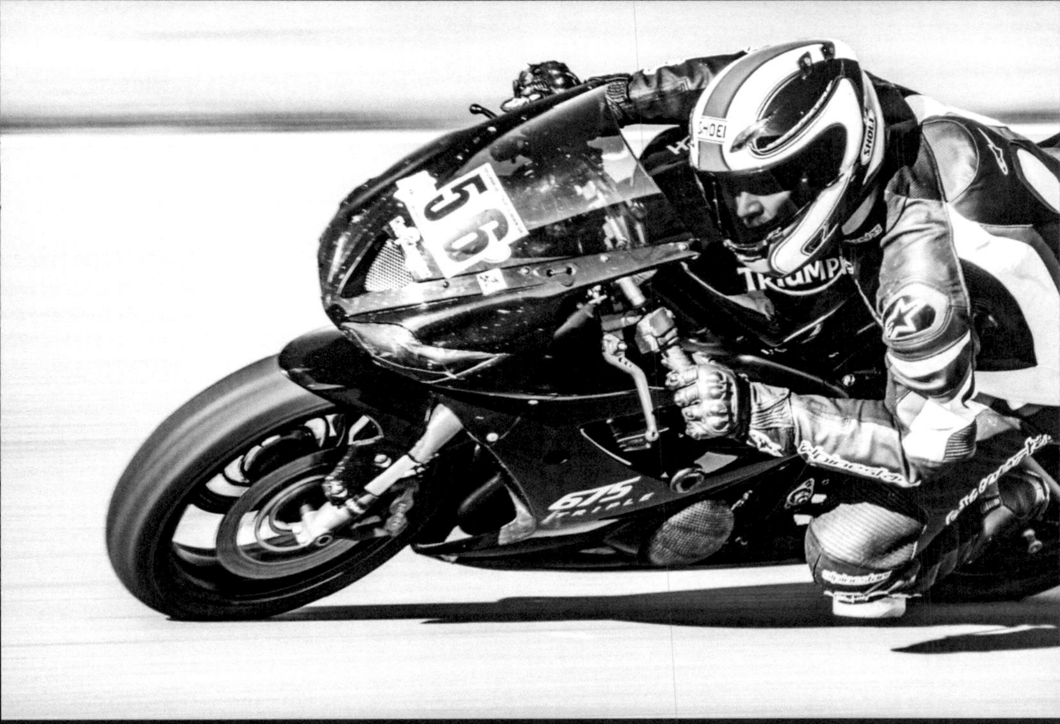

600 mm / f/22 / 1/60 sek / ISO 100 / Modus S / +0,3

Bei diesem dynamischen Sportfoto konnte Stefan ein 600-mm-Teleobjektiv ausprobieren. Natürlich gelingt nicht jedes Bild so auf den Punkt scharf und perfekt mitgezogen, aber mit dem Bildfolgemodus Serienbilder und ein paar Versuchen hatte er eine beachtliche Auswahl an tollen Fotos. In Schwarz-Weiß bekommt das Bild noch mal einen zeitlosen Look.

Im Sprung

①

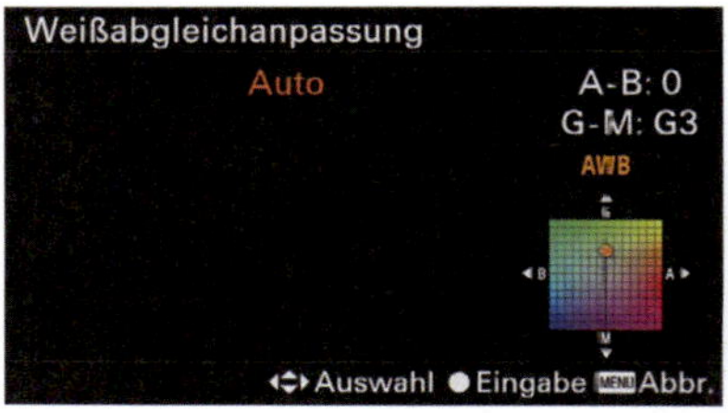

Fn-Menü Weißabgleich: *Anpassung*. Stefan nutzt gerne mal eine starke Verschiebung in Richtung Grün. Das gibt einen cineastischen Look – wie bei Kinofilmen.

②

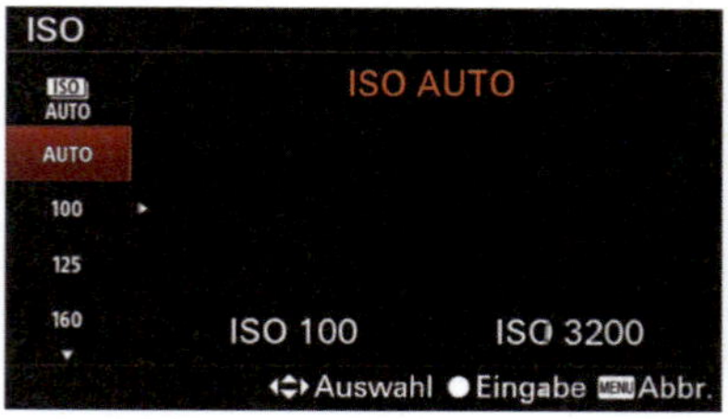

Fn-Menü ISO: *Automatik*. Durch einen Klick auf dem Einstellrad nach rechts kannst du bei Bedarf auch eine Obergrenze angeben. Die Untergrenze sollte immer bei ISO 100 bleiben.

③

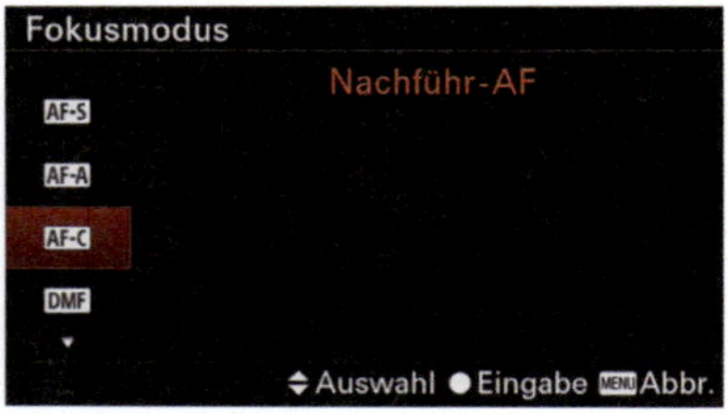

Fn-Menü Fokusmodus: *AF-C*

④

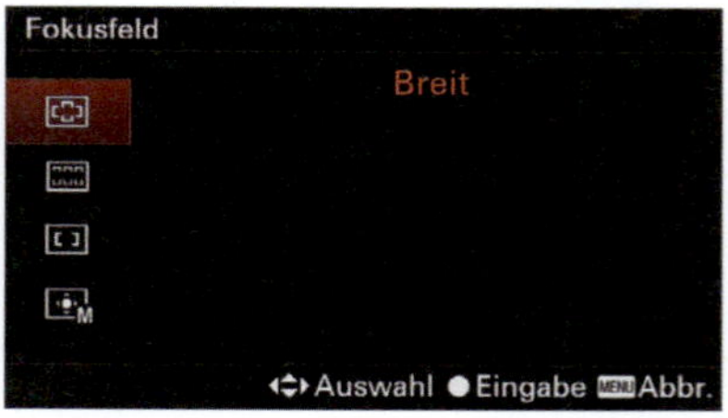

Fn-Menü Fokusfeld: *Breit*. Bei diesem sehr spontanen Bild ist die Fokusfeldsteuerung genau die richtige. Sie sorgt dafür, dass Stefans Sohn am Fuß erwischt wird.

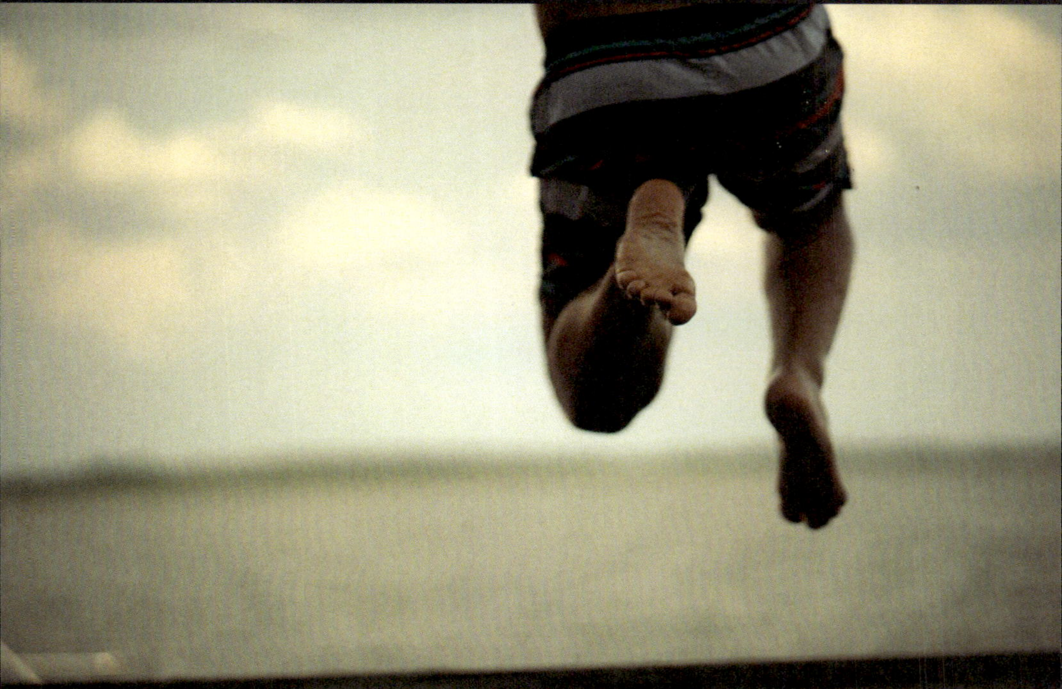

85 mm / f/1.8 / 1/4000 sek / ISO 200 / Modus S / +0,7

Das Bild entstand aus einem Bootshaus heraus. Die ständigen Wechsel zwischen Innen- und Außenaufnahmen erfordern hier die schnelle ISO-Automatik. Hätte Stefan sich hier auf einen ISO-Wert festgelegt, hätte er Schwierigkeiten damit gehabt, schnell genug für eine derartige spontane Aufnahme zu sein. Solche Aufnahmen wirken wie Schnappschüsse, aber auch hier ist es wichtig, vorher zu wissen, was man für eine Situation hat, um z. B. den Modus S mit der kurzen Verschlusszeit vorzuwählen.

Pfützenspaß

①

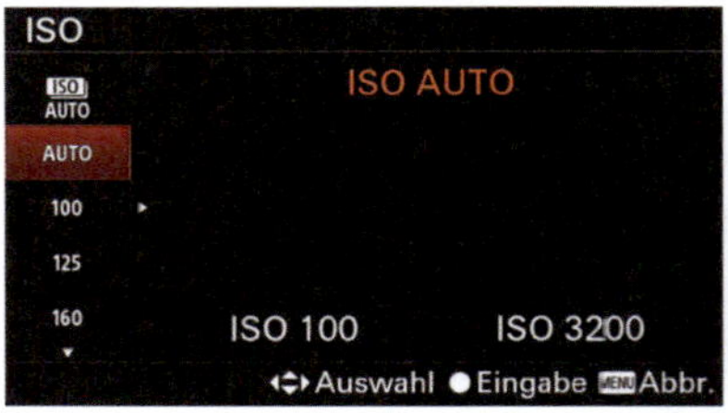

Fn-Menü Die ISO-*Automatik* hilft bei Aufnahmen im Modus S. So bekommst du mit deiner gewählten Verschlusszeit die richtige Belichtung, auch wenn es mal dunkler wird.

②

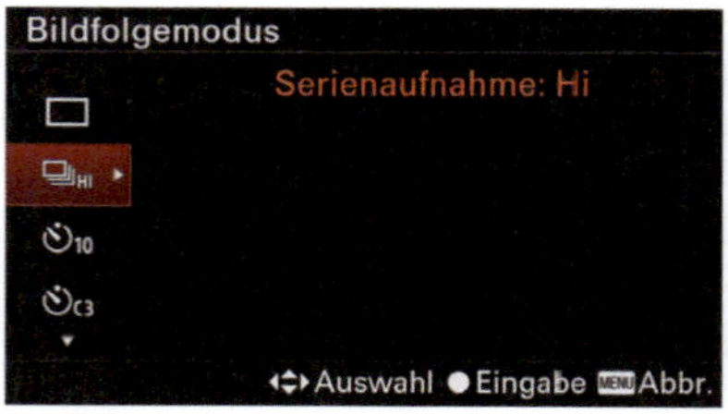

Fn-Menü Damit dir der richtige Moment nicht entgeht, stellst du die *Serienbildgeschwindigkeit* am besten auf die schnellste Stufe ein. Noch schneller als im Fn-Menü geht das mit einem Klick auf dem Einstellrad nach links. Dann bist du direkt im Bildfolgemodus.

③

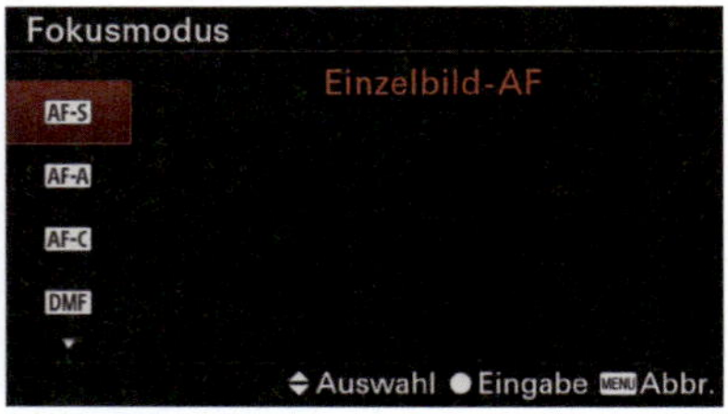

Fn-Menü Fokusmodus: *AF-S*, wenn du weißt, wo die Action passiert, *AF-C*, wenn die Person z. B. mit Anlauf in die Pfütze springt

④

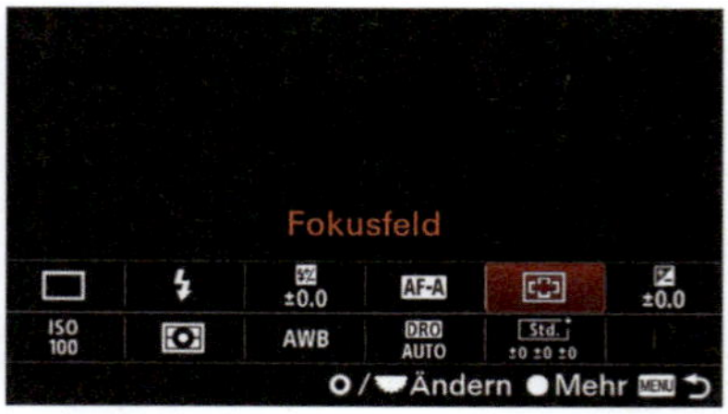

Fn-Menü Fokusfeld: *Breit* oder *Verriegelt/Tracking*, wenn du *AF-C* nutzt; bei *AF-S* geht auch der *flexible Spot* oder *Mitte*.

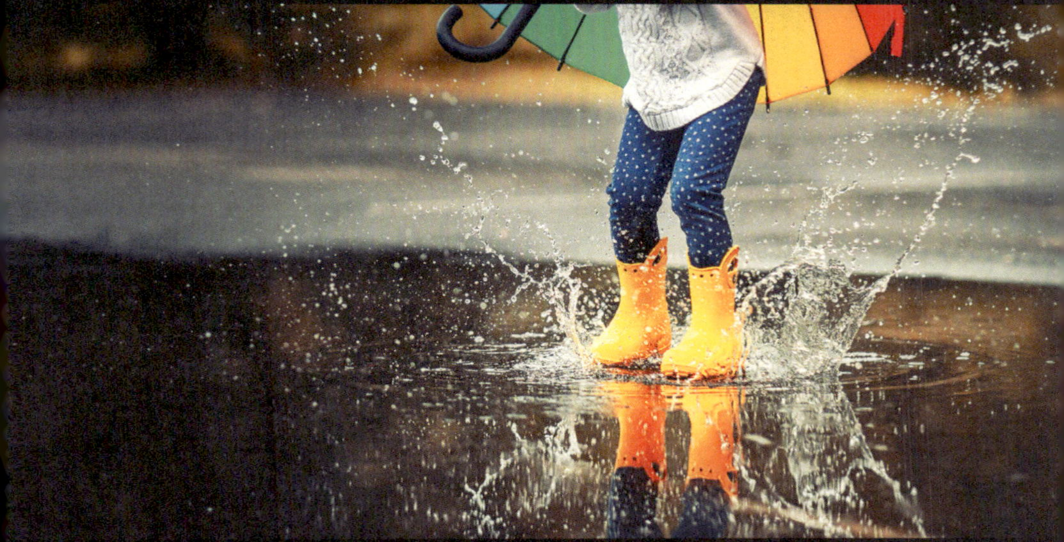

85 mm / f/1.8 / 1/1250 sek / ISO 160 / Modus S

Der richtige Moment zählt manchmal mehr als jede Vorbereitung. Du solltest jedoch darauf gefasst sein, dass dir an einem Regentag genau das passiert, und daher die entsprechenden Einstellungen voreinstellen und auf MR (Speicherabruf) abspeichern, bevor du das Haus an einem solchen Tag verlässt. MR solltest du ruhig öfter benutzen und auch mal ändern – damit wird dir der Nutzen erst bewusst.

Auf dem Wasser

Wenn du tagsüber bei hellem Sonnenschein längere Verschlusszeiten erreichen willst, brauchst du manchmal einen Filter, der etwas Licht schluckt. Oft reicht schon ein Polfilter. Für sehr lange Verschlusszeiten (wie oft in der Landschaftsfotografie) ist ein Graufilter besser.

①

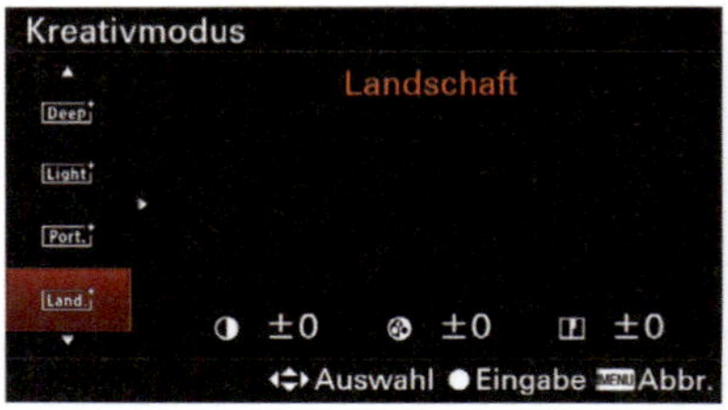

Fn-Menü Kreativmodus: Bei blauem Himmel kann *Landschaft* oder *Klar* für kräftigere Farben sorgen.

②

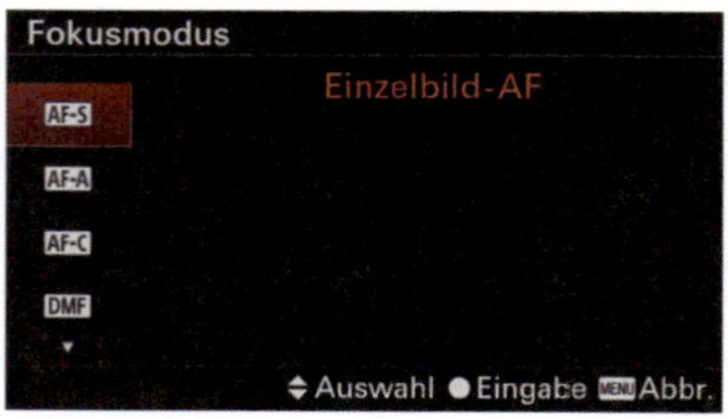

Fn-Menü Fokusmodus: *AF-S*. Da sich hier die Distanz zwischen Fotograf und Objekt nicht ändert, kann man sich mehr auf den Bildausschnitt konzentrieren, anstatt beim *AF-C* angestrengt darauf zu achten, dass der Fokuspunkt noch richtig sitzt.

③

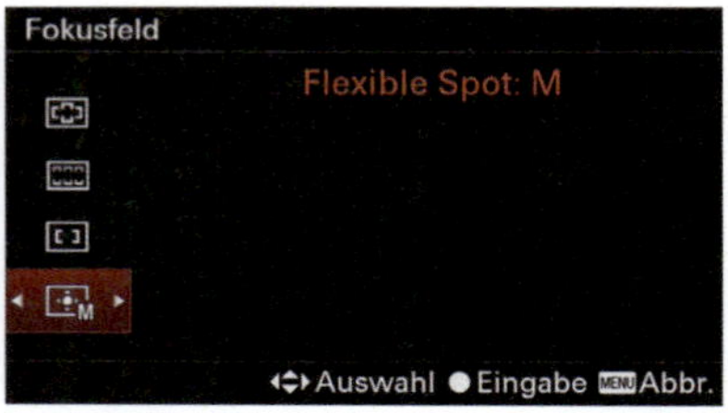

Fn-Menü Fokusfeld: *Flexibler Spot*. *Mitte* wäre, wenn gerade eingestellt, auch kein Problem. Bei der weitwinkligen Brennweite und der leicht geschlossenen Blende wäre Stefans Sohn auf jeden Fall im Fokus.

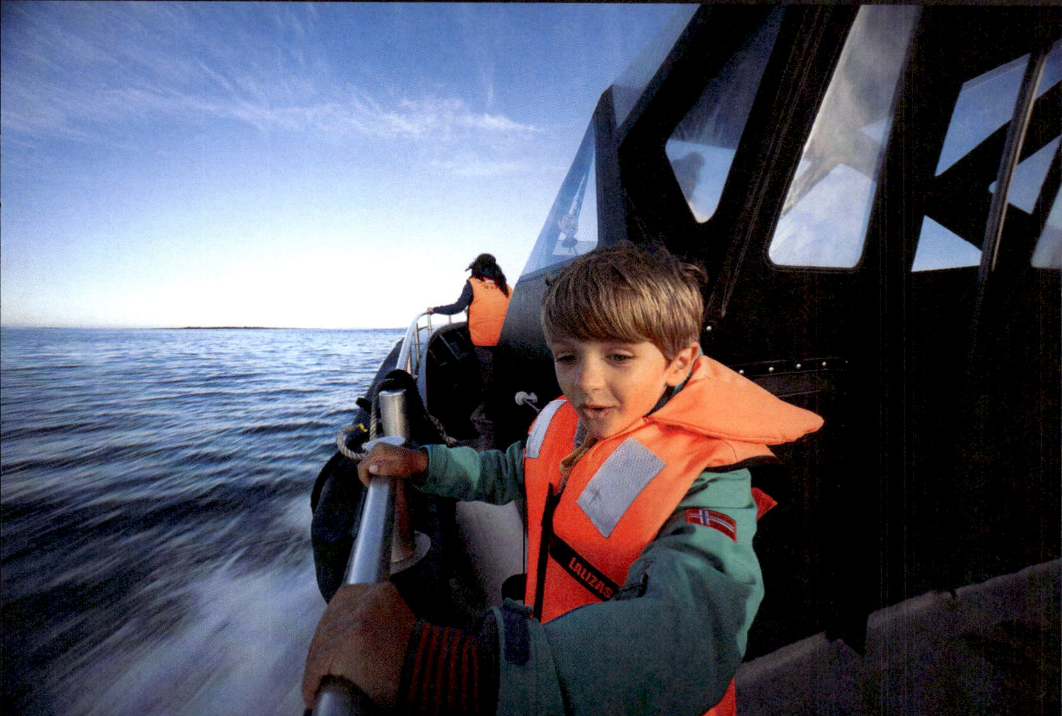

10 mm / f/8 / 1/60 sek / ISO 100 / Modus S

Auch bei diesem Bild haben wir eine Variante des Mitziehens. Da sich Stefan hier mit seinem Sohn auf dem fahrenden Boot befindet, bewegt er sich ja mit der gleichen Geschwindigkeit. Durch die etwas längere Verschlusszeit wird das Wasser bewegungsunscharf. So etwas kannst du auch aus einem fahrenden Zug oder aus einem Auto ausprobieren.

Mitgezogen und verwackelt

Objektive mit Bildstabilisator haben manchmal mehrere Modi für die Stabilisation. Dann kannst du den Modus 2 bei Actionfotos nutzen. Wenn du nur über den Steady Shot der Kamera (α6500 und 6600) stabilisierst, solltest du ihn bei Mitziehern besser ausschalten. Er kann sonst zu leichten Unschärfen führen. Hier war die Verschlusszeit bewusst so lang gewählt, dass sie zu der Unschärfe geführt hat.

①

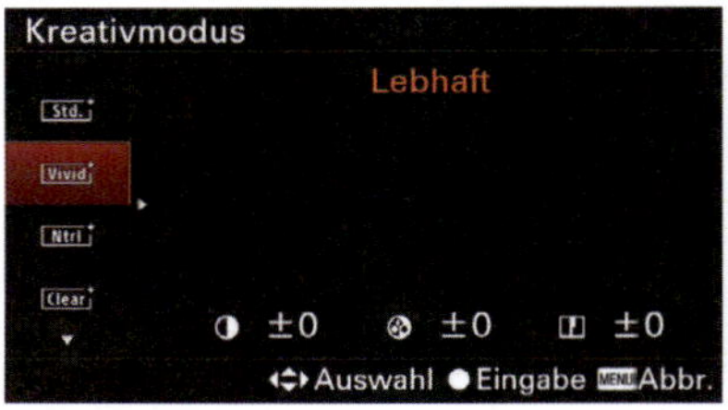

Fn-Menü Der Kreativmodus *Lebhaft* sorgt bei dem bunten Trikot der Sportlerin für kräftige, lebhafte Farben.

②

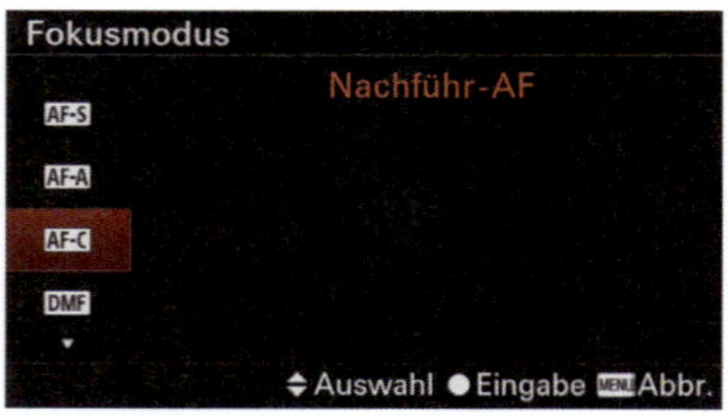

Fn-Menü Fokusmodus: *AF-C* (auch *AF-S* funktioniert häufig gut)

③

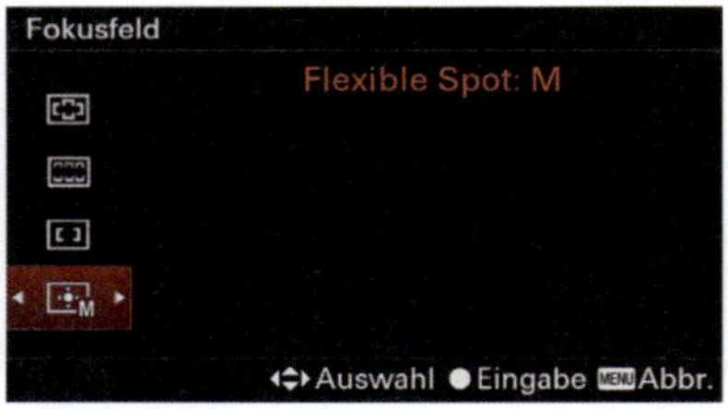

Fn-Menü Fokusfeld: *Flexibler Spot* oder *Mitte*. Sie geben dir auch einen Ankerpunkt im Sucher, damit du in der richtigen Geschwindigkeit mitziehst.

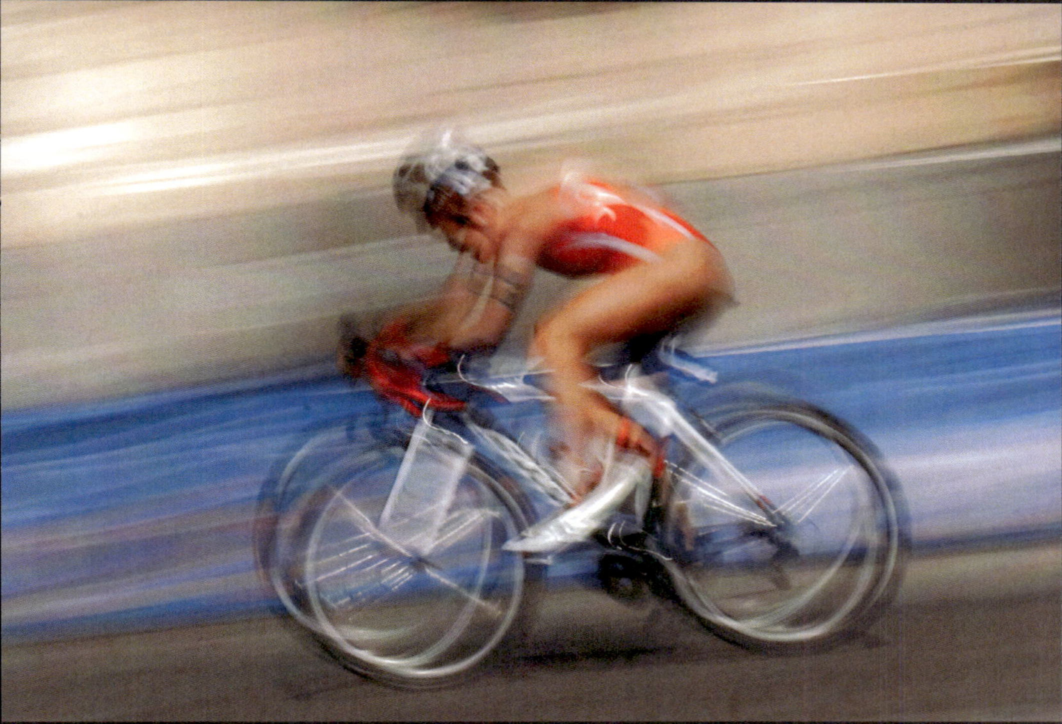

70 mm / f/22 / 1/6 sek / ISO 100 / Modus S

Hier sieht man sehr gut, dass in der Fotografie nicht immer alles genau planbar ist – und das muss ja auch nicht sein. Man könnte bei diesem Bild behaupten, der Actionschuss habe nicht wirklich funktioniert, denn die Kamera hat beim Mitziehen ziemlich gewackelt. Aber genau das macht das Bild aus: Auch Unschärfen können ein Foto interessant machen.

Lebhaft

①

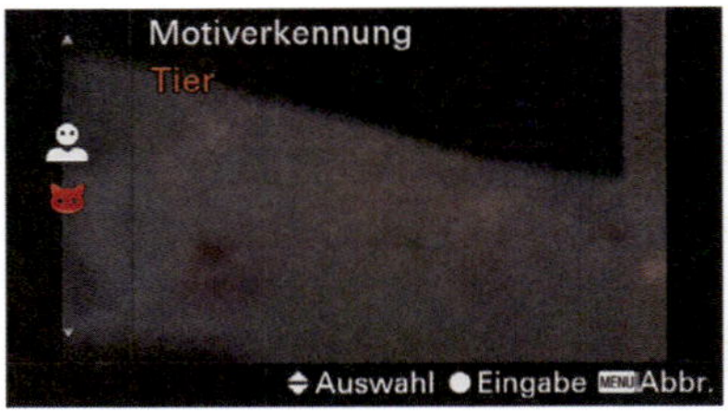

Fn-Menü Der *Tieraugen-Autofokus* der α6100, 6400 und 6600 kann hier super helfen. Aber üben solltest du solche Fotos immer. Bei den Modellen α6000, 6300 und 6500 fehlt diese Option. Hier kann die Einstellung Fokusfeld *Verriegelt/Tracking* oder *Breit* helfen.

②

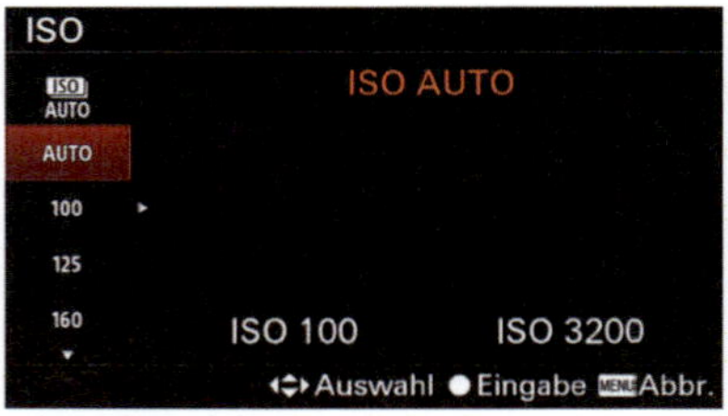

Fn-Menü Manchmal ist bei Actionfotos auch Modus M geeignet. Hier sollte die Blende nicht ganz offen sein, damit beide Hunde scharf sind. Damit die Belichtung angepasst wird, musst du die ISO-*Automatik* wählen.

③

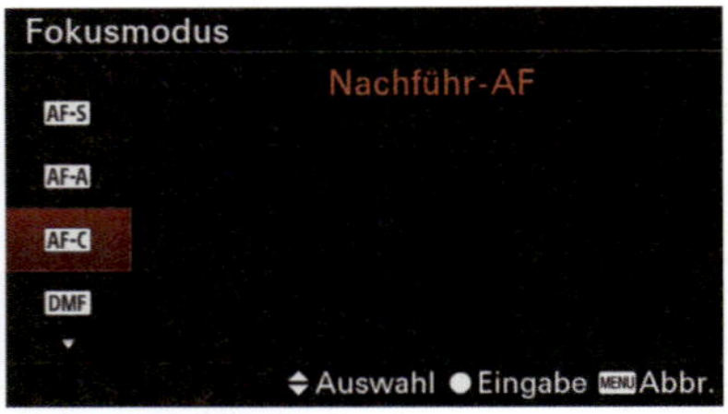

Fn-Menü Fokusmodus: Hier muss auf jeden Fall der *AF-C* eingestellt werden: Die Hunde laufen schnell auf die Kamera zu.

④

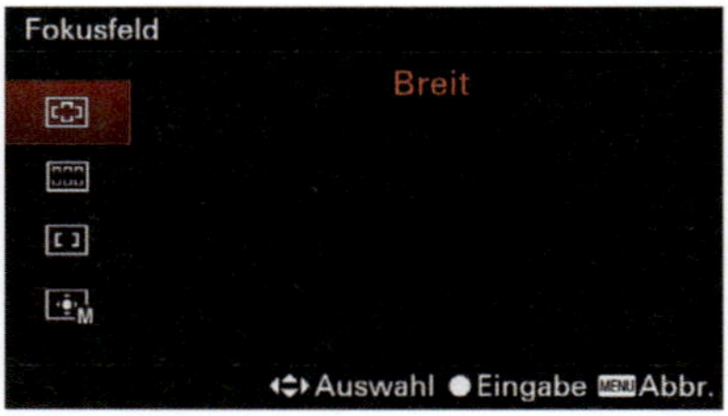

Fn-Menü Fokusfeld: *Verriegelt/Tracking* oder *Breit*

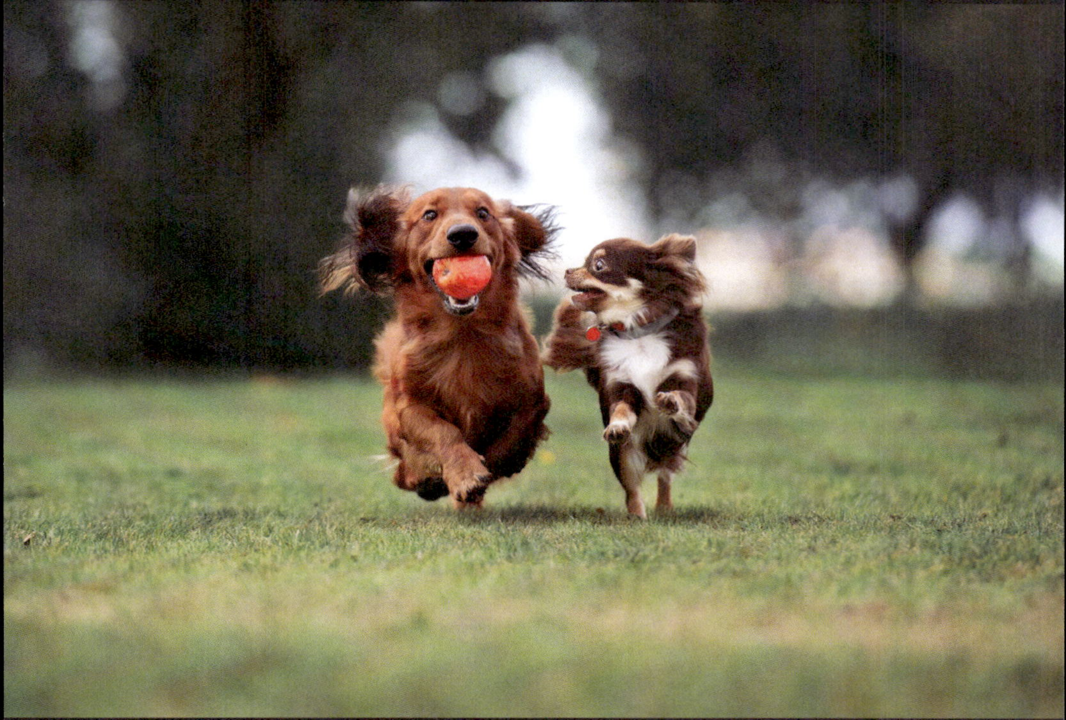

180 mm / f/3.5 / 1/1250 sek / ISO 250 / Modus M

Bei so schnell und direkt auf die Kamera zulaufenden Hunden musst du auch bei den allerneuesten Kameras immer mal wieder mit unscharfen Fotos rechnen. Super, wenn Herrchen oder Frauchen dir helfen und die Wirbelwinde auf dich zu dirigieren.

Milli in Action

Eine spielende Katze, die sich scheinbar in alle Richtungen gleichzeitig bewegt, ist eine echte Herausforderung, nicht nur für den Autofokus. Manuel hatte alle Hände voll zu tun, seine Katze überhaupt im Bildausschnitt zu behalten.

①

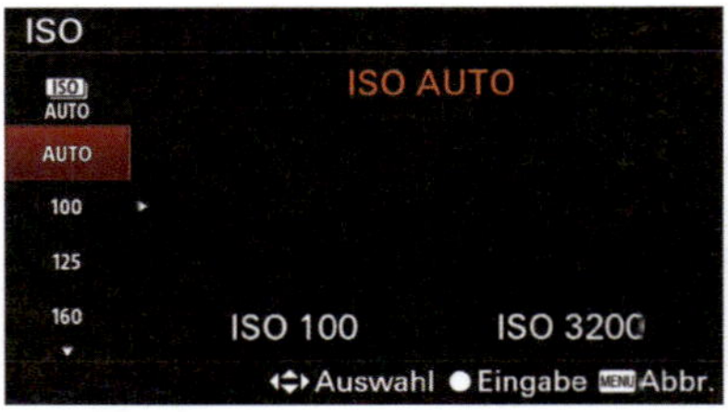

Fn-Menü Auch hier ist Modus M in Kombination mit der ISO-*Automatik* besser, als einfach in S zu fotografieren.

②

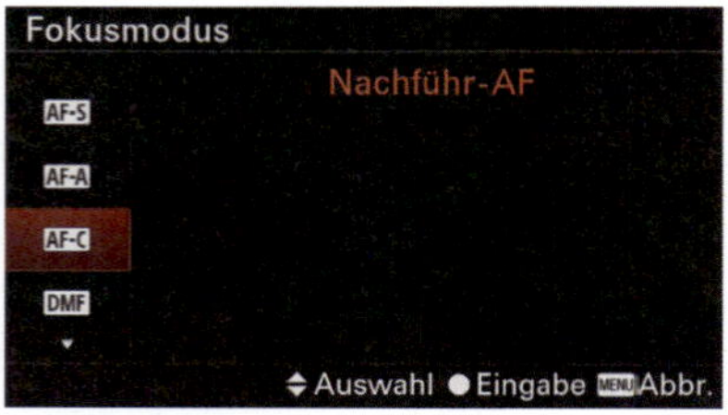

Fn-Menü Fokusmodus: *AF-C*

③

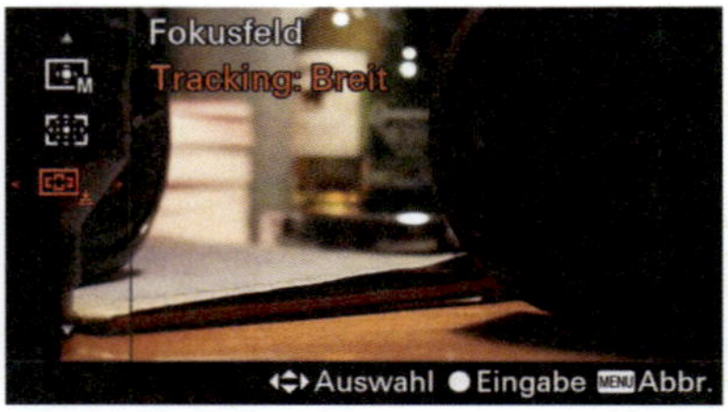

Fn-Menü Fokusfeld: *Verriegelt/ Tracking* oder *Breit*.

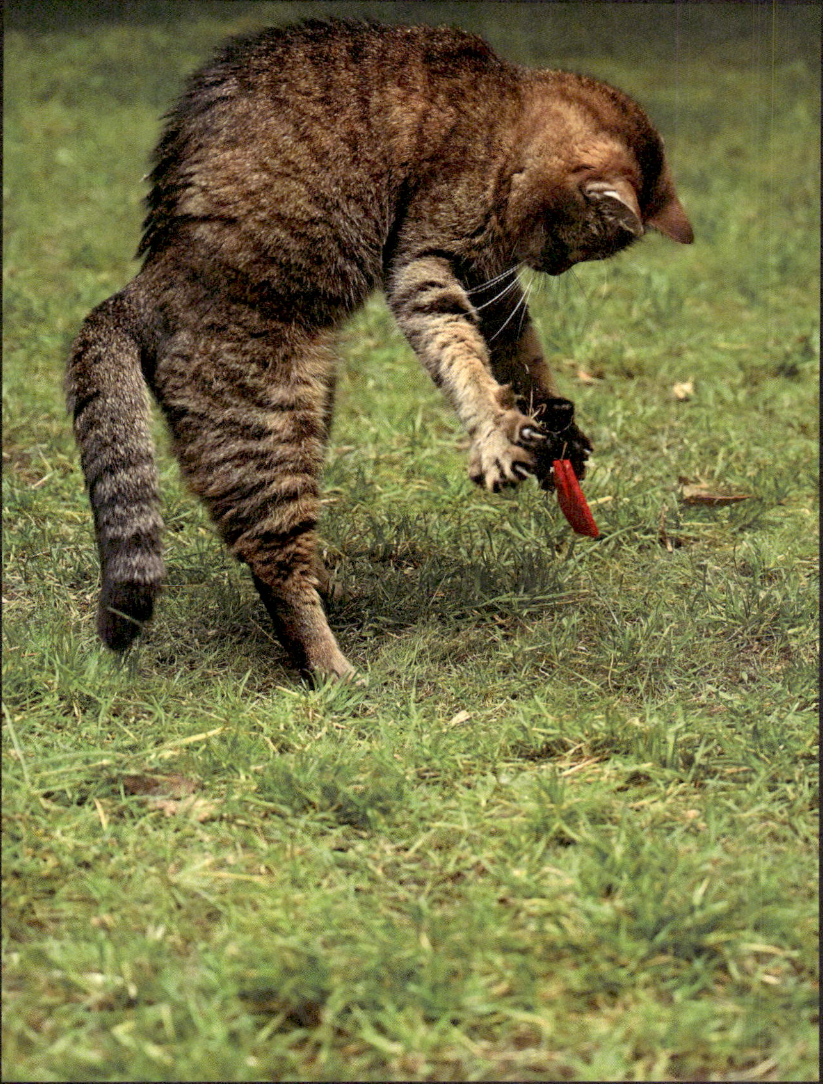

61 mm / f/4.5 / 1/1250 sek / ISO 800 / Modus M

Bei Actionfotos von Katzen gilt wie eigentlich bei allen Tieren: Am besten hast du jemanden dabei, der anlockt, mitspielt, etwas zum Spielen oder ein Leckerli wirft. Dann kannst du dich ganz aufs Fotografieren konzentrieren.

KREATIV UNTERWEGS

Urlaub ist die schönste Zeit im Jahr. Also sollte die Kamera immer dabei sein, um tolle und nicht alltägliche Motive festzuhalten. Manuel hat seine Katze dabei, du vielleicht deinen Hund oder den besten Buddy. In diesem Kapitel möchten wir dir Anregungen geben, die Stimmung vor Ort einzufangen.

Beim Fotografieren im Urlaub kann dir alles begegnen. Vielleicht interessierst du dich besonders für Architektur in berühmten Städten. Tolle Landschaften kommen dir bestimmt öfter als zuhause vor die Linse. Aber auch Porträts von Menschen, Tieren oder exotischen Gegenständen können dein Urlaubsalbum bereichern.

Aber gerade im Urlaub hast du nicht unbedingt dein ganzes Equipment dabei. Und selbst wenn du ein Stativ oder dein neues Weitwinkelobjektiv für tolle Landschafts- und Architekturfotos oder die 50-mm-Festbrennweite für Porträts mitgenommen hast – unter Garantie wird es auch dir passieren, dass du bei einem ungeplanten Ausflug das passende Teil gerade nicht dabeihast.

Aber das soll dich nicht davon abhalten, trotzdem beeindruckende Fotos zu machen. Auf den nächsten Seiten zeigen wir dir, wie du mit dem Unvorhergesehenen umgehen kannst. Dafür kann deine Kamera dir mit ein paar besonderen Einstellungen helfen. Aber ganz wichtig ist es auch, dass du kreativ und erfinderisch an die Sache herangehst.

Die Grundeinstellungen:

Es gibt in dieser Rubrik keine Einstellungen für alle Fälle. Stattdessen bekommst du hier ein paar Hinweise, die deine Kreativität fördern.

- **Manueller Fokus:** Sehr beliebt, da du dich damit selbst durch die Schärfeebenen bewegst. Du bist der Herr über die Schärfe, wenn man so will. Vielleicht entdeckst du dabei auch, wie schön Unschärfe sein kann!
- **Schwarz-Weiß-Modus:** Die Farbe aus dem Bild zu nehmen und sich auf Formen und Strukturen zu konzentrieren, hilft, die Bildmitte oder den Goldenen Schnitt für dein Motiv zu finden.
- **Belichtungskorrektur übertreiben:** Willst du etwas Besonderes erschaffen, musst du den Regeln entfliehen und z. B. stark mit der Belichtung spielen. Du wirst sicher einige Überraschungen erleben, wenn du jedes Motiv einmal gezielt unter- und überbelichtet fotografierst.
- **Weißabgleich:** Auch mal einen „falschen" Weißabgleich einstellen. Früher haben kreative Fotografen alles Mögliche bei der Filmentwicklung angestellt, um falsche Farben zu erzeugen. Mit dem Weißabgleich geht es auch ohne Chemie-Experimente.
- Einstellungen wie Blende, Verschlusszeit oder wo du den Fokuspunkt setzt, hast du schon in den vorherigen Kapiteln gelernt und kannst du hier nun frei anwenden. Wenn es besondere Einstellungen gibt, wirst du immer einen Hinweis darauf finden. Also los – entfalte deine kreative Seite!

Milli auf dem Bauernhof

Hier war es wichtig, neben der Perspektive auch die passende Tiefenschärfe für das Bild zu finden. Blende f/5.6 separiert die Vorder-, Mittel- und Hintergrundebene, bietet aber auch genug Detailschärfe, um die Rinder im Hintergrund noch gut genug erkennen zu können.

①

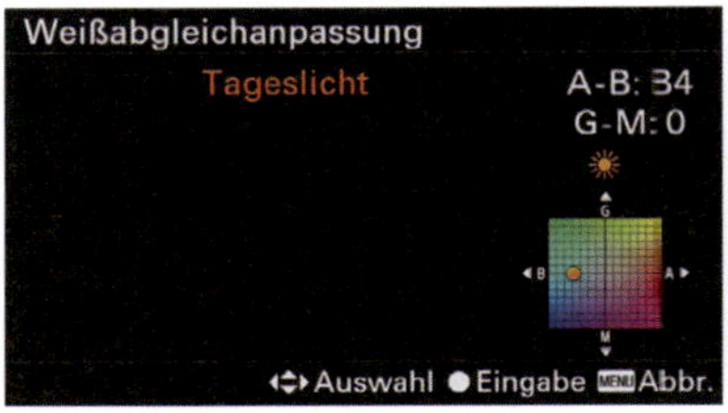

Fn-Menü Der Weißabgleich *Tageslicht* mit einer leichten Verschiebung in Richtung kühlere Töne sorgt dafür, dass die Bäume und der Himmel den passenden Farbton haben.

②

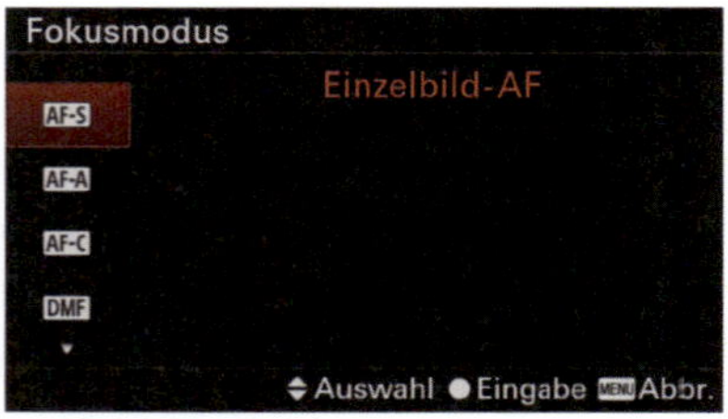

Fn-Menü Fokusmodus: *AF-S*. Die Katze liegt ruhig in der Sonne, und du kannst den Ausschnitt ganz frei arrangieren.

③

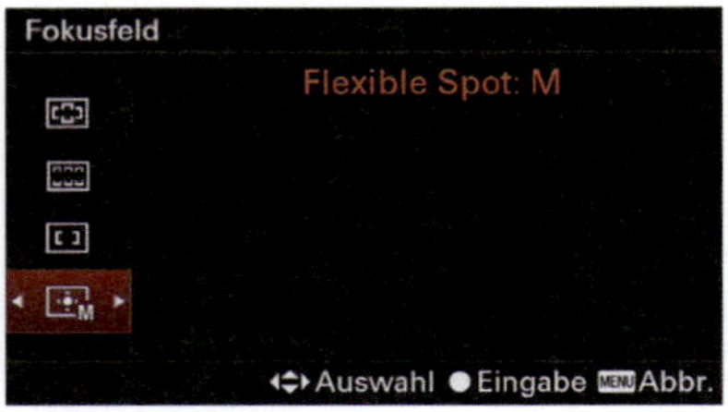

Fn-Menü Fokusfeld: *Flexibler Spot*. So bleibt die Schärfe keine Überraschung, sondern sitzt perfekt.

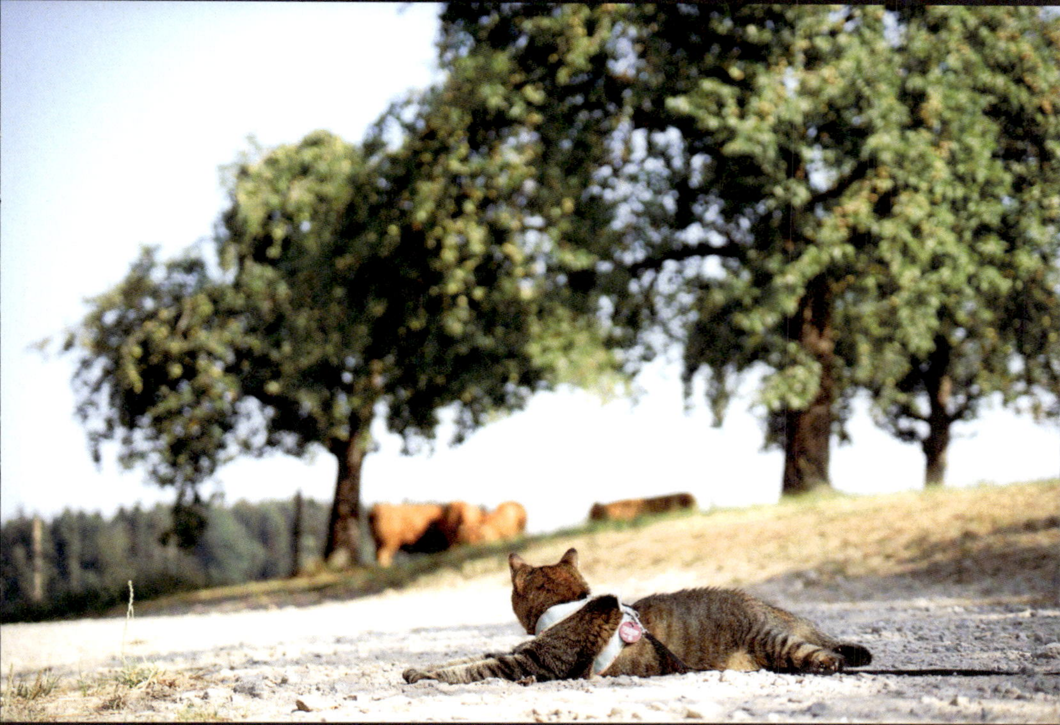

70 mm / f/5.6 / 1/320 sek / ISO 200 / Modus A

Wenn man zeigen will, wie jemand anderes eine Szenerie betrachtet, ist es wichtig, auf dessen Augenhöhe zu kommen. Bei einer Katze liegt man dafür auch mal im Staub. Fast immer gilt bei Fotos von Tieren, gut vorbereitet zu sein, also Blende oder Verschlusszeit und auch den Weißabgleich nach deinen Vorstellungen einzustellen. Scheue Tiere laufen vielleicht weg. Zutrauliche oder besonders die eigenen Haustiere schauen schnell rüber oder kommen gleich hergelaufen. Da hat man oft nur einen Versuch.

Italienischer Nachmittag

Bei Regen solltest du deine Fotoausrüstung gut schützen, entweder mit einer Plastiktüte oder einer speziellen Regenschutzhülle, eine gute Idee, wenn du gern öfter bei Regen, an Wasserfällen oder anderen nassen Orten fotografieren möchtest. Die Alpha-Modelle halten ein paar Tropfen schon aus, wichtig ist aber, dass du sie danach gut trockenwischst und auch bei Kondenswasser aufpasst. Packe deine Kamera nicht sofort in eine regendichte Tasche, sondern „lüfte" sie erst mal aus.

①

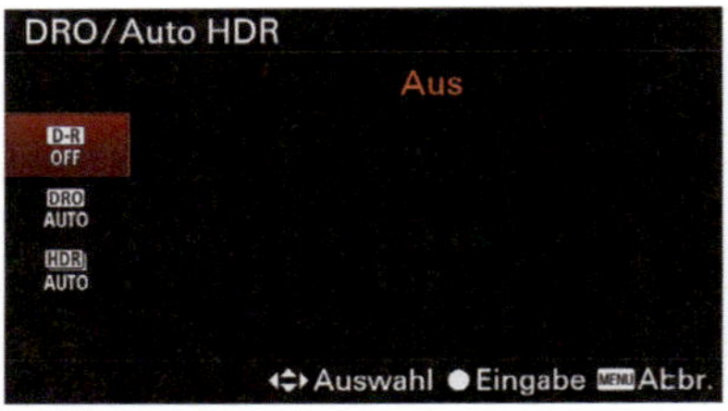

Fn-Menü DRO: *Aus*, da es bei Schwarz-Weiß-Bildern meistens kontraproduktiv ist

②

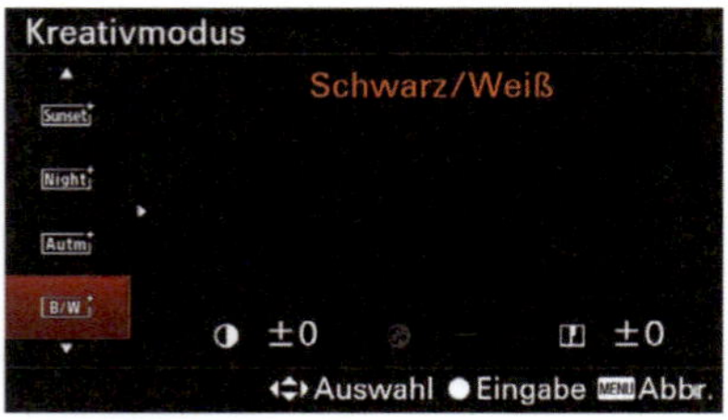

Fn-Menü Kreativmodus: *Schwarz-Weiß* für die Reduzierung des Motivs auf Grautöne

③

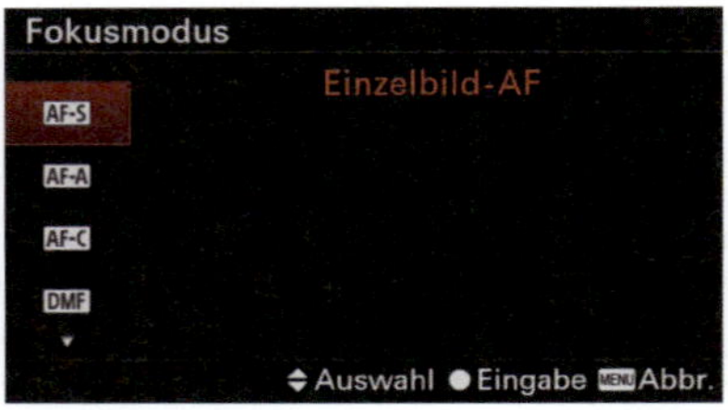

Fn-Menü Fokusmodus: *AF-S*

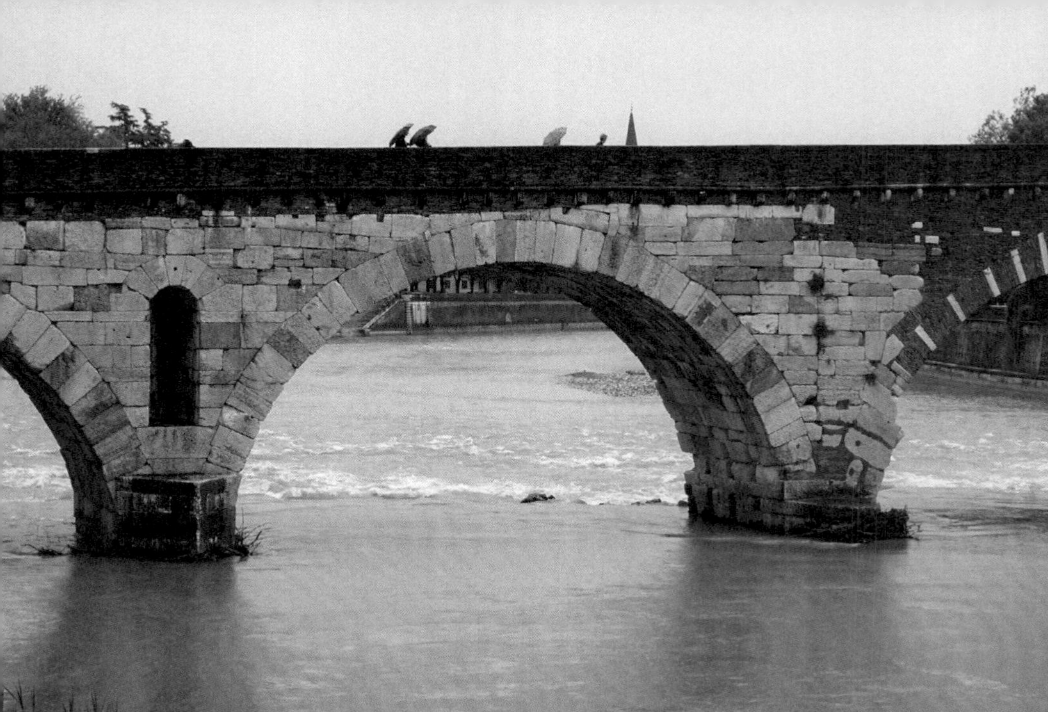

55 mm / f/4 / 1/50 sek / ISO 400 / Modus A / +0,3

Manchmal ist es wie verhext. In Verona wollte Manuel die berühmte Brücke Ponte Pietra fotografieren. Natürlich in Farbe und bei toller Sonnenlichtstimmung. Doch kaum dort angekommen, fing es an, in Strömen zu regnen. Als dann die ersten Menschen mit Regenschirmen über die Brücke liefen, änderte Manuel den Kreativmodus auf Schwarz-Weiß und den Bildausschnitt vom Weitwinkel auf das 55-mm-Objektiv. So hat er sein ganz persönliches Andenken an Verona und die berühmte Brücke.

Die Straße als Bühne

①

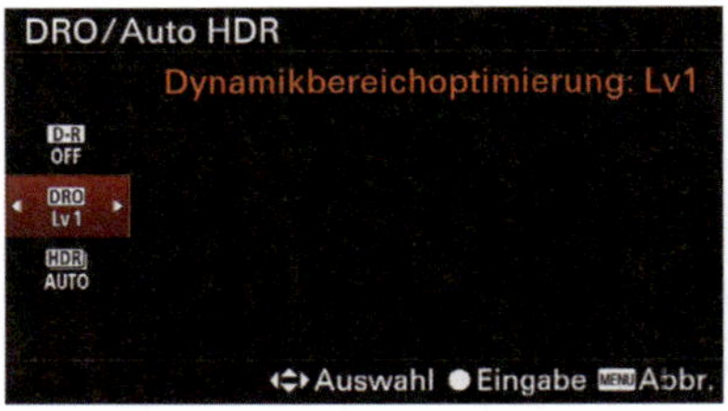

Fn-Menü *DRO: Lv1*. In diesem Fall half das, die Zeichnung im Kopfsteinpflaster zu bewahren.

②

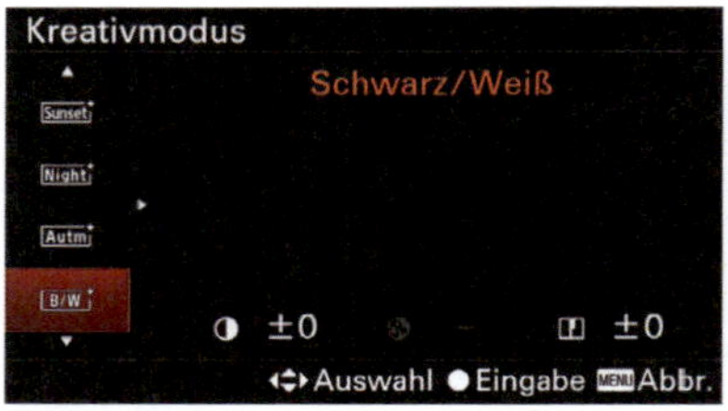

Fn-Menü Kreativmodus: *Schwarz-Weiß*. Wenn es dir schwerfällt, bei einem Foto „endgültig" auf die Farbe zu verzichten, solltest du mal das RAW-Dateiformat ausprobieren. Dann kannst du ein monochromes Foto auch wieder farbig machen.

③

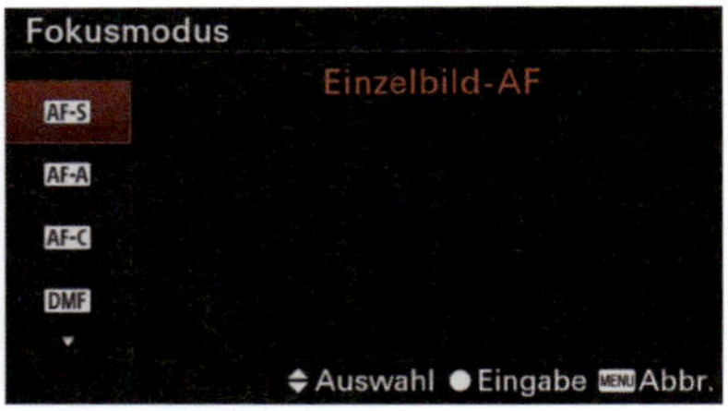

Fn-Menü Fokusmodus: *AF-S*; *AF-C* ist auch gut geeignet.

④

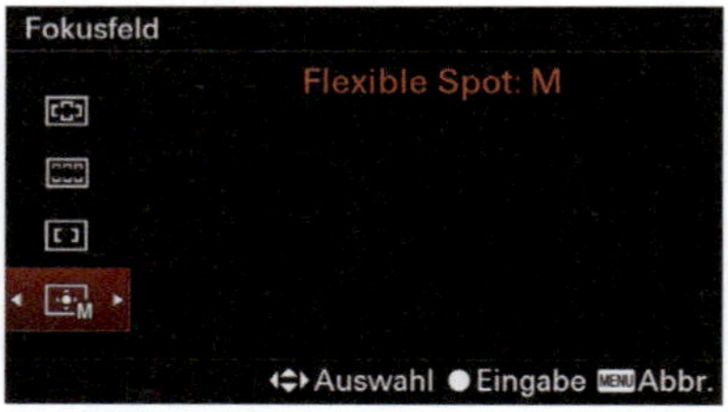

Fn-Menü Fokusfeld: *Flexibler Spot*. Die neueste Generation der α6000-Serie könnte das auch im *Tracking*. Es ist aber auch immer eine Frage des persönlichen Geschmacks, wie man an solche Motive herangeht. Am besten probierst du verschiedene Optionen aus.

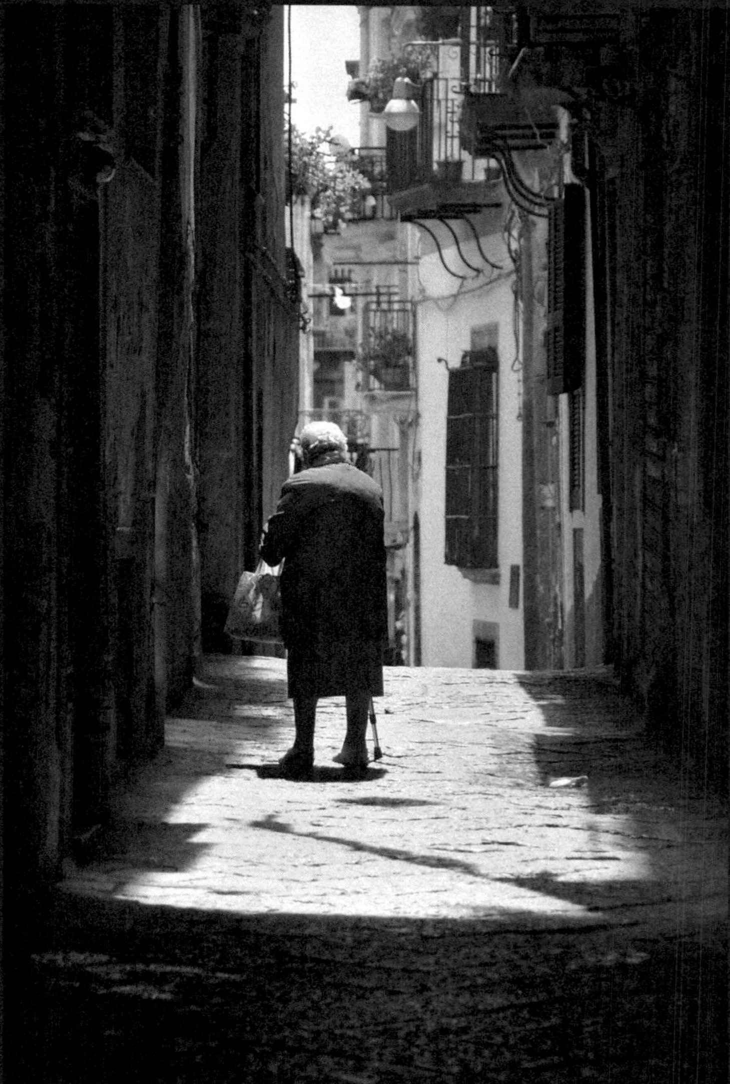

30 mm / f/4 / 1/50 sek / ISO 200 / Modus A / –1,3

Auch bei diesem Foto fiel die Entscheidung auf Schwarz-Weiß. Das Schwierige hier waren die hohen Kontraste, aber vor allem, die Geduld zu bewahren, bis der richtige Moment da war. Diese Seitengasse in Neapel bot sich einfach als stimmungsvolle Kulisse an. Aber ohne Person fehlte etwas. Die richtige Belichtung und der passende Ausschnitt waren schon mal gefunden. Als dann die ältere Dame in die Gasse kam, wartete Manuel darauf, dass sie in den Lichtkegel trat. Dieses Foto gehört immer noch zu seinen Lieblingsmotiven.

Meerblick mal anders

①

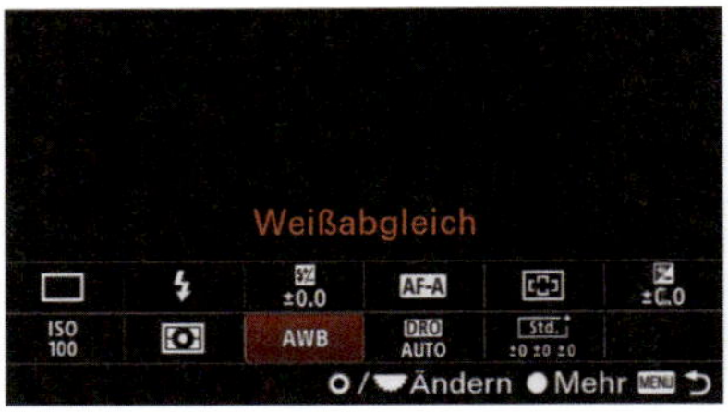

Fn-Menü Der Weißabgleich wurde auf *Automatik* belassen.

②

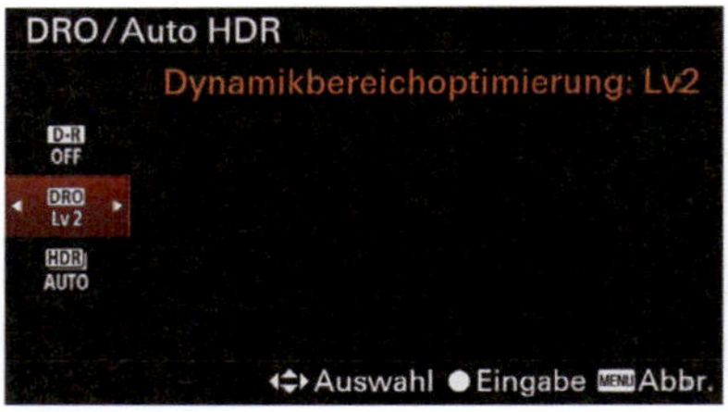

Fn-Menü DRO: *Lv2*, um die Zeichnung in den Wellenkämmen und auf den weißen Flächen des Schiffes zu bewahren

③

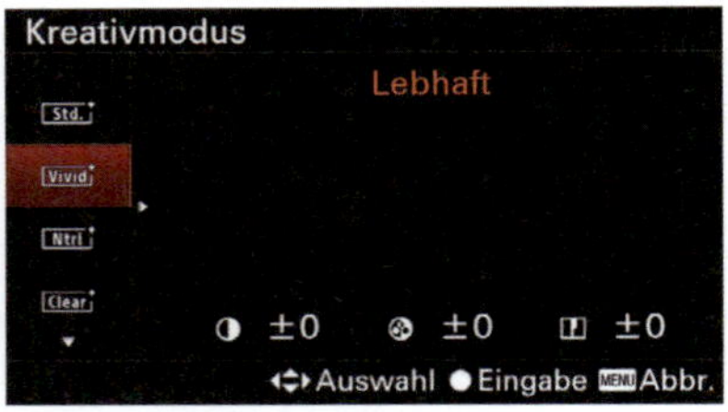

Fn-Menü Kreativmodus: *Lebhaft*, um die Blau und Gelbtöne sehr kräftig darzustellen

④

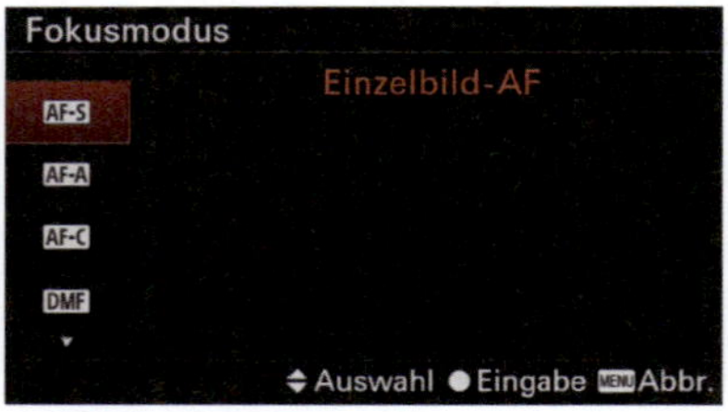

Fn-Menü Fokusmodus: *AF-S*

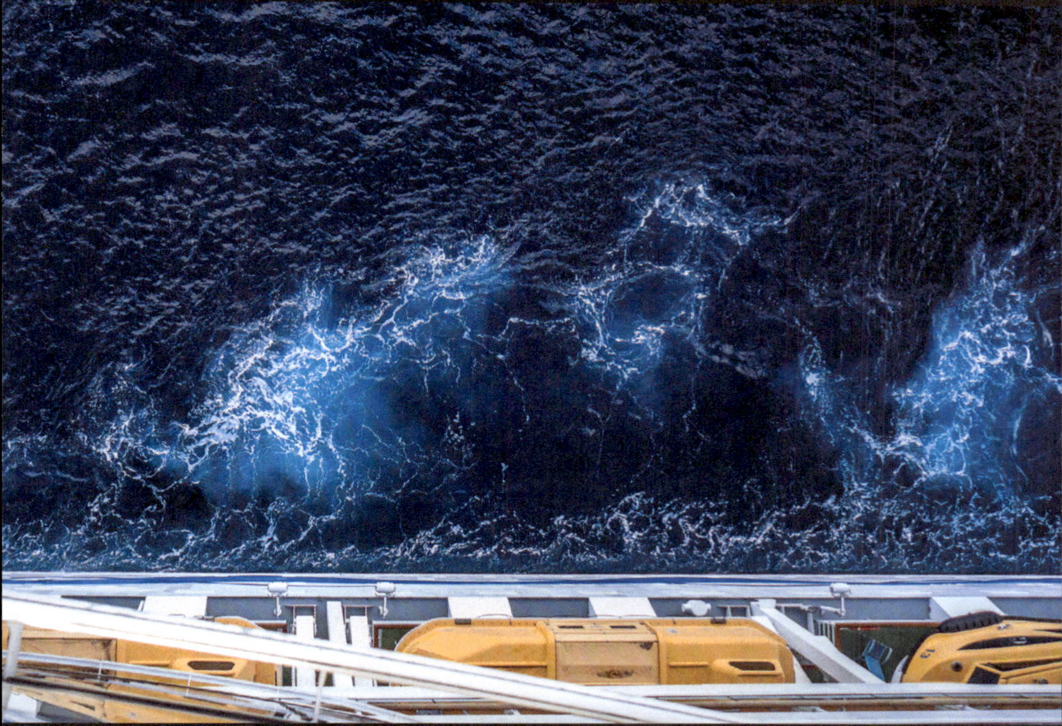

35 mm / f/1.8 / 1/400 sek / ISO 100 / Modus A / −0,7

Dieses Foto hat Stefan auf einer Kreuzfahrt gemacht. Die konsequente Perspektive nach unten verstärkt den plakativen Charakter des Bildes. Wichtig ist dafür eine etwas längere Brennweite, also kein Weitwinkelobjektiv. Die leuchtenden Farben der Boote und des Wassers sowie die Aufteilung in eine strukturierte Fläche am unteren Bildrand und eine fast einfarbige Fläche, die etwa zwei Drittel des oberen Bildteils ausfüllt, geben dem Bild sowohl Ruhe als auch Spannung.

Vor Sonnenaufgang

Die Blende ist mit f/8 noch gar nicht so weit geschlossen. Aber durch das „Legen“ der Schärfe in die richtige Ebene reicht sie hier locker bis zu den Wolken im Hintergrund. Stefan nutzt für so etwas auch gerne mal die Kantenanhebung als Hilfestellung. Dann zeigt der Monitor der Kamera farbig an, was alles scharf im Bild ist. Wenn du sie direkt probieren willst, dann schau mal ins Kapitel „Das Menü der α6000-Kameras“.

①

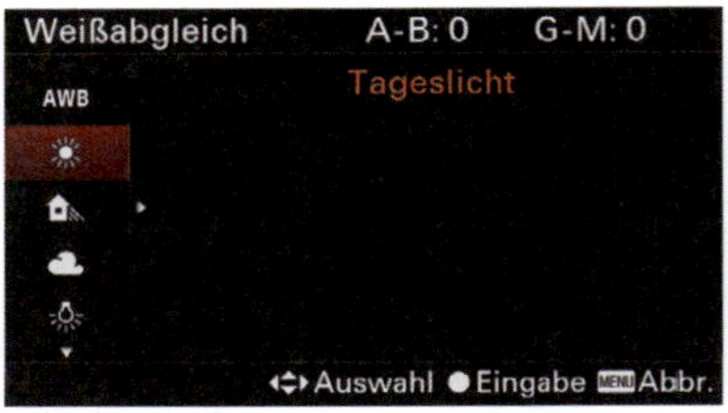

Fn-Menü Der Weißabgleich steht auf *Sonne*. Dadurch kommt die Kühle des Morgens richtig raus.

②

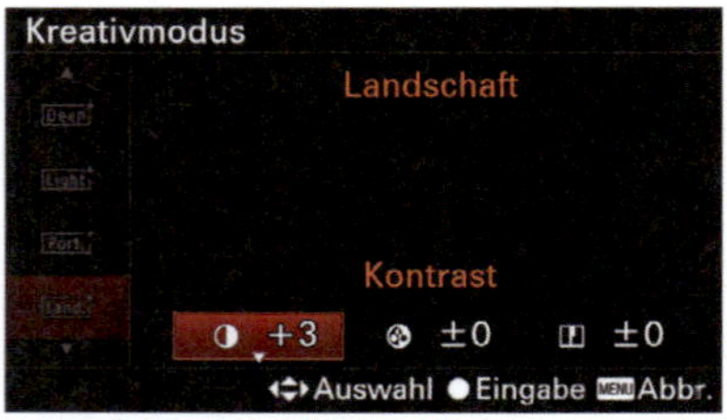

Fn-Menü Kreativmodus: auf *Landschaft*, um die Kontraste zu erhöhen

③

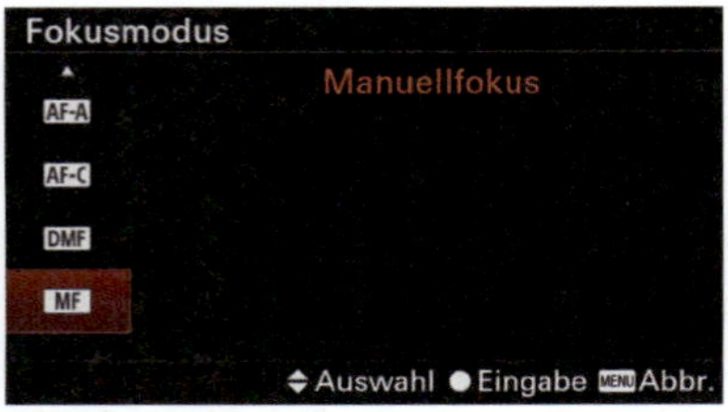

Fn-Menü Fokusmodus: *MF*

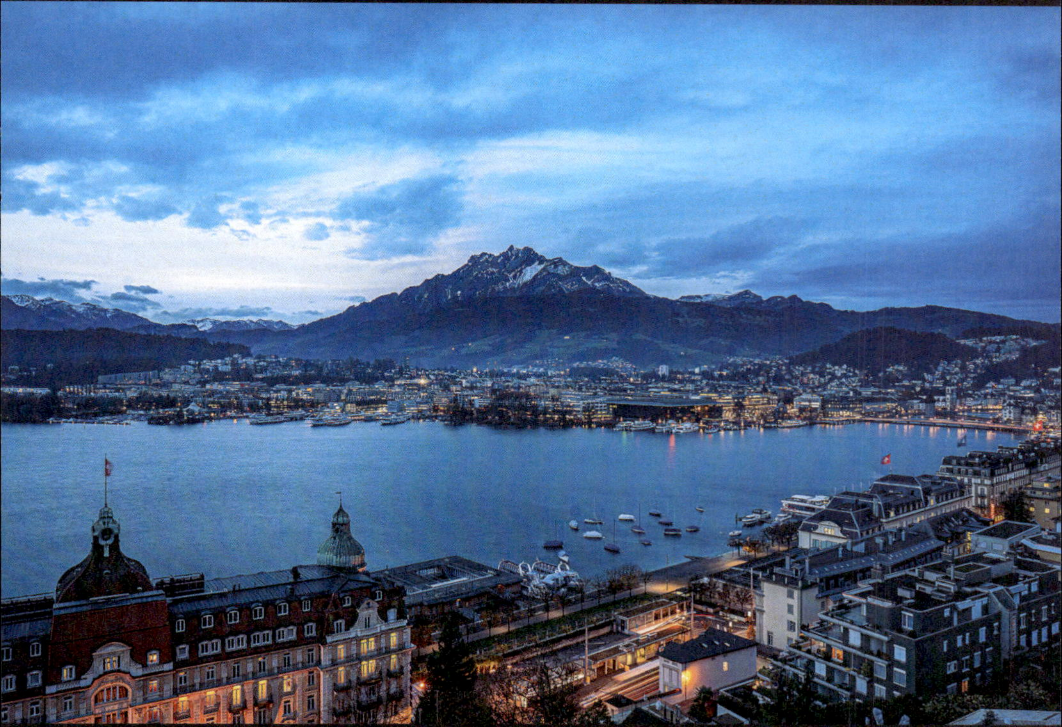

16 mm / f/8 / 6 sek / ISO 100 / Modus M

Hier sieht man gut, warum Stefan so gerne im RAW-Format fotografiert: So konnte er alles an Lichtern und Tiefen rausholen, was das Motiv hergibt. Bei einem JPEG hätte man hier ein HDR, also ein Foto aus mehreren unterschiedlichen Einzelbelichtungen, machen müssen. Dieser Schuss entstand frühmorgens, kurz vor Sonnenaufgang.

Porträt mit Aussicht

Die sanfte Unschärfe des Meeres, der leicht grünliche Farbton und natürlich die Blicke, die man nicht sieht, aber sich vorstellen kann, machen dieses Bild aus. Auch hier gilt: Oft hat man nur einen Versuch – diese Stimmung ist schnell vorbei.

①

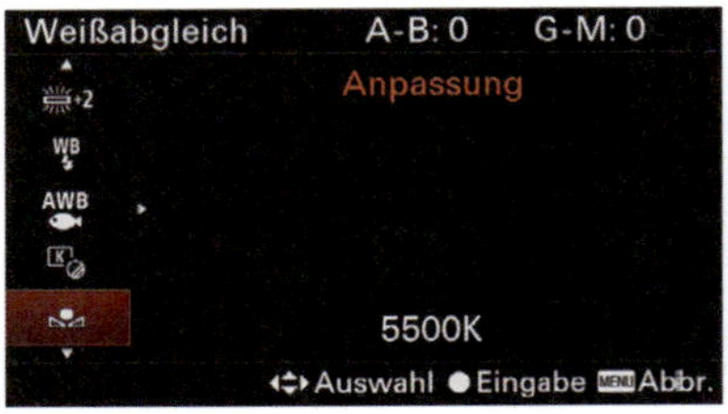

Fn-Menü Der Weißabgleich wurde *manuell* gemacht und liegt hier bei 5500 K. Es ist nicht wirklich ein „richtiger" Weißabgleich, eher gibt er einen cineastischen, ein bisschen melancholischen Look.

②

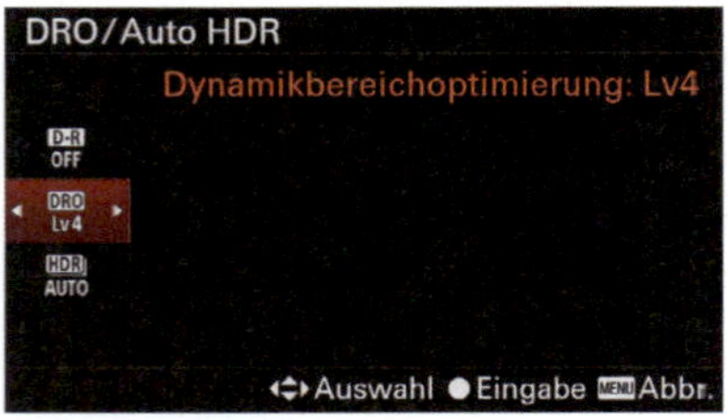

Fn-Menü DRO: *Lv4*: Der dunkle Innenbereich musste mit dem Himmel in Einklang gebracht werden.

③

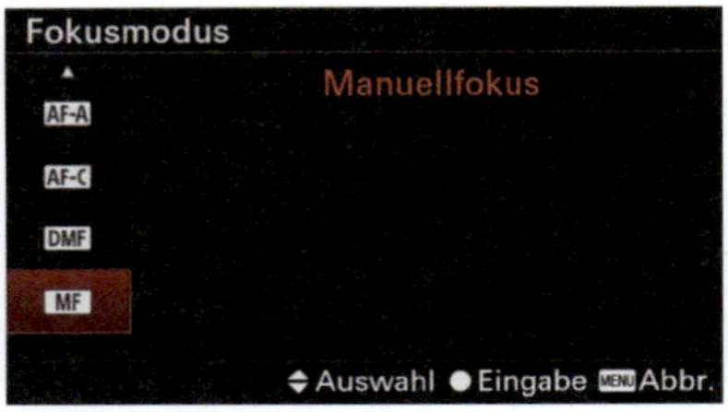

Fn-Menü Fokusmodus: *AF-S*, um den Ausschnitt ganz gezielt zu setzen

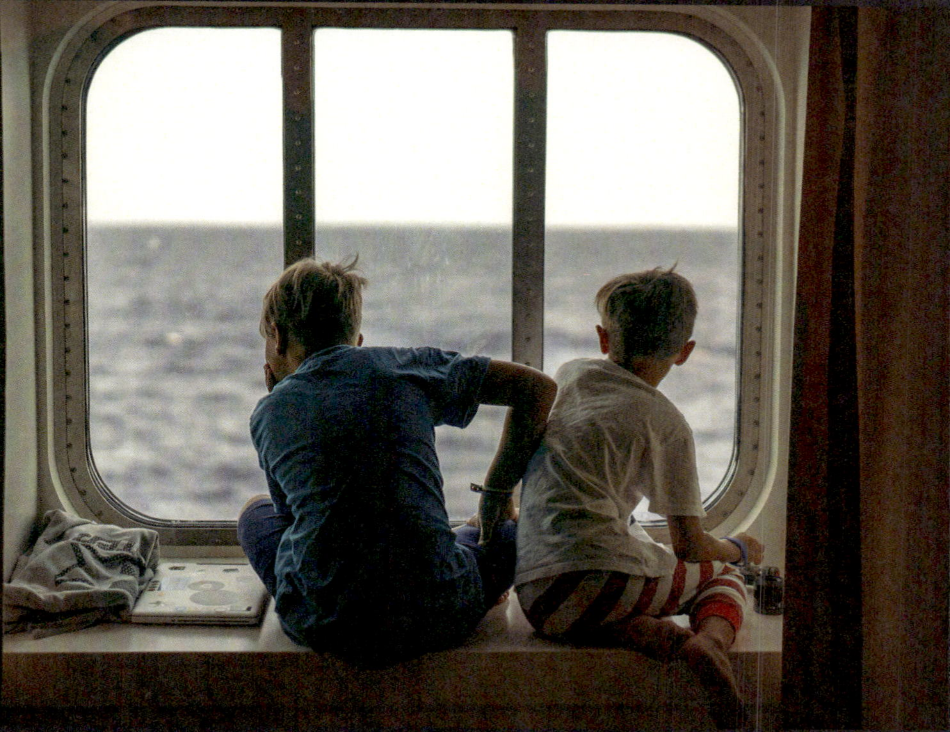

35 mm / f/1.8 / 1/3200 sek / ISO 100 / Modus A

Manchmal kann eine Rückenansicht die Bildwirkung positiv verstärken. Dieses Foto strahlt die Ruhe eines Urlaubs auf See aus und zieht den Betrachter in den Bann. Die Schwierigkeit sind die hohen Kontraste. Da die Sonne allerdings noch nicht sehr hoch stand, hat DRO hier einen guten Job gemacht.

Zoomreißer

Dieser kleine Fototrick funktioniert nur mit normalen manuell zu zoomenden Objektiven, aber leider nicht mit dem Kit-Objektiv und dem sonst sehr guten Sony-Objektiv SELP18105G. Die haben andere Vorteile. Der Zoom-Motor, der wunderbar ist, um im Video flüssig die Brennweite zu verändern, arbeitet nicht, während die Kamera belichtet.

①

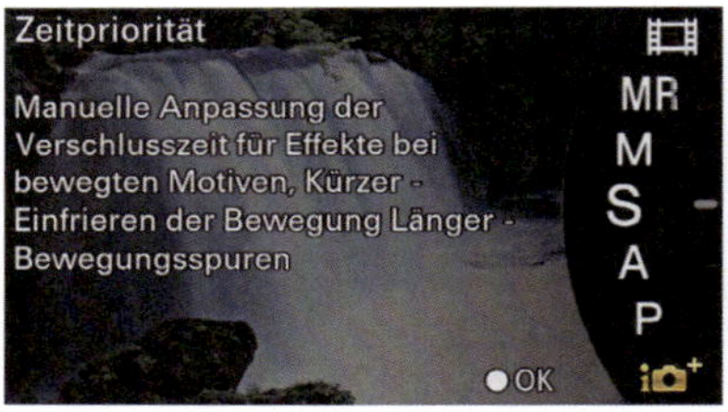

Modus S, 1/30 oder 1/40 sek; abends und mit Stativ gehen auch längere Zeiten.

②

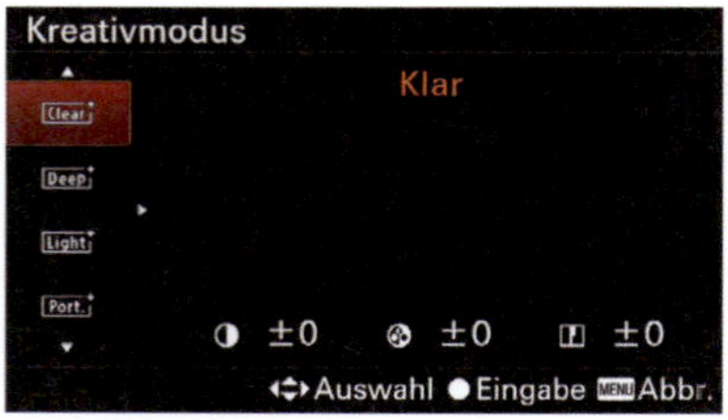

Fn-Menü Kreativmodus: *Klar* sorgt für hohe Kontraste und eine grafische Wirkung.

③

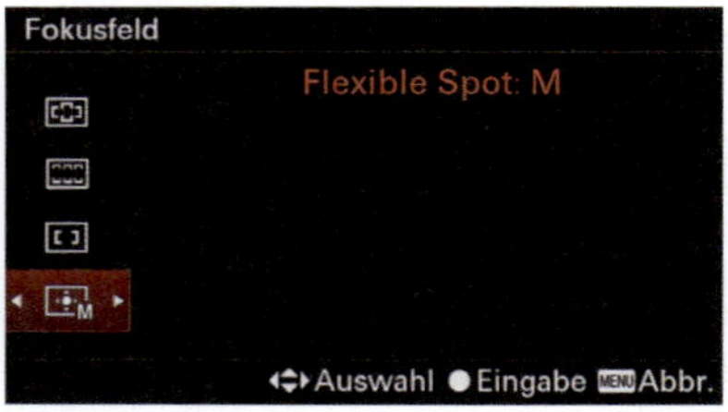

Fn-Menü Fokusfeld: *Flexibler Spot* oder *Mitte* (dient gleichzeitig als Fixpunkt). Am besten auch hier den Fokusmodus *AF-S* verwenden.

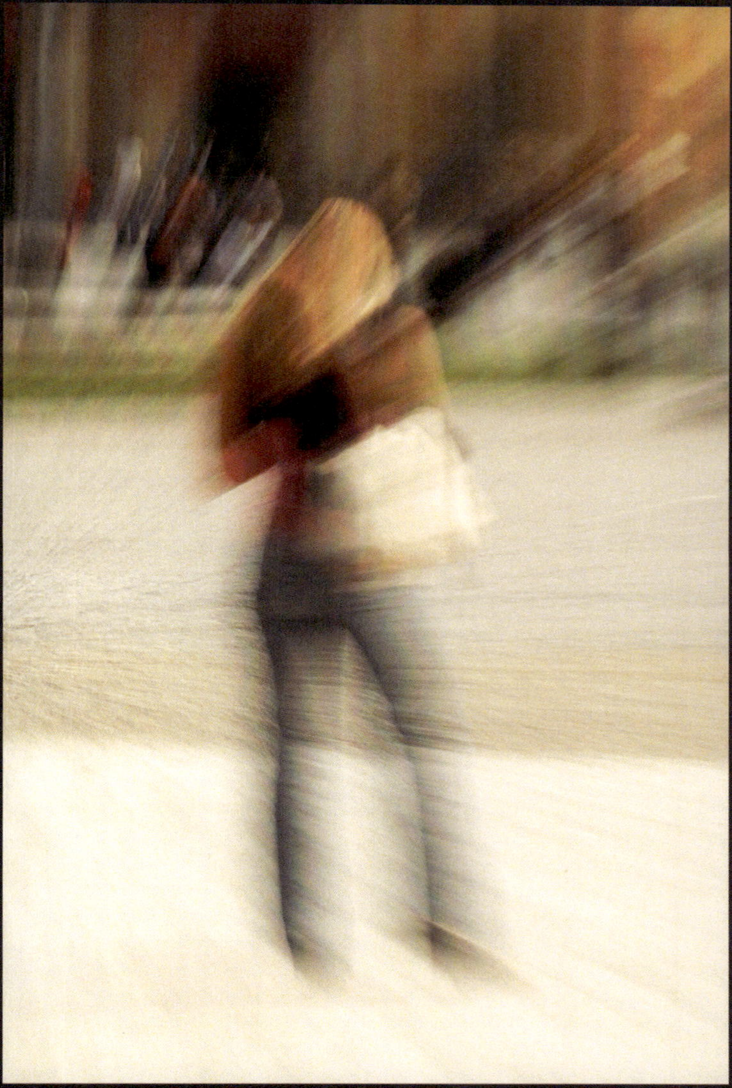

ca. 200–100 mm / f/22 / 1/30 sek / ISO 100 / Modus S

Dieses Bild hat eine enorme Dynamik. Es wirkt eher wie ein gemaltes Bild als wie ein Foto. Die Technik, die hier verwendet wurde, nennt man „Zoomreißer": Die Schwierigkeit besteht darin, den Zoom relativ schnell zu drehen, ohne die Kamera selbst dabei allzu stark zu verreißen. Du kannst es vom Tele- in den Weitwinkelbereich oder auch andersherum probieren. Damit du genug Zeit zum Zoomen hast, brauchst du eine etwas längere Verschlusszeit, z. B. die hier gewählte 1/30 sek. Bei diesem Foto wurde die Kamera zusätzlich auch leicht seitlich bewegt. Du solltest den Zoomreißer zwingend durch den Sucher fotografieren, dadurch hast du mehr „Grip".

Seifenblasen

①

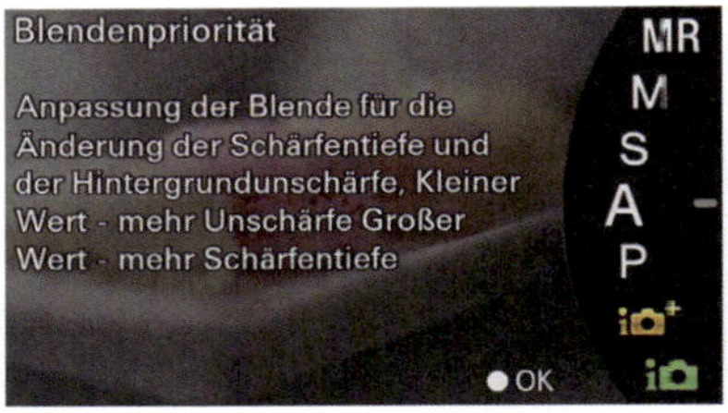

Modus A oder M mit ISO-*Automatik*. Um den Blick des Betrachters zu lenken, wurde eine offene Blende gewählt.

②

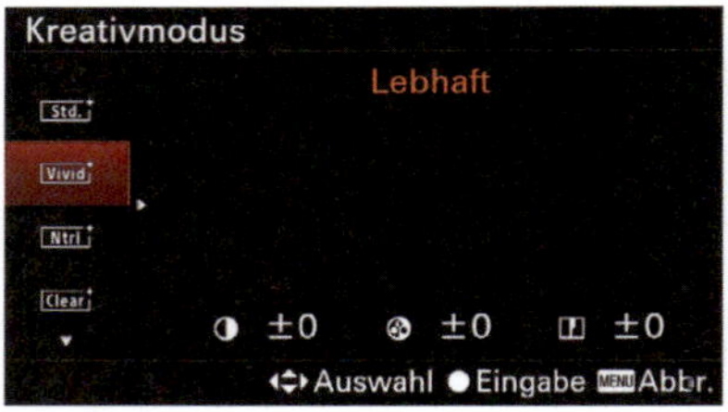

Fn-Menü Kreativmodus: *Lebhaft* oder *Klar* für hohe Kontraste und knallige Farben

③

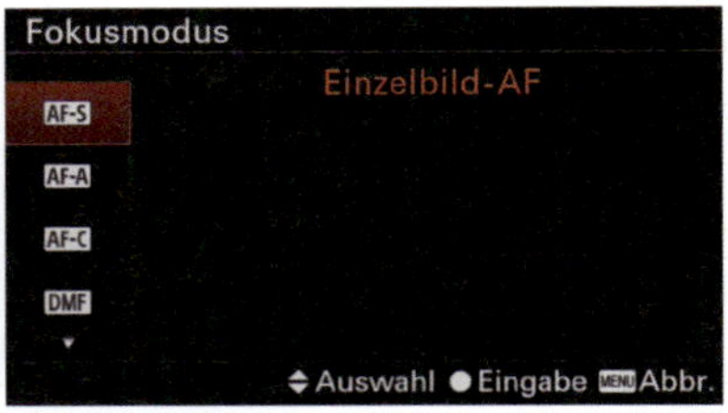

Fn-Menü Fokusmodus: *AF-S* oder *MF*. Diese beiden Modi sorgen dafür, dass die Kamera auf jeden Fall sofort auslöst, wenn du den Auslöser betätigst.

④

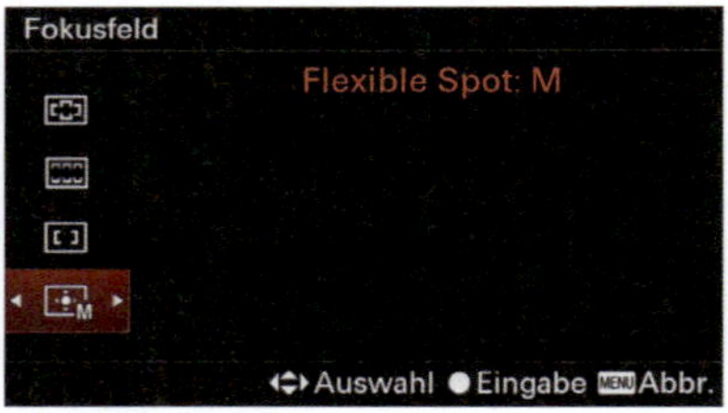

Fn-Menü Fokusfeld: *Flexibler Spot* oder *Mitte*

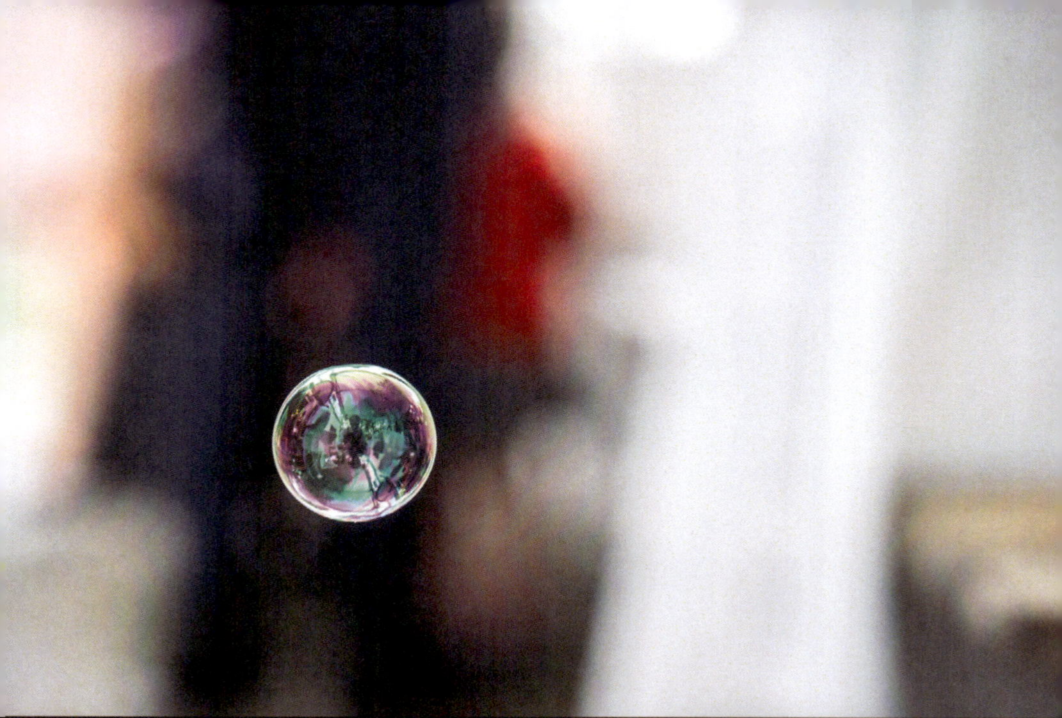

50 mm / f/2 / 1/250 sek / ISO 400 / Modus A

Bei diesem schönen Motiv besteht die Schwierigkeit darin, die Seifenblase richtig scharf abgebildet zu bekommen. Manuel hat hier mit AF-S fokussiert und den Jungen, der die Seifenblasen machte, gebeten, seine Hand ungefähr dahin zu halten, wo die Seifenblasen hinfliegen. Dann stellte er auf Serienbilder und schoss eine Serie von mehreren Fotos, um ein scharfes Bild zu bekommen. Die α6400 hat einen so schnellen Autofokus, dass du es auch ruhig mal mit AF-C probieren kannst.

Zerbrochene Scheibe

Eine mittlere bis eher offene Blende und eine Normalbrennweite ist hier nützlich, um die Wolken etwas unscharf gegen die scharf dargestellten Glasscherben darzustellen. Aber unser Beispiel ist mit dem Kit-Objektiv entstanden.

①

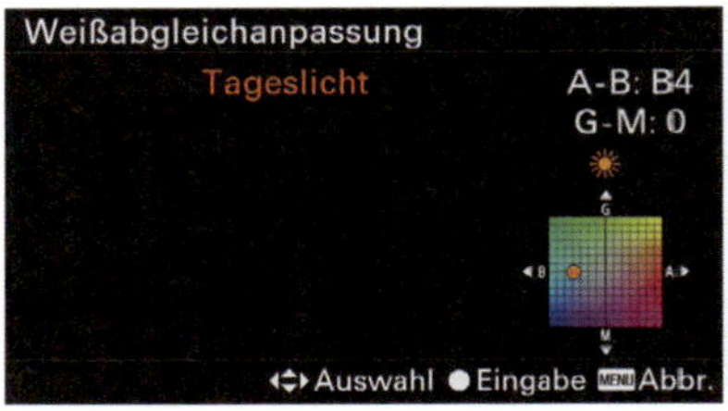

Fn-Menü Experimentiere bei solchen Motiven mit dem Weißabgleich.

②

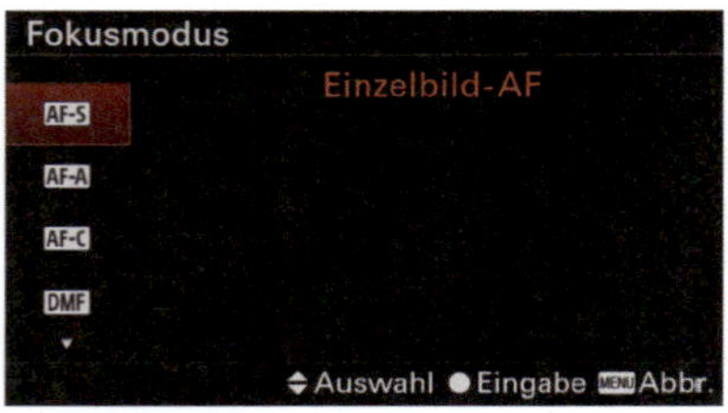

Fn-Menü Fokusmodus: *AF-S*

③

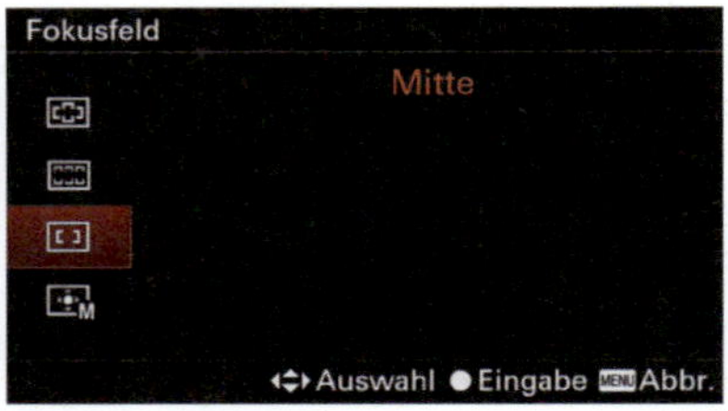

Fn-Menü Fokusfeld: *Flexibler Spot* oder *Mitte*. *Breit* könnte versehentlich die Wolken scharfstellen, wenn die Struktur der kaputten Glasscheibe nicht kontrastreich genug ist.

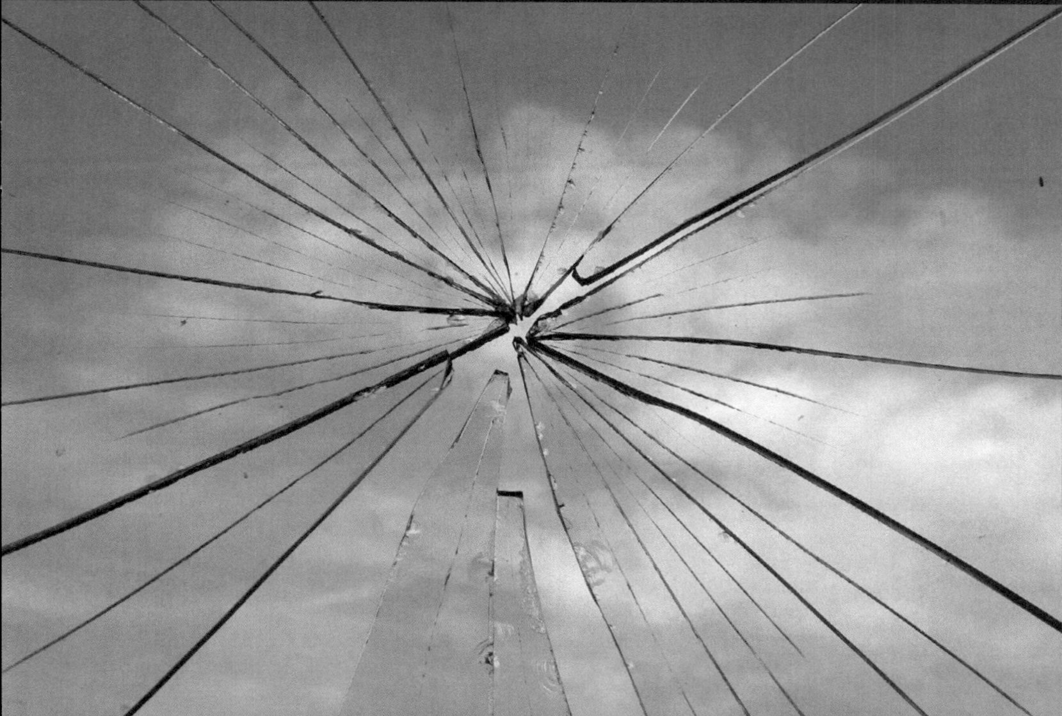

41 mm / f/5.6 / 1/250 sek / ISO 100 / Modus A

Dieses Motiv lässt sich wie sehr viele Stillleben mit dem Kit-Objektiv oder auch einer Festbrennweite wie dem 35 mm oder 50 mm f/1.8 umsetzen. Mit Letzteren hast du mehr Spielraum bei der Tiefenschärfe.

Fliegende Blätter

Damit du die Hände frei hast, um die Blätter zu werfen, solltest du den Selbstauslöser aktivieren. Den findest du beim Bildfolgemodus auf dem Einstellrad. Du kannst ihn zwischen 2 und 10 Sekunden einstellen.

①

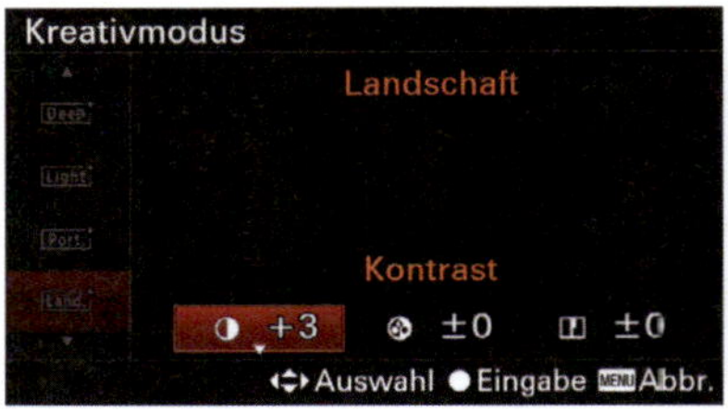

Fn-Menü Kreativmodus: *Landschaft* oder *Lebhaft* für kräftige Farben mit sehr hohem Kontrast

②

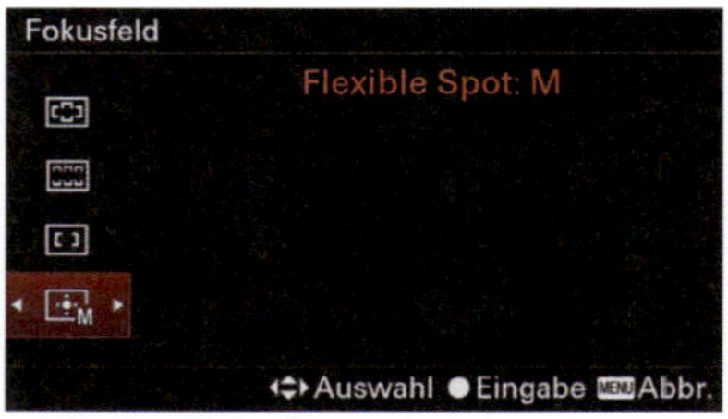

Fn-Menü Fokusfeld: *Flexibler Spot*. Durch den sehr dunklen ND-Filter kann der Autofokus manchmal nicht zuverlässig arbeiten. Außerdem muss die Schärfe sowieso auf der Kirche liegen, damit die Blätter unscharf sind.

③

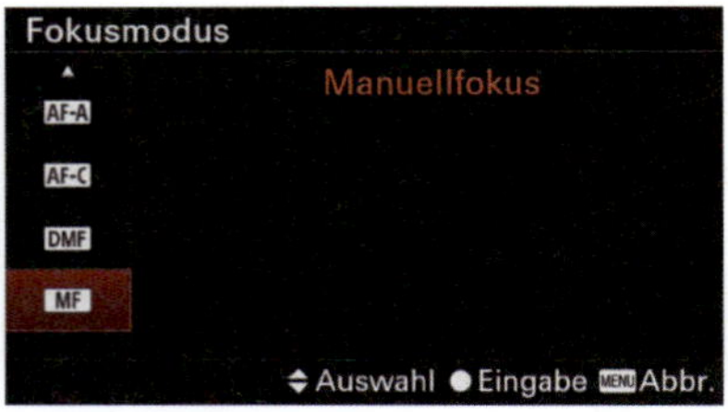

Fn-Menü Fokusmodus: *MF*. Bei der Verwendung von Graufiltern ist es manchmal nötig, schon vor dem Aufsetzen des Filters manuell scharfzustellen. Tagsüber funktioniert es meist aber noch ganz gut, wenn der Filter schon draufsitzt.

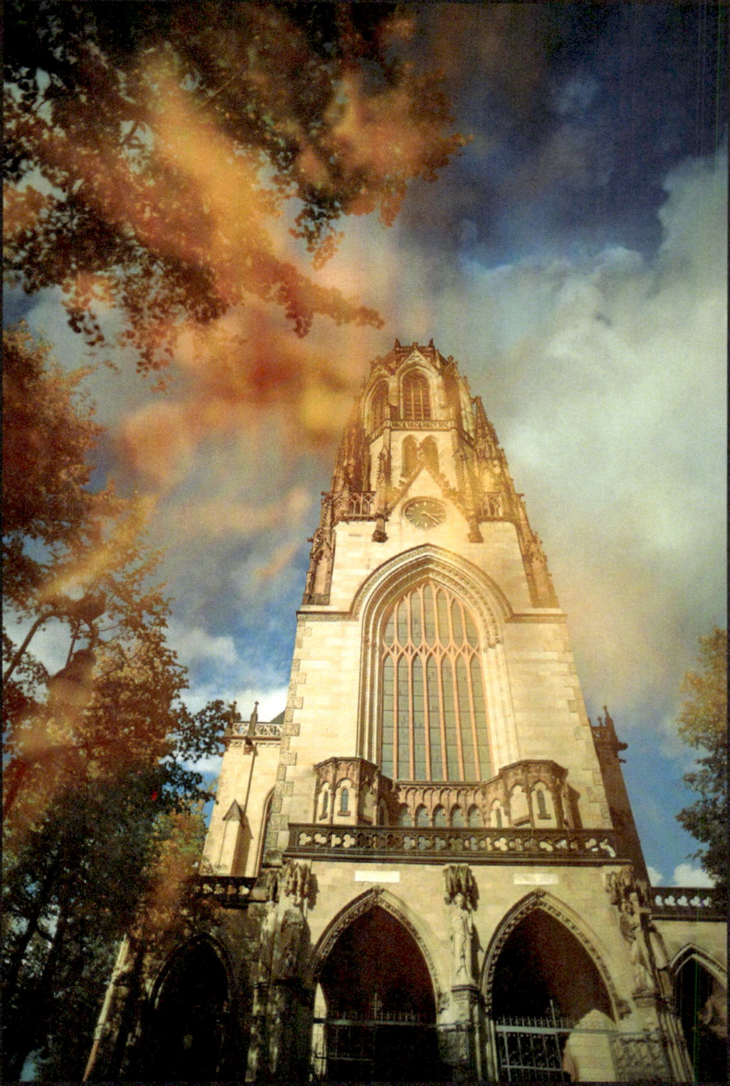

ca. 14 mm / f/4 / 1/6 sek / ISO 500

Hier sollte zu der statischen Architektur noch etwas Dynamisches mit ins Bild. Die besondere Wirkung der unscharfen Blätter wurde durch die Verwendung eines ND-Filters ermöglicht. Dadurch konnte die Blende auch tagsüber offen bleiben und eine längere Verschlusszeit verwendet werden. So sind die gelben Blätter nur schemenhaft zu erkennen. Dieses Zubehör solltest du dir unbedingt zulegen, um auch tagsüber mit langen Verschlusszeiten zu arbeiten. Das bietet eine riesige Fülle an kreativen Möglichkeiten.

Strukturen im Eis

An dieser Stelle eine ernst gemeinte Warnung! Es kann sehr gefährlich sein, auf einen zugefrorenen See oder Weiher zu gehen, vor allem, wenn das Eis schon Risse hat. Wäge also ab, ob es wirklich sicher ist. Diese Stelle war ganz nah an einem befestigten Ufer und das Eis sehr dick.

①

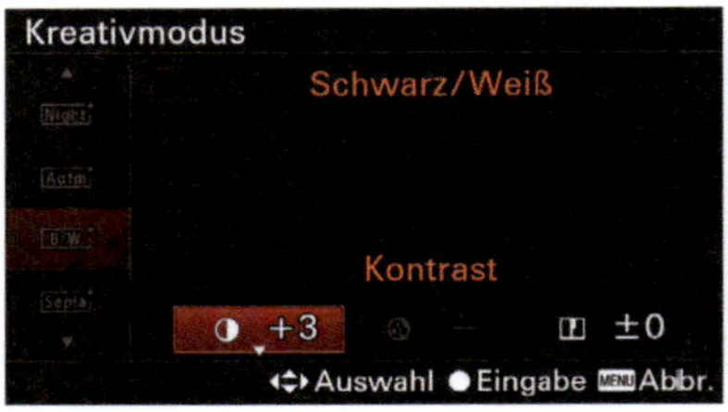

Fn-Menü Kreativmodus: *Schwarz-Weiß* mit sehr hohem Kontrast

②

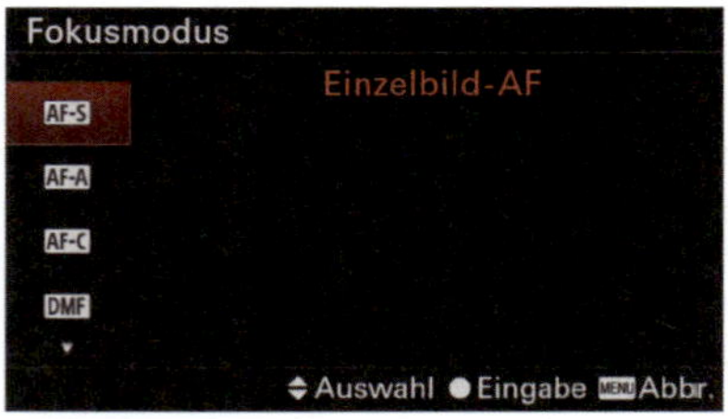

Fn-Menü Autofokusmodus: *AF-S*

③

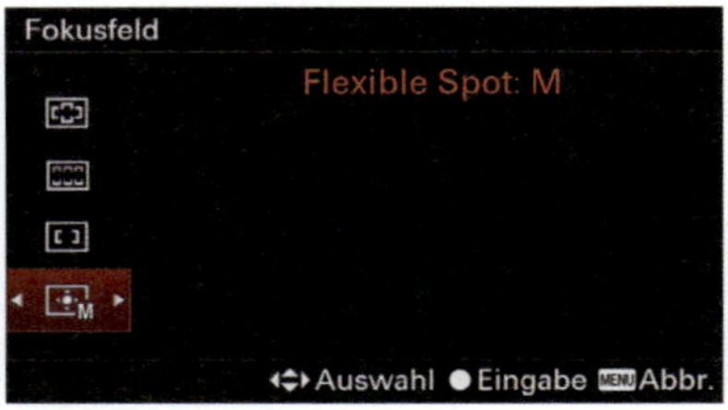

Fn-Menü Fokusfeld: *Flexibler Spot*

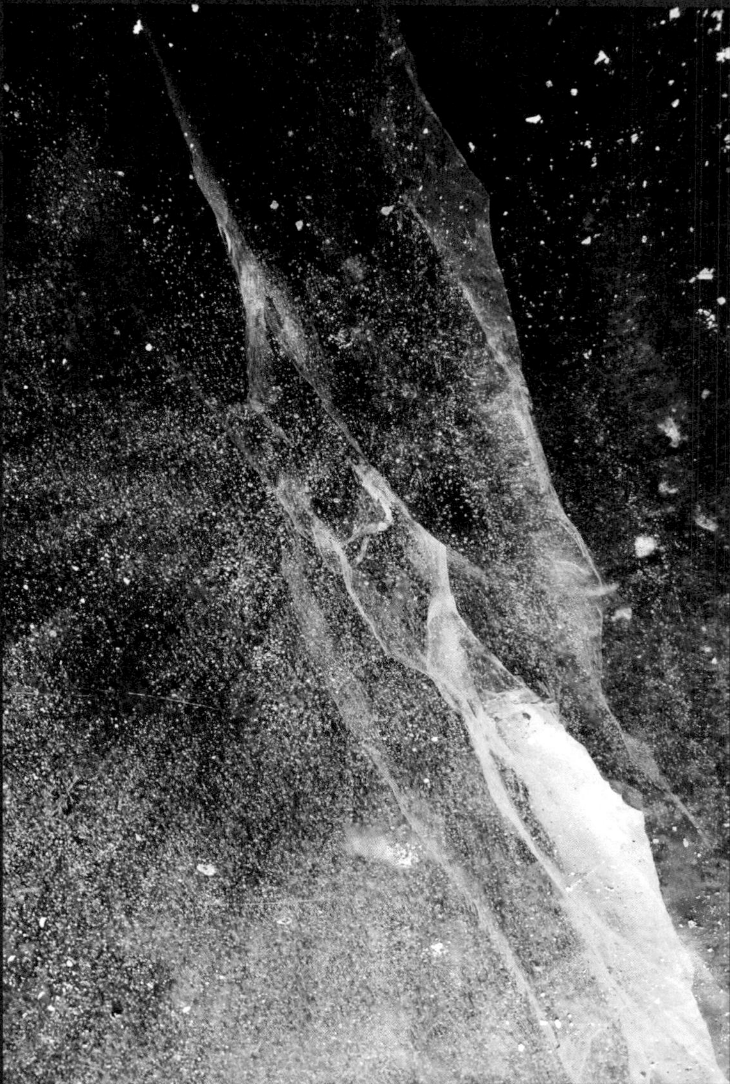

ca. 14 mm / f/8 / 1/30 sek / ISO 500 / Modus A / –1,0

Im Winter kann man wunderbar Eis und Schnee fotografieren. Auf diesem zugefrorenen See hatten sich durch Schlittschuhläufer und ein paar wärmere Tage zwischendurch Risse in der Eisdecke gebildet. Um die Struktur richtig plastisch herauszuarbeiten, eignete sich Schwarz-Weiß besser.

Bokeh-Solo

Es gibt eine Menge Adapter für Sony-Systemkameras. Mit ihnen kannst du sehr günstig verschiedene Objektive anderer Hersteller wie z. B. Nikon, Canon, Pentax oder auch Leica verwenden.

①

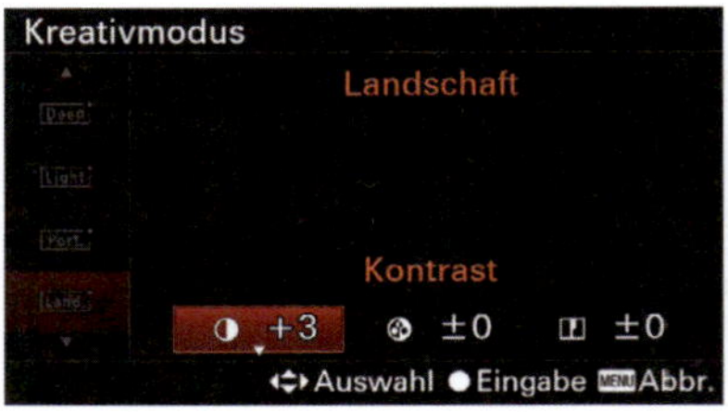

Fn-Menü Kreativmodus: *Landschaft* oder *Lebhaft* mit hohem Kontrast

②

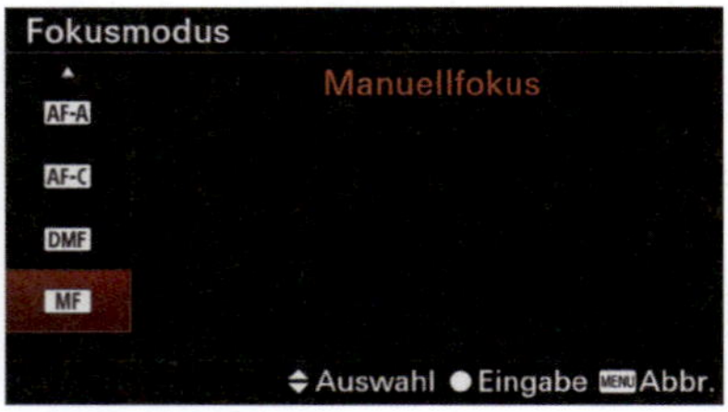

Fn-Menü Fokusmodus: *MF*. Der Fokus ist auf die Naheinstellgrenze eingestellt: vor der Ebene, in der das Bild anfängt.

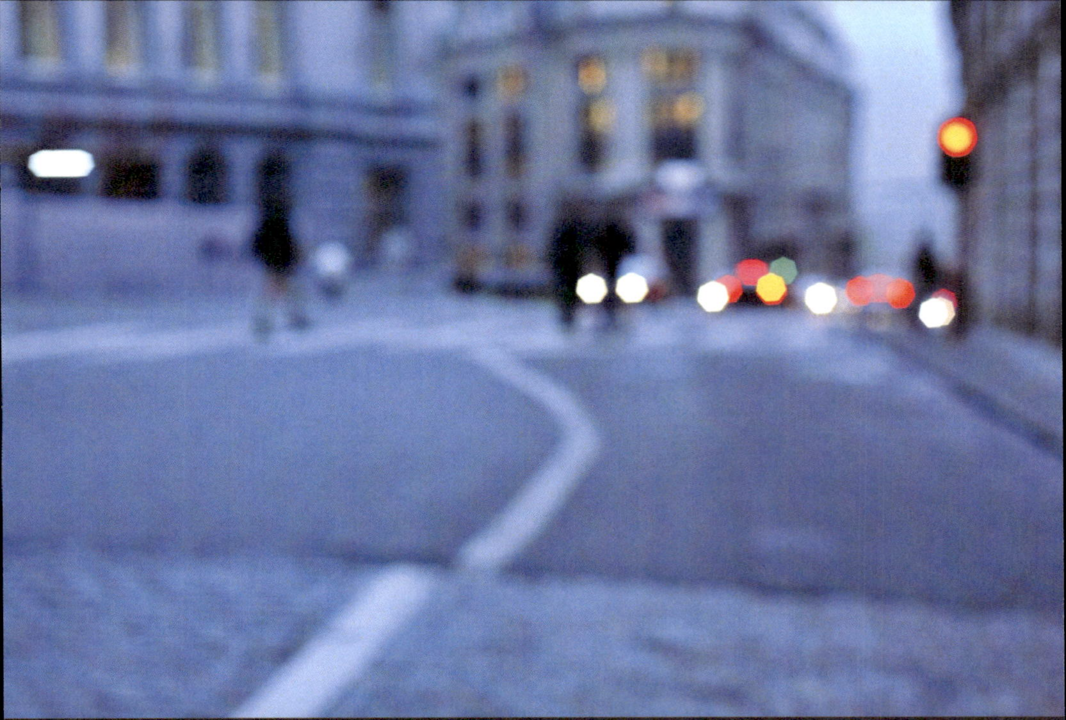

50 mm / f/4 / 1/80 sek / ISO 500 / Modus A / −0,3

Bei diesem Foto ist die Unschärfe selbst das Motiv. Bei den siebeneckigen leuchtenden Flecken handelt es sich um Laternen, Autoscheinwerfer und Ampellichter. Normalerweise soll das Bokeh (die unscharfen Bereiche im Bild) eher weich und undefiniert sein. Hier hat Manuel aber ein altes und günstiges Objektiv genommen, das weniger Blendenlamellen als moderne Objektive hat. Es handelte sich um das AF-D 50 mm f/1.8 von Nikon. Bei Blendenwert f/4 gefielen ihm die Flecken und die Gesamtunschärfe am besten.

LED-Spiegelung

①

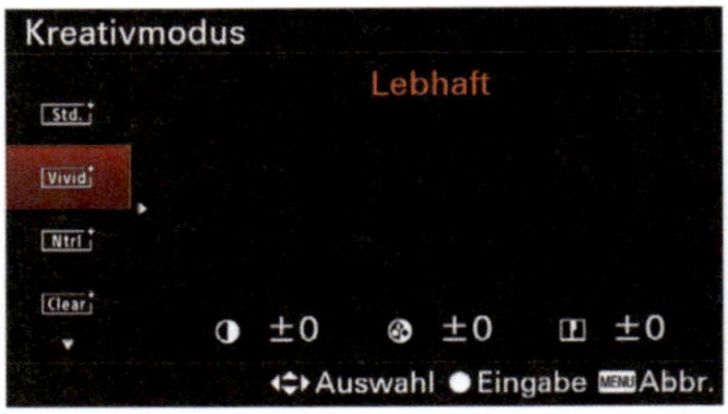

Fn-Menü Kreativmodus: *Lebhaft*

②

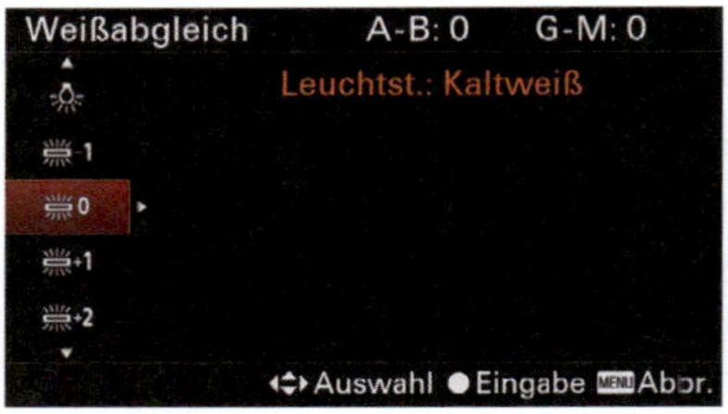

Fn-Menü Weißabgleich *Kunstlicht*. Farbige LEDs haben sehr stark gesättigte Farben. Bei ihnen musst du immer ein bisschen ausprobieren, welche Einstellung am besten funktioniert.

③

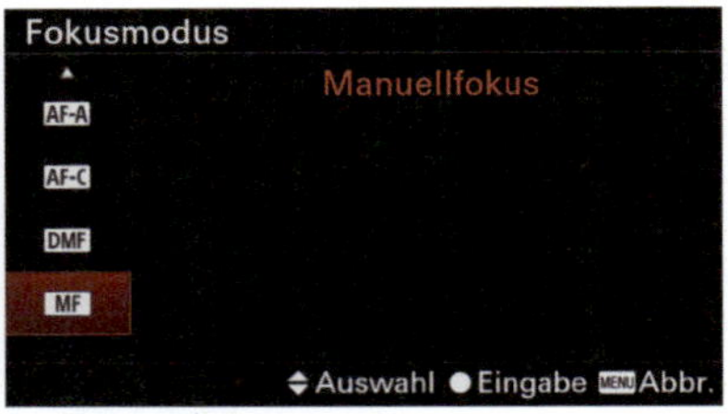

Fn-Menü Fokusmodus: *AF-S* oder *MF*. Die Schärfe muss exakt auf der Spiegelung liegen.

④

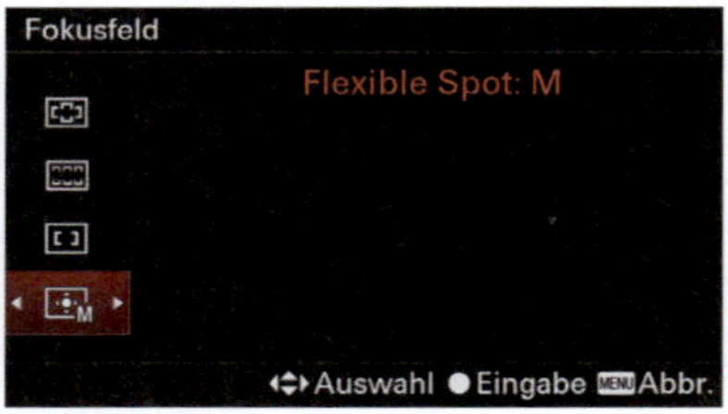

Fn-Menü Fokusfeld: *Flexibler Spot*

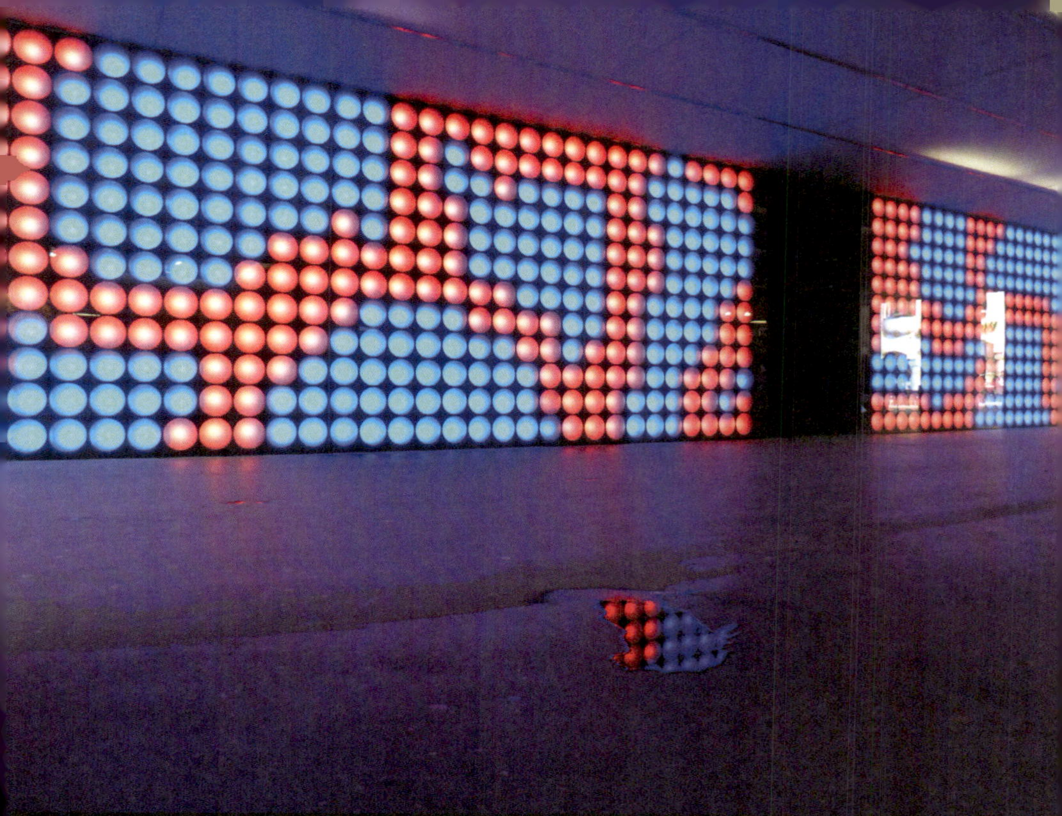

18 mm / f/7.1 / 1/30 sek / ISO 400 / Modus M

Hier liegen Fokus und die richtige Belichtung auf der Spiegelung der Lampen in der Pfütze. Du kannst manuell, mit Belichtungskorrektur oder mit Spot-Messung arbeiten, damit du diesen sehr kleinen Motivteil richtig belichtet bekommst. Um das Bild schön scharf aus der Hand zu fotografieren, wurde die ISO etwas höher eingestellt, um noch die 1/30 sek Belichtungszeit zu bekommen.

NAHAUFNAHMEN

Ein weiteres beliebtes Fotogenre sind Nah- und Makroaufnahmen. Makro setzt man, seitdem es digitale Kompaktkameras gibt, immer mit einer Entfernung gleich. Oft liest man „1 cm Makro“ als Produktmerkmal. Hier kannst du Details eines Objekts zeigen, wie man sie mit dem bloßen Auge nicht sehen kann. Für richtige Makroaufnahmen braucht man auch ein Makroobjektiv. Denn so wie unsere Augen haben auch Objektive eine Naheinstellgrenze. Beim menschlichen Auge sind es – altersabhängig – etwa 25 cm.

Gleichzeitig hat das Auge hier auch seine höchste Auflösung. Wenn du nun noch etwas größer sehen willst, nimmst du eine Lupe zur Hand. Deine Kamera braucht dazu eben das spezielle Objektiv. Eine günstige Alternative können auch Nahlinsen sein. Sie werden wie ein Filter vors Objektiv geschraubt. Es gibt sie in verschiedenen Qualitätsstufen. Die beste Qualität erreichst du aber wirklich mit Makroobjektiven.

Nahaufnahmen sind Fotos, die du auch mit normalen Objektiven, also einem Zoom oder einer Festbrennweite, machen kannst. Das Sony SEL 50 mm f/1.8 ist z. B. sehr gut geeignet. Es ist sehr scharf und hat eine Naheinstellgrenze von ungefähr 45 cm. Auch mit Telezooms wie dem SEL 55–210 mm bekommst du gute Bilder in der Nahdistanz.

Die Grundeinstellungen:

- Makro- und Nahaufnahmen machst du am besten im **Modus A** oder **M**. Die Tiefenschärfe ist durch den geringen Abstand zum Objekt sehr gering, deswegen solltest du, wenn möglich, nicht die offenste Blende verwenden.
- **Blendenwerte um f/8** sind für richtig scharfe Strukturen gut geeignet. Das schafft man dann aber wegen der zu langen Verschlusszeiten oft nicht mehr aus der Hand. Ein **Stativ** gehört also für einen Makro-Fan zur Ausrüstung, ebenso wie ein Fernauslöser. Aber auch aus der freien Hand kannst du beeindruckende Bilder hinbekommen. Diese begeistern dann auch gerade wegen der Ästhetik, die durch die besonders dünne scharfe Ebene bei einer offenen Blende entstehen.
- Dann kannst du auch mal etwas zartere **Kreativmodi** wie *Porträt*, *Hell* oder *Neutral* einstellen. Für knackscharfe Makroaufnahmen eignen sich *Klar* und *Landschaft*, aber auch *Schwarz-Weiß* sehr gut. Vor allem Kontrast und Scharfzeichnung können bei Nahaufnahmen gerne mal etwas höher sein.

Primaballerina

①

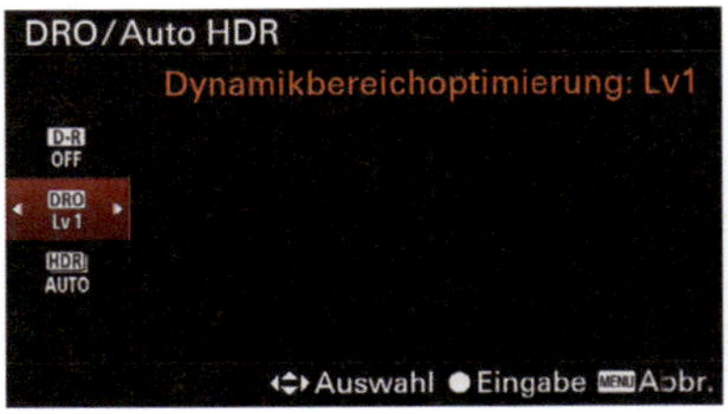

Fn-Menü *DRO: Lv1*, um die weichen Kontraste noch mehr zu erhöhen

②

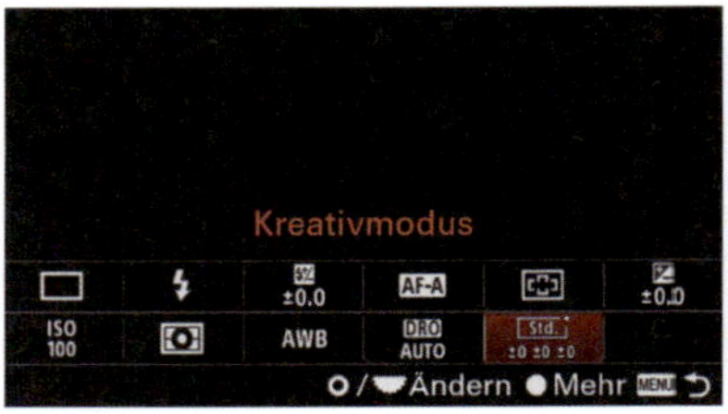

Fn-Menü Kreativmodus: *Hell*, um die Kontraste flach zu halten

③

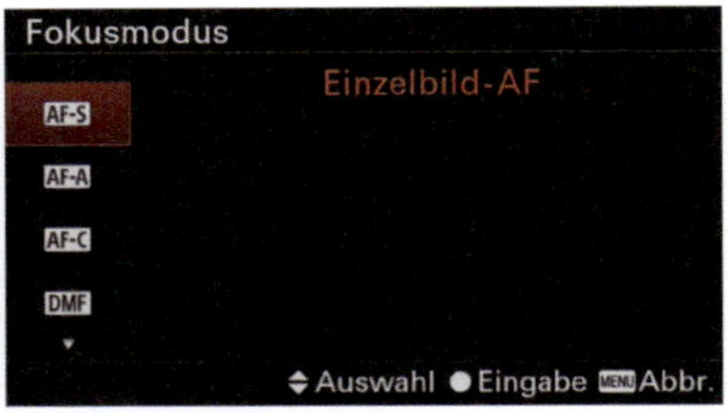

Fn-Menü Fokusmodus: *MF* oder *AF-S*

④

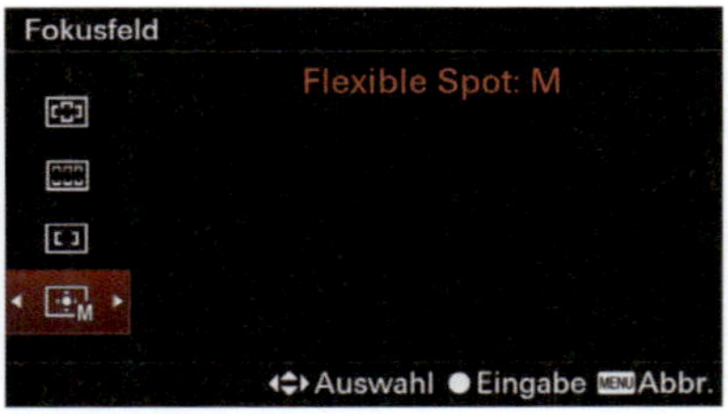

Fn-Menü Fokusfeld: *Flexibler Spot*

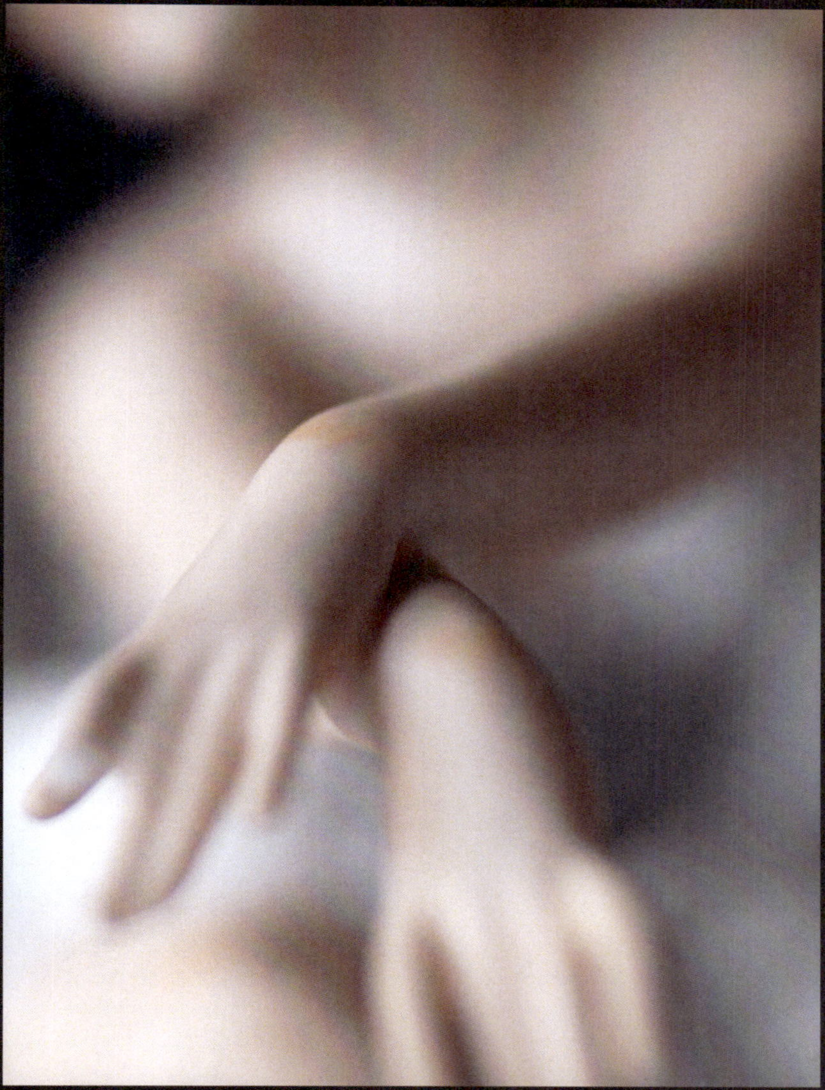

90 mm / f/2.8 / 1/8 sek / ISO 200 / Modus A / +0,7

Bei dieser Makroaufnahme wurde die Blende ganz offen eingestellt. Dadurch ist der Bereich der Schärfe sehr klein und das gesamte Motiv wird sehr weich wiedergegeben. Es passt so sehr gut zu der verträumten Pose der Hände.

Wie jede Blüte blüht

①

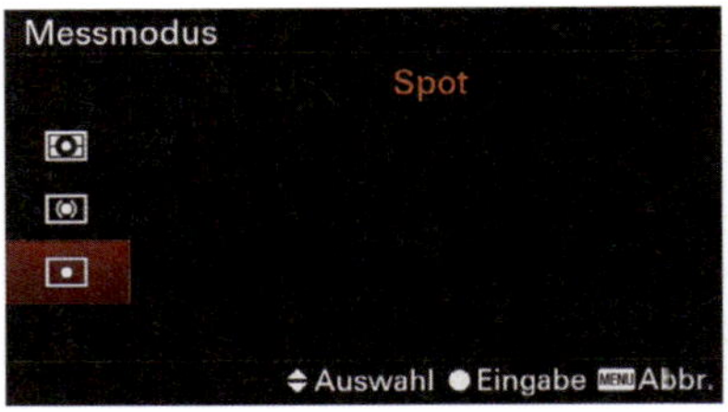

Fn-Menü Messmodus: *Spot* (auf die hellen Blüten messen!). Bei den neueren Modellen α6100, 6400 und 6600 ist die Spotbelichtungsmessung ans Fokusfeld anknüpfbar (mehr dazu im Kapitel „Das Menü der α6000-Kameras").

②

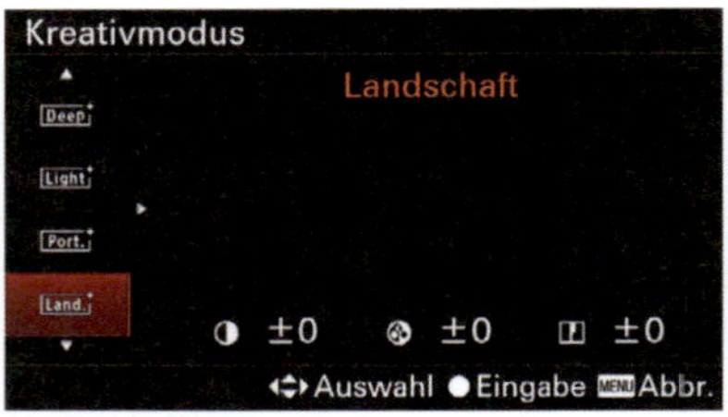

Fn-Menü Kreativmodus: *Landschaft* oder *Klar* gibt harte Kontraste und eine höhere Scharfzeichnung. Die Grüntöne sind bei Landschaft etwas kräftiger.

③

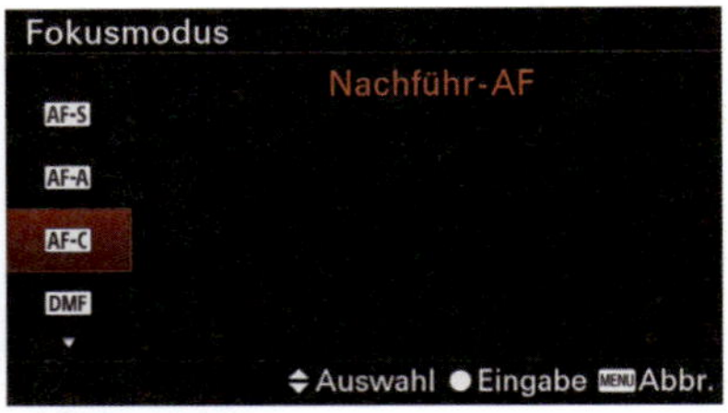

Fn-Menü Fokusmodus: *AF-C*

④

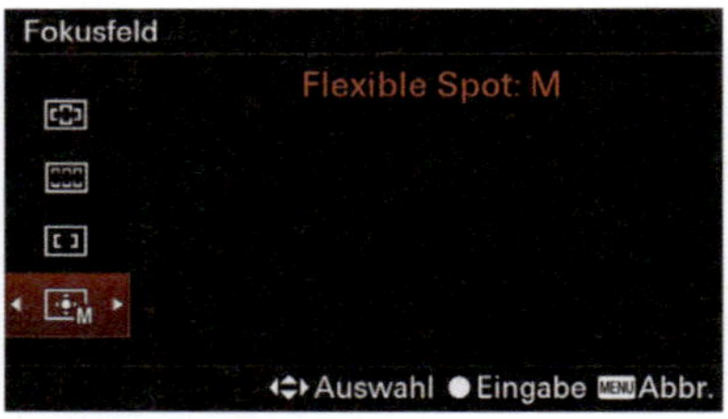

Fn-Menü Fokusfeld: *Flexibler Spot* bei α6000 und 6300, *Breit* oder *erweiterter flexibler Spot* bei α6100, 6400, 6500 und 6600

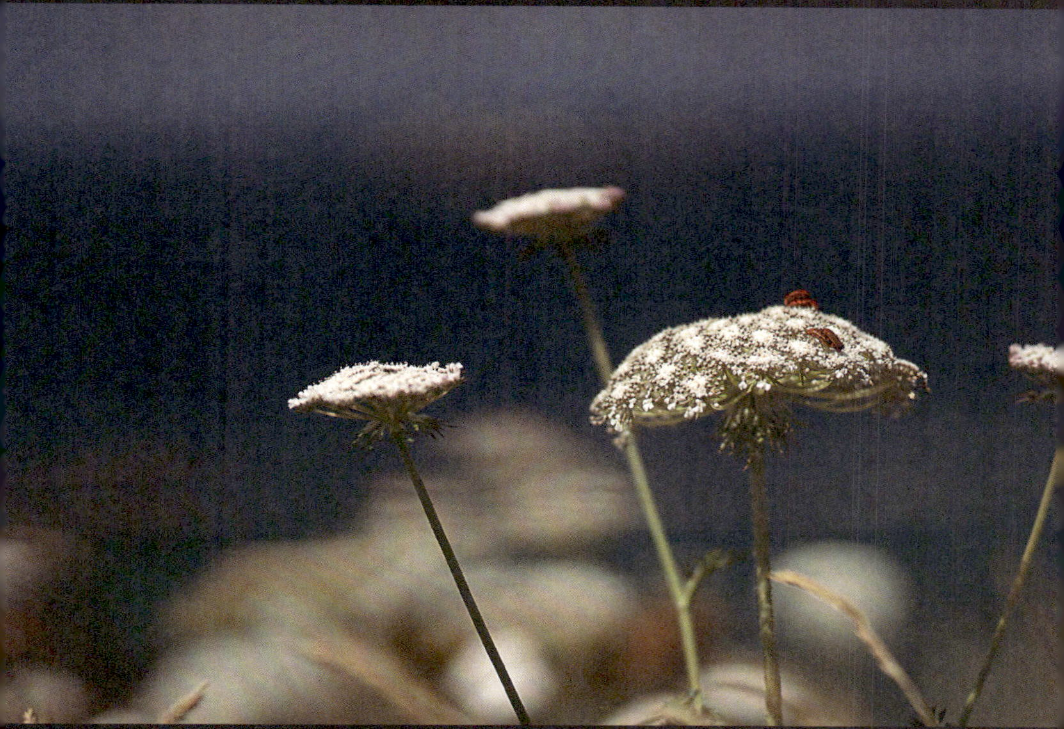

90 mm / f/2.8 / 1/180 sek / ISO 200 / Modus A / –0,3

Diese Nahaufnahme wurde mit dem Telezoom SEL 55–200 mm gemacht. Bei Aufnahmen von Blüten oder Grashalmen darf die Verschlusszeit nicht zu lang sein. Auch im leichten Wind bewegen sie sich ständig, und durch die relativ große Abbildung sieht man schnell eine Verwacklungsunschärfe.

Große Blätter, kleine Strukturen

①

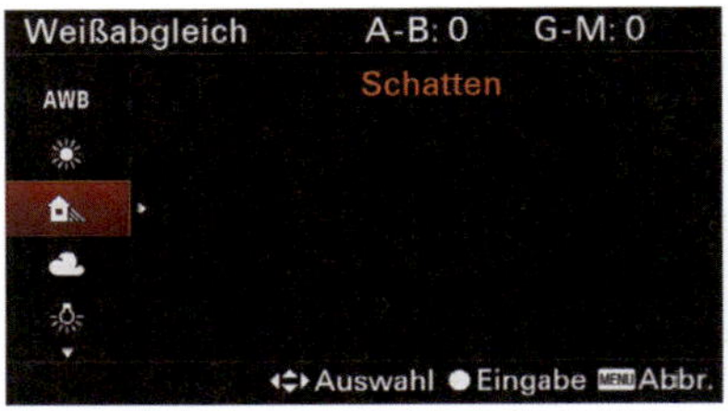

Fn-Menü Der Weißabgleich steht wegen des Schattens unter den Bäumen auf *Schatten*, allerdings etwas in Richtung Blau und Grün verschoben, damit das Bild in seiner Wirkung etwas kühler bleibt.

②

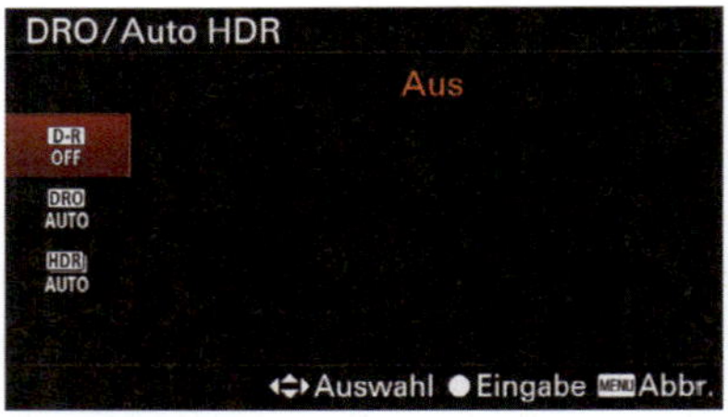

Fn-Menü DRO: *Aus*, damit nichts den knackigen Kontrast mindert

③

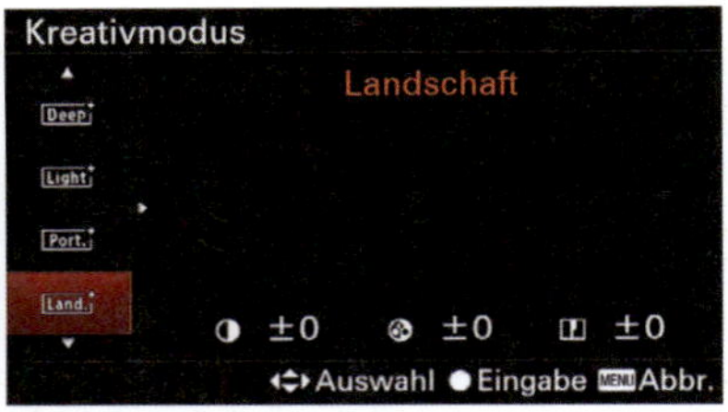

Fn-Menü Kreativmodus: *Landschaft* oder *Klar*. Die Sättigung und die Scharfzeichnung kannst du erhöhen. Bei solchen Aufnahmen steigert das die Dramatik.

④

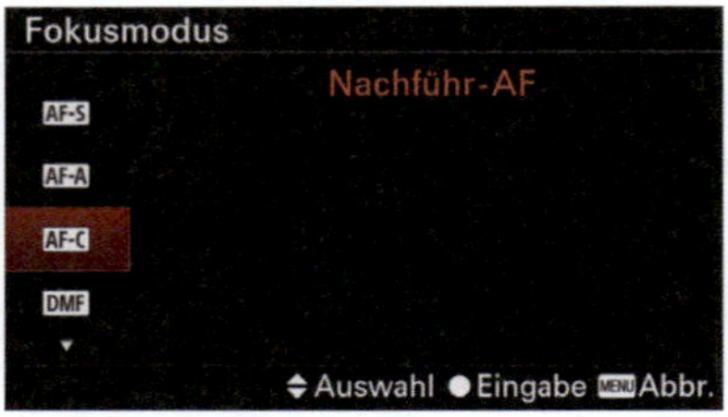

Fn-Menü Fokusmodus: *AF-C*. Blätter und Blumen wackeln häufig etwas im Wind. Mittlerweile ist der Autofokus schnell genug, um das zu kompensieren.

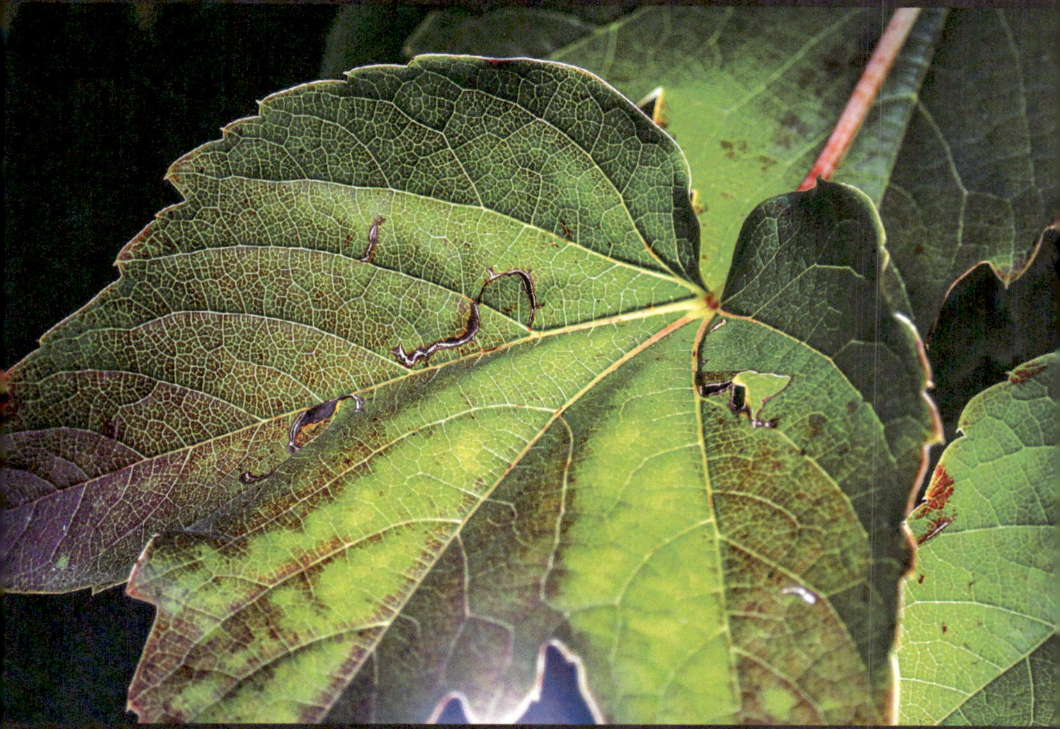

50 mm / f/2.2 / 1/200 sek / ISO 160 / Modus M

Blätter, durch die die Sonne scheint, sind ein interessantes Motiv. Durch das Gegenlicht werden die Strukturen und feinen Kapillaren der Blätter deutlich sichtbar. Um die Bewegungsunschärfe der sich leicht bewegenden Blätter zu kompensieren, wurde im Modus M mit der ISO-Automatik fotografiert. So konnten Blende und Verschlusszeit festgelegt werden.

Calm Cam vs. Action Cam

①

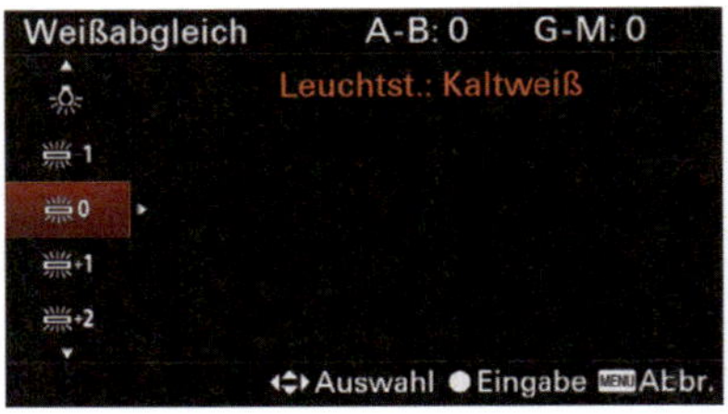

Fn-Menü Probiere mal andere oder „falsche" Weißabgleicheinstellungen bei Sonnenuntergängen aus. Hier war es eine *Leuchtstoffröhre* mit einer manuellen Verschiebung. Du kannst die Farbwirkung direkt auf dem Monitor oder im Sucher abschätzen.

②

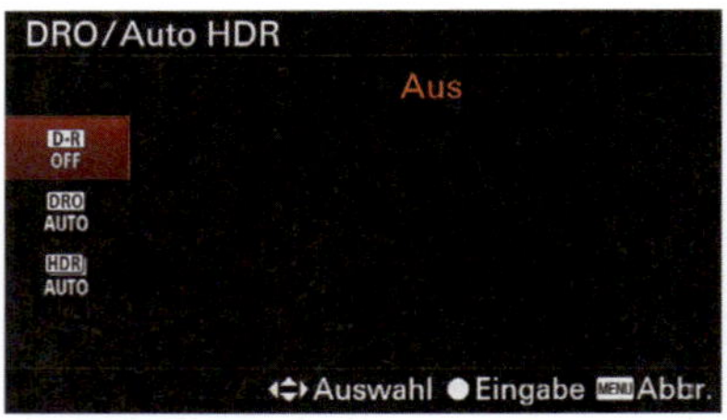

Fn-Menü DRO: *Aus*, damit der Kontrast kräftig bleibt

③

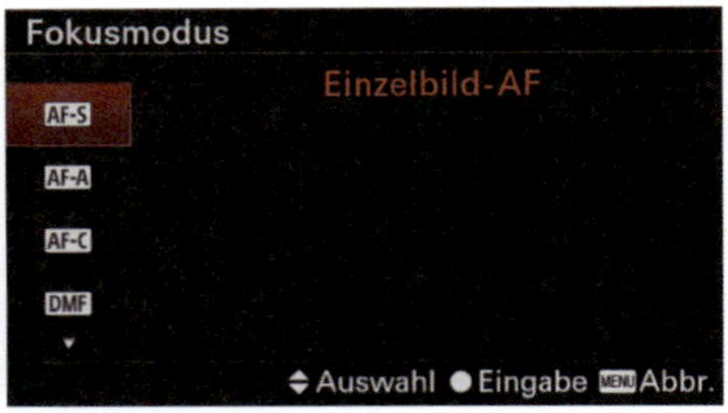

Fn-Menü Fokusmodus: *AF-S*

④

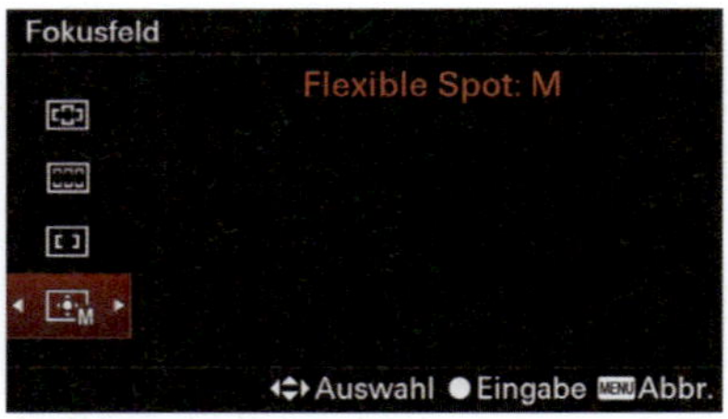

Fn-Menü Fokusfeld: *Flexibler Spot* oder *Breit*

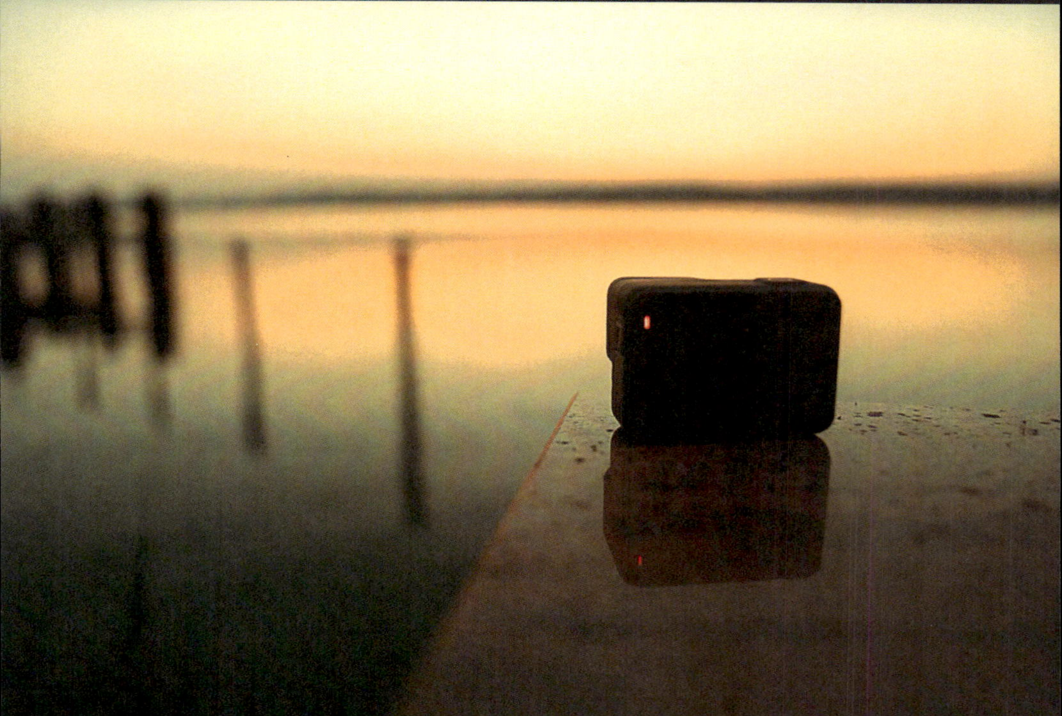

16 mm / f/3.5 / 1/80 sek / ISO 200 / Modus M

Auch mit dem Weitwinkelobjektiv oder dem Zoomobjektiv aus dem Kamera-Kit kann man eindrucksvolle Nahaufnahmen machen. Überhaupt solltest du darauf achten, mit weitwinkligen Objektiven nah an interessante Objekte heranzugehen. Die Belichtung wurde bewusst dunkel gehalten.

Hummer

①

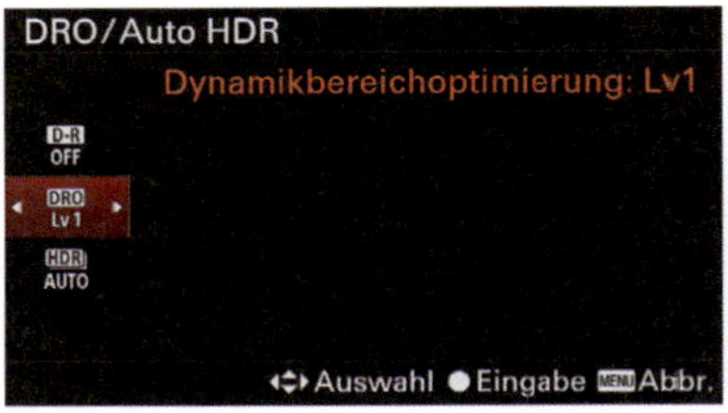

Fn-Menü *DRO: Lv1*, da sonst die Strukturen auf dem Panzer ausbrennen

②

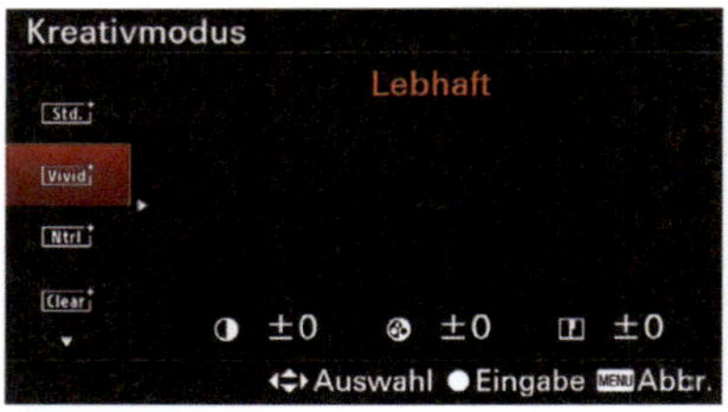

Fn-Menü Kreativmodus: *Lebhaft*

③

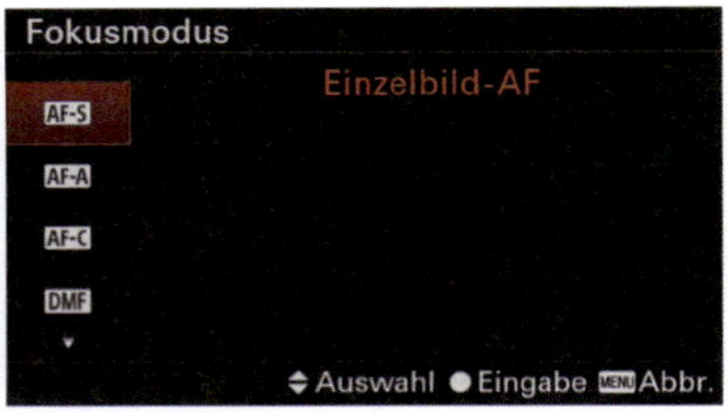

Fn-Menü Fokusmodus: *AF-S*, da keine starken Bewegungen zu erwarten sind

④

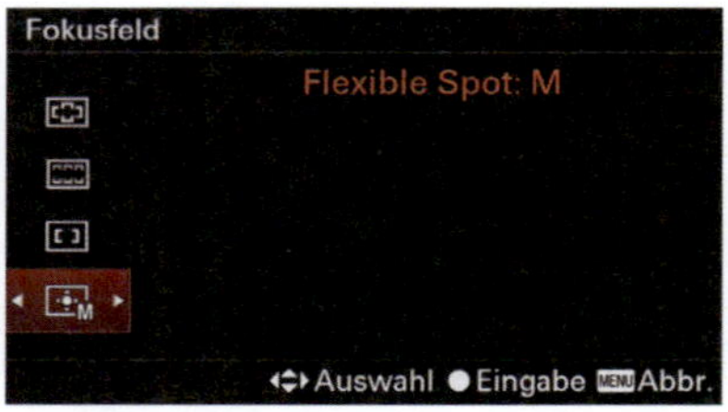

Fn-Menü Fokusfeld: *Flexibler Spot*

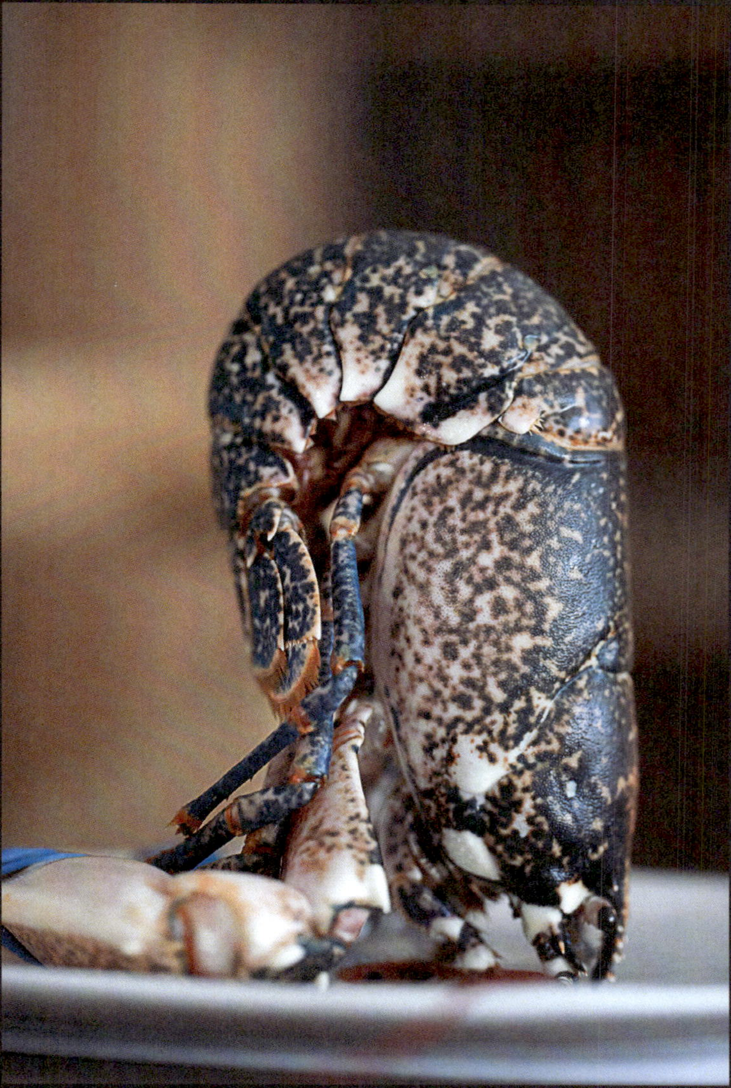

85 mm / f/1.8 / 1/160 sek / ISO 1600 / Modus M

Hier war es das Porträtobjektiv, das zur Nahaufnahme benutzt wurde. Mit der Mindestfokusdistanz bekommst du bei diesem Telebereich schon eine schöne Nahaufnahme.

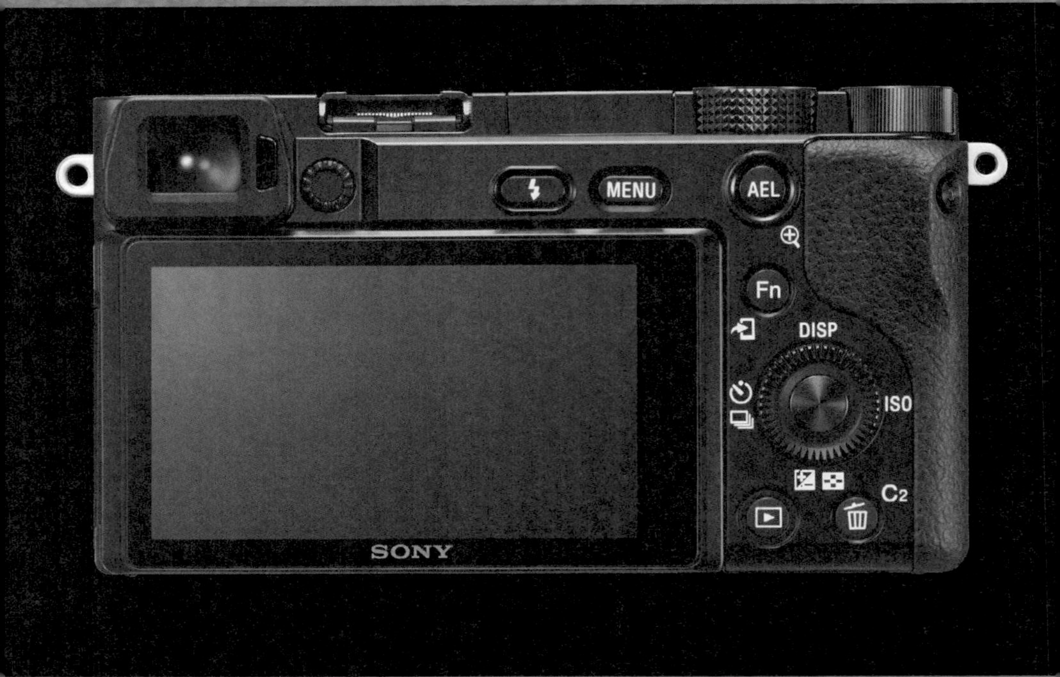
MENU
AEL
Fn
DISP
ISO
C2
SONY

DAS MENÜ DER α6000-KAMERAS

In diesem Kapitel erklären wir dir leicht verständlich alle Menüposten der α6000-Kameras. Nicht alle Menüfunktionen sind für das Fotografieren wichtig. Aber mit deiner Sony willst du vielleicht auch mal dein Handy als Auslöser nutzen, oder du möchtest tiefer in die Videografie einsteigen. Du musst nicht alle Funktionen auswendig kennen, aber hier bekommst du ein super Nachschlagewerk an die Hand, wenn du mal eine Einstellung suchst und/oder verändern möchtest.

Allgemeines

Die Abbildungen zeigen immer die Grundeinstellung. So kannst du die Voreinstellungen wiederherstellen, auch wenn du deine Menüposten total verändert hast, ohne deine Kamera komplett auf die Werkseinstellungen zurückstellen zu müssen.

Die Abbildungen der Menüs sind Stand Ende 2019. Durch zukünftige Firmware-Updates könnten einzelne Menüpunkte anders heißen oder dazugekommen sein.

Wir orientieren uns bei den Menüabbildungen an den neueren Modellen. Viele der Einstellungen findest du bei der α6000 und 6300 an etwas anderer Stelle, da hier noch das ältere, nicht farbige Menü benutzt wird.

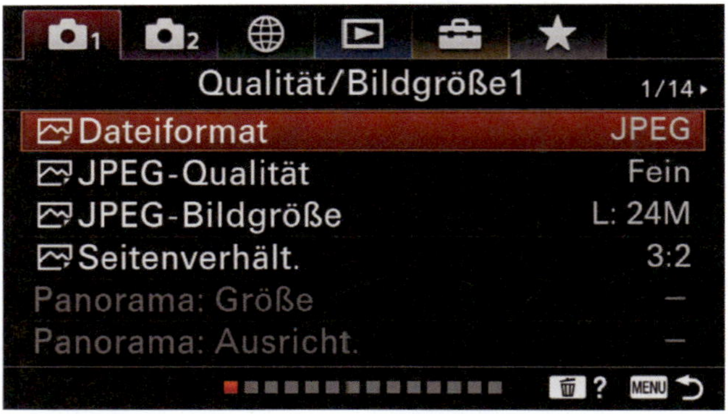

Vergleich der Menüs: die α6100/6400/6500/6600 …

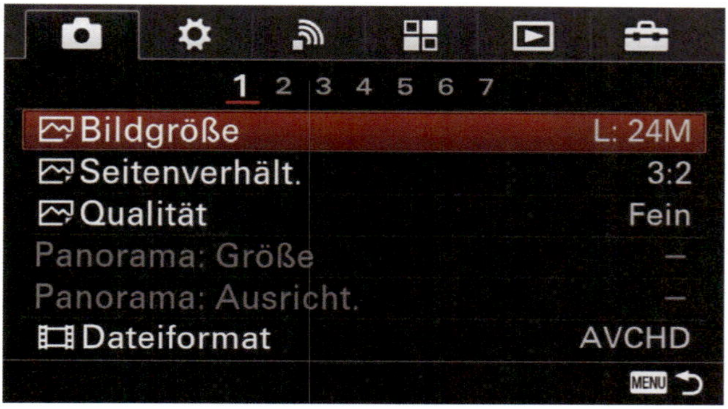

... und die α6000/6300

Lass uns mit dem vielleicht wichtigsten Menüpunkt starten: Die Menü-Registerkarte mit dem gelben Werkzeugkoffer wird „Einstellungen" genannt. Sie hat mindestens sechs weitere Unterseiten. Auf der letzten findest du *Einstlg zurücksetzen*. An dieser Stelle kannst du die Kameraeinstellungen zurücksetzen oder im schlimmsten Fall die Kamera initialisieren, also die Werkseinstellungen wiederherstellen.

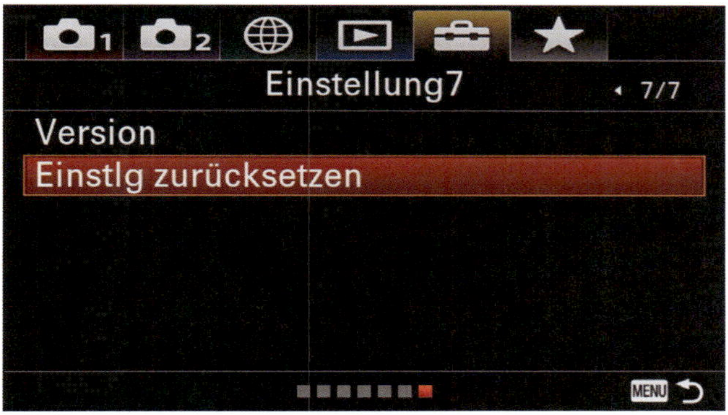

Einstellungen zurücksetzen unter „Einstellung7"

DIE „RETTUNGSTASTE"

Um das Menü zu verlassen, kannst du entweder die Menü-Taste drücken oder den Auslöser kurz antippen. Er ist also zusätzlich eine Rettungstaste, wenn du aus verworrenen Menüs wieder herausfinden möchtest.

Schauen wir uns nun das Menü etwas genauer an. Am oberen Rand findest du die verschiedenen Menü-Registerkarten, in denen die Einstellungswerte nach Kategorien sortiert sind. Keine Angst: Das ist einfacher, als es sich anhört. Schauen wir uns diese Menü-Registerkarten mal an:

1. Karte (Rot): (Kamera-)*Einstellungen1*
2. Karte (Violett): (Kamera-)*Einstellungen2*
3. Karte (Grün): *Netzwerk*
4. Karte (Blau): *Wiedergabe*
5. Karte (Gelb): *Einstellungen*

In *Einstellungen1* findest du nun noch Kategorien direkt unter den Registerkarten. Das sind je nach Kamera sieben bis 14 Seiten, die ab der α6500 auch so benannt sind (*Qualität/Bildgröße1*). Bei der α6000 und 6300 siehst du lediglich die Nummer der Kategorie ohne Bezeichnung wie im nächsten Bild.

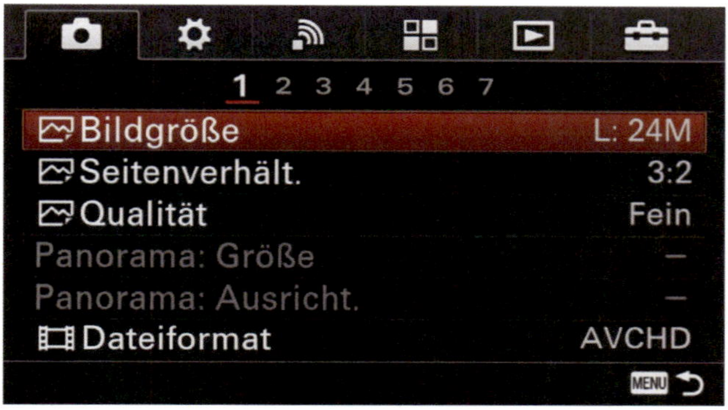

Die Kategorien 1 bis 7 bei der α6000 und 6300

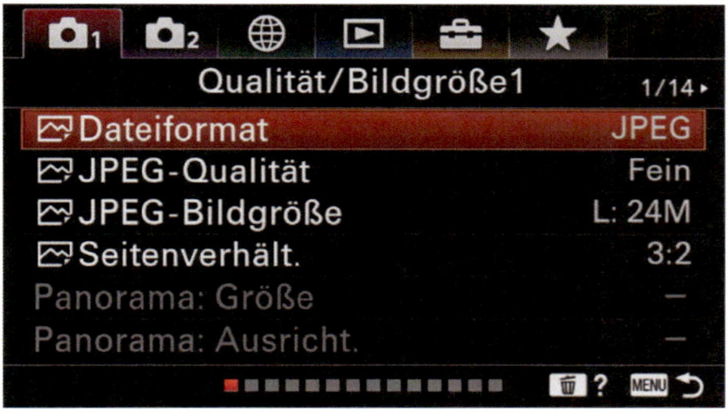

Die Kategorien in „Einstellungen1" bei der α6500

Im Menü findest du vor den Einstellwerten manchmal Symbole, z. B. vor *Dateiformat:* Ein kleines Piktogramm, das eine Landschaft darstellt, sagt dir, dass sich die Funktion auf den Fotomodus bezieht. Wird dir ein Filmstreifen vor manchen Einstellungen gezeigt, bedeutet das, du kannst diesen Einstellwert nur für den Filmmodus benutzen.

Außerdem findest du am unteren Rand eine Skala, die dir deine Position (orangefarbenes Quadrat) in der aktuellen Menü-Registerkarte zeigt.

Darunter siehst du deine aktuell benutzbaren Tasten. Das übersieht man oft, ist aber extrem nützlich, wenn du sehen willst, was du hier alles einstellen kannst. Diese Symbole der nutzbaren Tasten hast du übrigens auch in anderen Ansichten auf dem Display, z. B. bei der Fokusfeldauswahl im Fn-Menü.

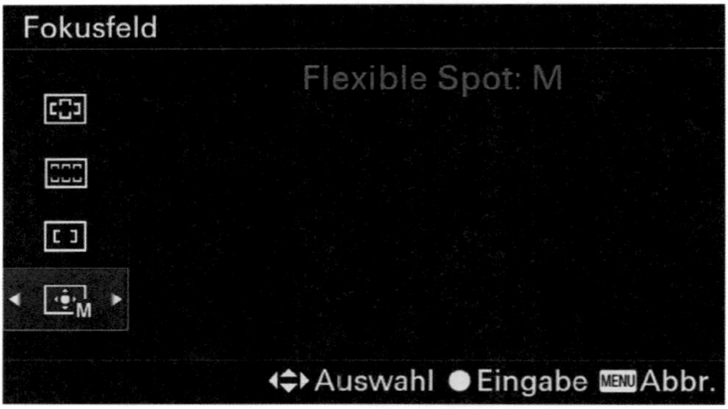

Symbole der nutzbaren Tasten bei der Fokusfeldauswahl im Fn-Menü

Und noch ein paar Worte zur Navigation: Mit den Tasten oben und unten kannst du vertikal deine Einstellwerte wechseln und auch die Menü-Registerkarte auswählen. Blätterst du nun weiter nach oben, springt die orangefarbene Markierung wieder nach unten ins Menü und umgekehrt.

Mit den Tasten links und rechts blätterst du durch die Kategorieseiten. Auch hier springt die Anzeige nach der letzten Seite wieder zur ersten und umgekehrt.

Einstellungen1

Qualität/Bildgröße1

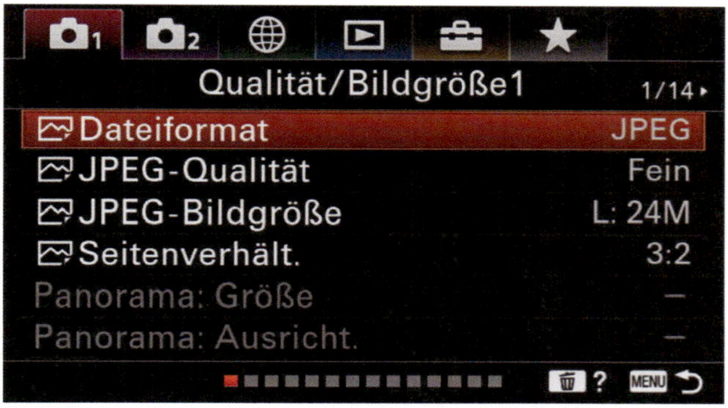

Das Menü in „Qualität/Bildgröße1"

Dateiformat: Welches Dateiformat du nutzt, hängt vor allem von deinem Workflow ab. Willst du alles aus deiner Kamera herausholen, nutzt du ganz klar *RAW*. Diese Bilder sind allerdings noch nicht „fertig", sie müssen noch von dir bearbeitet werden. *JPEG*-Bilder durchlaufen in der Kamera ein „Processing", eine Bearbeitung, die mindestens Schärfe, Kontrast und Sättigung angeht, und können direkt benutzt werden. Wenn du zu Beginn sofort nutzbare JPEGs haben möchtest, dir aber die Möglichkeit einer späteren Bearbeitung vorbehalten willst, ist die Möglichkeit, beides zu speichern, am interessantesten für dich.

Durch die dreifache Dateigröße des RAW ist der Informationsgehalt enorm erweitert. Ein RAW hat 14 Bit Farbtiefe, ein JPEG nur 8 Bit. Das ist ein Unterschied von 16,7 Millionen Farben zu 4 Billionen Farben, du hast also extrem viel mehr Abstufungen in den Schatten- und Highlight-Bereichen.

JPEG-Qualität und *JPEG-Bildgröße* solltest du nur ändern, wenn du dir zusätzlich zum RAW eine JPEG für eine Bibliothek auf einem Laptop anlegen möchtest, der nur eine begrenzte Speicherkapazität hat. Die Unterschiede im Platzbedarf sind enorm: 1 MB in der Kombination Qualität *Standard* und Bildgröße 6 MP (Megapixel) im Vergleich zu 9–10 MB in der Kombination Qualität *Extrafein* und Bildgröße 24 MP. Für den Hausgebrauch empfehlen wir, im JPEG mit höchster Auflösung (24 MP) und maximaler Qualität (*Fein* bei der α6000, *Extrafine* bei allen anderen Modellen) zu arbeiten.

Das *Seitenverhält[nis]* kann natürlich im Nachhinein verändert werden, wäre da nicht die Sache mit der Bildkomposition: Bei einem Bild im 16:9- oder gar 1:1-Verhältnis ergeben sich nämlich ganz andere Anforderungen für einen interessanten Bildausschnitt. Am besten arbeitest du in dem Seitenverhältnis, das später benötigt wird. 1:1 nimmst du, wenn du Fotos für Instagram machst, da dir die Komposition dann von Anfang an besser gelingt.

Panorama: Größe und *Ausricht[ung]*: Auch hier entscheiden die Auflösungsangaben über die Einstellungen. Bei der Größe *Standard* haben wir 8000 Pixel zu 12000 Pixel bei *Wide* an der Längskante und 1800 Pixel in der Höhe. Die Panorama-Funktion hilft gerade in den Situationen, in denen kein Weitwinkelobjektiv greifbar ist, besonders wenn du auf die vertikale Ausrichtung wechselst, also die Kamera hochformatig hältst und dann horizontal schwenkst. Dadurch bekommst du etwas mehr Bildhöhe und somit einen noch größeren Bildausschnitt.

Qualität/Bildgröße2

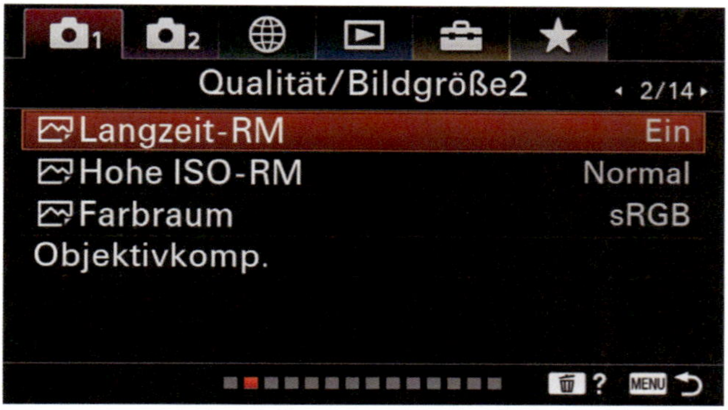

Das Menü in „Qualität/Bildgröße2"

RM bedeutet „Rauschminderung". Bei *Langzeit*-Aufnahmen wird der Sensor direkt nach der Belichtung ein weiteres Mal mit der gleichen Verschlusszeit ausgelesen, allerdings ohne den Verschluss zu öffnen. Das entstandene Bild enthält statisches Rauschen, also das Rauschen, das bei dem vorherigen Bild an der gleichen Stelle auftritt. Das zusätzliche Bild wird vom ersten subtrahiert, und übrig bleibt eine Aufnahme mit weniger Rauschen. Während des Subtrahierens kann man übrigens „Verarbeitung" auf dem Display lesen. Diese Art der Rauschminderung wird ab einer Verschlusszeit von 1 sek eingesetzt.

Bei Aufnahmen mit *Hoher ISO* kommt es auch zu Rauschen, allerdings ist dieses dynamisch, also immer an anderer Stelle und schwieriger zu behandeln. Der Bildprozessor analysiert das Bild nach Schärfentiefe und Details und entscheidet selektiv, wo das Rauschen durch eine Art Weichzeichnung entfernt werden soll. Der Prozessor verhindert dadurch, dass bildentscheidende Details verloren gehen.

Der *Farbraum* betrifft nur JPEG-Bilder. Da fast alle Geräte wie Smartphone, Laptop und Fernseher lediglich mit den sRGB-Farbraum zurechtkommen, benötigst du adobeRGB nur, wenn du dein JPEG direkt aus der Kamera in die Druckvorstufe zur Bearbeitung geben musst.

Die *Objektivkomp[ensation]* gleicht starke Verzeichnungen, Abschattungen und Farbabweichungen von Objektiven aus. Dabei weiß die Kamera genau, welches Objektiv welchen Ausgleich erfordert. Jetzt könnte man fragen, warum man das Objektiv nicht gleich richtig berechnet und sich eine softwareseitige Kompensation erspart. Es gibt jedoch Anforderungen an Objektive, die unter Umständen mit den Berechnungsmöglichkeiten kollidieren. Dazu zählen Größe, Gewicht, Material und natürlich auch der Preis.

Aufnahme-Modus/Bildfolge1

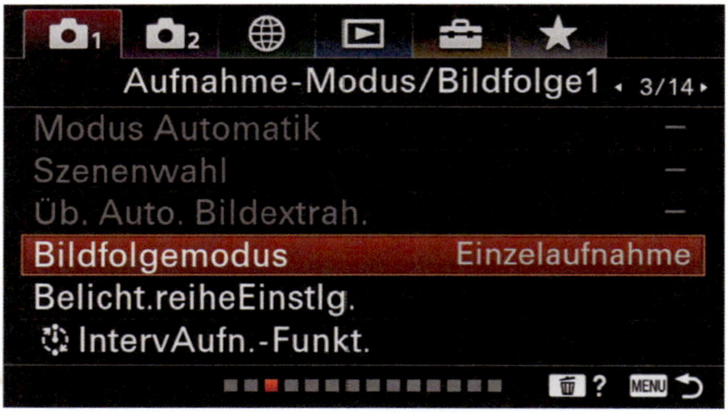

Das Menü in „Aufnahme-Modus/Bildfolge1"

Modus Automatik gibt dir die Wahl zwischen einer intelligenten Automatik und einer überlegenen Automatik. Die intelligente Automatik entscheidet durch Motiverkennung die „richtige" Belichtung, Schärfe und Farbe. Die überlegene Automatik erkennt darüber hinaus, welche anderen Anforderungen ein Motiv hat, z. B. ob der HDR-Modus oder die Multiframe-RM sinnvoll ist.

Szenenwahl lässt dir die Entscheidung zwischen den verschiedenen Szenenmodi. Sowohl Szenenwahl als auch Modus-Automatik sind über das Fn-Menü in der Standardkonfiguration in der unteren Zeile an sechster Stelle erreichbar.

Üb. Auto. Bildextrah[ierung] hat mit der überlegenen Automatik zu tun. Die bei Multiframe-Aufnahmen erstellten Serienbilder können bei Bedarf auch abgespeichert werden, was sinnvoll ist, falls das Erstellen eines HDR nicht passend ist, da es bei schnellen Bewegungen zu „Ghosting“ kommen kann, was bei den Einzelbildern nicht der Fall ist.

Der *Bildfolgemodus* entscheidet nicht nur über die Geschwindigkeit der Serienbilder, sondern auch über Selbstauslöser, Belichtungsreihe, Weißabgleichreihe und DRO-Reihe. Der Bildfolgemodus ist außerdem über das Fn-Menü und das Drücken des Einstellrades nach links erreichbar.

Wer HDRs selbständig erstellen will, kann mit *Belicht.reiheEinstlg.* die Aufnahme vereinfachen. Hier entscheidest du, dass die Belichtungsreihe selbstständig von der ersten bis zur letzten Aufnahme durchgeführt wird, und das mit nur einer Auslösung. Zusätzlich kannst du den Selbstauslöser in verschiedenen Zeiten wählen, um mögliche Schwingungen der Kamera abzuwarten. Normalerweise reichen hier 2 sek. Bei schweren Objektiven in Kombination mit leichten Stativen wählst du die längste Zeit vor.

Hinter *IntervAufn.-Funkt.* verbirgt sich die Einstellung der Intervallaufnahmen. Du kannst entscheiden, welche Startzeit die Länge des Intervalls haben soll, ob die Belichtung nachverfolgt werden oder ob die Belichtungszeit oder das Aufnahmeintervall priorisiert werden soll.

Aufnahme-Modus/Bildfolge2

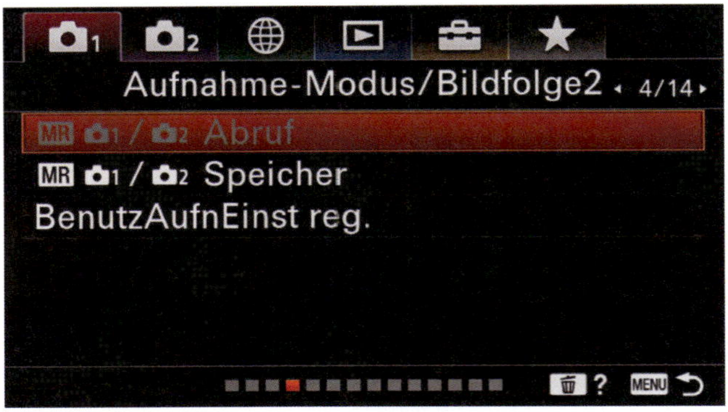

Das Menü in „Aufnahme-Modus/Bildfolge2"

MR bedeutet Speicherabruf und hat mit dem Moduswahlrad zu tun. Sobald du auf dem Moduswahlrad MR eingestellt hast, kannst du in dem Menü *MR Abruf* deine verschiedenen häufig benutzten Modi abrufen, wenn du sie vorher hier gespeichert hast. Du wählst zunächst ganz nach Belieben deinen Aufnahmemodus, das Fokusfeld oder sonstige Einstellungen, gehst dann auf den Menüpunkt *Speicher* und speicherst sie auf einem deiner Speicherslots auf dem Speicherabruf auf dem Moduswahlrad.

Bei der α6100, 6400 und 6600 ist es sogar möglich, spezielle Konfigurationen auf Tastendruck abzurufen. Diese Möglichkeit erhöht das Arbeitstempo in schwierigen Situationen wie Sport enorm, da du mit einem Tastendruck deine Kamera komplett anders einstellen kannst. Diese Voreinstellung kannst du im Menü *BenutzAufnEinstlg. reg[istrieren]* vornehmen. Du hast dabei drei Slots zur Verfügung.

AF1

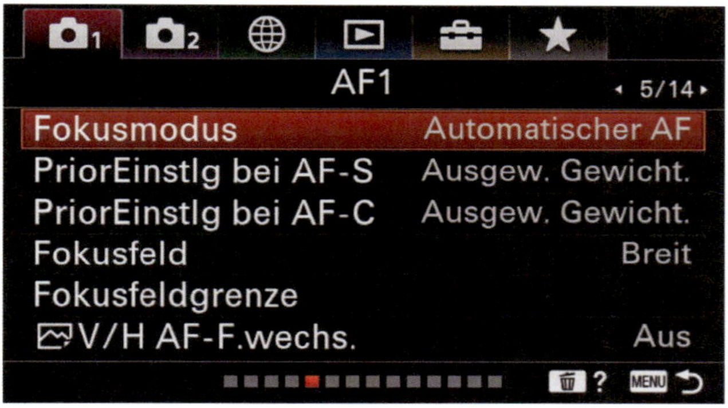

Das Menü in „AF1"

Mit dem *Fokusmodus* entscheidest du, wie fokussiert werden soll. Dabei hast du die Möglichkeit, zwischen Einzel-Autofokus, AF-S, kontinuierlichem Autofokus, automatischem Autofokus (es wird also selbstständig erkannt, welcher Modus sinnvoll ist) sowie dem manuellen Fokus zu wechseln. Diese Funktion kannst du außerdem im Fn-Menü finden.

Bei *PriorEinstlg bei AF-C/S* kannst du das Verhalten zwischen Fokussierung und Auslösung gewichten. Entweder die Kamera löst sofort aus oder sie sucht zuerst nach dem Fokus und löst dann erst aus. Die Einstellung *Ausgew[ogene] Gewicht[ung]* empfehlen wir nicht.

Mit dem *Fokusfeld* entscheidest du, wo fokussiert werden soll, und hast dazu diverse Einstellmöglichkeiten. Der Menuposten Fokusfeld ist übrigens identisch mit dem Menüposten Fokusfeld im Fn-Menü. Man kann also auf verschiedenen Wegen die Fokusfeldeinstellungen vornehmen.

Hinter *Fokusfeldgrenze* verbirgt sich eine weitere hilfreiche Funktion: Du kannst die Fokusfelder, die du in der Fokusfeldauswahl selten oder überhaupt nicht benutzt, ausblenden. So bist du noch schneller beim Einstellen deines Autofokus.

V/H AF-F.wechs[eln] ist wieder etwas kryptisch, aber sehr hilfreich. Hier kannst du das Fokusfeld in Abhängigkeit zur Kamerahaltung speichern. Das ist sehr sinnvoll, wenn man oft zwischen Hoch- und Querformat wechselt, beispielsweise bei einer Hochzeitsreportage.

AF2

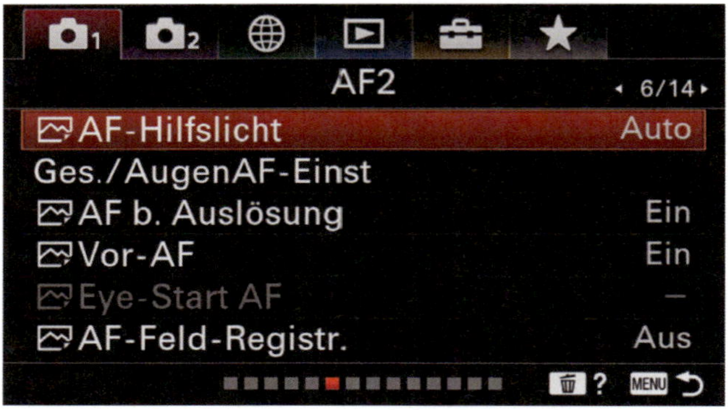

Das Menü in „AF2"

Zum Fokussieren bei schlechten Lichtverhältnissen gibt es das *AF-Hilfslicht,* das der Fokusmessung der Kamera einen besseren Kontrast von Hell auf Dunkel gibt, um die Schärfe zu finden. Der Nachteil ist, dass diskretes Fotografieren damit nicht mehr möglich ist, weil es ein helles rotes Licht aus Richtung der Kamera gibt.

Die *Ges./AugenAF-Einst[ellungen]* sind sehr wichtig. Sie machen das Fotografieren von Porträts bei Events wie Hochzeiten oder Tagungen um einiges einfacher. Hier kannst du entscheiden, ob beim halben Drücken des Auslösers Augen und Gesichter erkannt werden sollen, ob das rechte oder linke Auge ausgewählt werden soll, ob ein Rahmen um erkannte Gesichter gesetzt werden soll und ob du Menschen oder Tiere fotografierst. Das Einblenden des Rahmens um erkannte Gesichter herum *(Ges./AugRahmAnz.)* ist sehr nützlich, um schon vor dem Tippen des Auslösers zu wissen, ob die Kamera Gesichter erkannt hat.

Der *AF b[ei] Auslösung* ist bei fast allen Fotografen beliebt. Dennoch mögen es einige, das Scharfstellen vom Auslösen zu entkoppeln und auf eine andere Taste zu legen. Stellst du hier auf *Aus*, fokussiert die Kamera nicht mehr beim halben Drücken des Auslösers.

Der *Vor-AF* sorgt dafür, dass auf deinem Display immer ein scharfes Bild angezeigt wird, also auch ohne dass du den Auslöser benutzt.

Der *EYE-Start-AF* sorgt manchmal für Verwirrung, da er mit dem Augen-AF verwechselt wird. Diese Funktion ist nur bei adaptierten A-Mount-Objektiven nutzbar und eine Besonderheit aus der Minolta-Ära: Sobald man das Auge an den Sucher hebt, beginnt die Kamera mit dem Fokussieren – deshalb „Eye-Start“.

Die *AF-Feld-Registr[ierung]* ist sehr praktisch. Auf Tastendruck kannst du hier eine zuvor gespeicherte Position von einem AF-Feld abrufen und darauf fokussieren. Damit kannst du sehr schnell zwischen zwei AF-Feldern wechseln, z. B. vom Goldenen Schnitt links im Bild zum Goldenen Schnitt rechts im Bild. Die Taste zum Wechseln des registrierten AF-Felds kannst du im Menü *BenutzAufnEinstlg. reg[istrieren]* belegen.

AF3

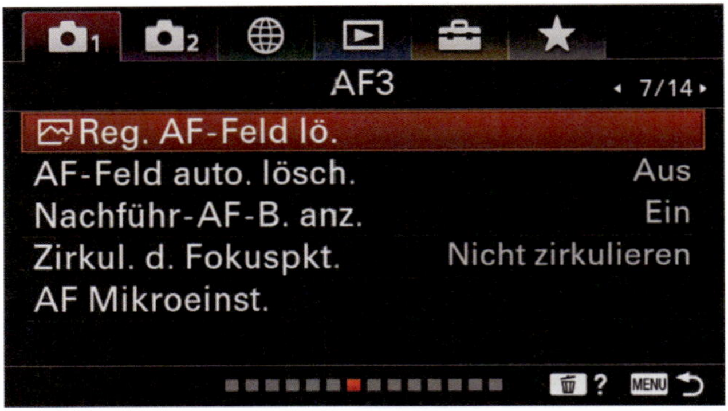

Das Menü in „AF3"

Natürlich kannst du ein *Reg[istriertes] AF-Feld lö[schen]*, das du zuvor festgelegt hast.

AF-Feld auto[matisch] lösch[en] ermöglicht es dir, dein AF-Feld nur einzublenden, sobald du den Auslöser halb durchdrückst. Ansonsten wird es nicht angezeigt.

Mit *Nachführ-AF-B. anz[eigen]* sind die 425 Autofokusfelder gemeint, die im kontinuierlichen Autofokus AF-C eine gewisse Unruhe auf dem Display erzeugen können. Wer sich auf sein Motiv konzentrieren möchte, kann sich ganz auf den Autofokus verlassen und die Anzeige der einzelnen AF-Punkte abschalten.

Zirkul. d. Fokuspkt. ist sehr nützlich, wenn man von einem Ende des Fokussierrahmens auf das andere Ende springen will.

AF-Mikroeinst[ellungen]: Hier geht es wieder um adaptierte A-Mount-Objektive. Damit kannst du deine Objektive feinjustieren, falls die Schärfeebene nicht stimmt.

Belichtung1

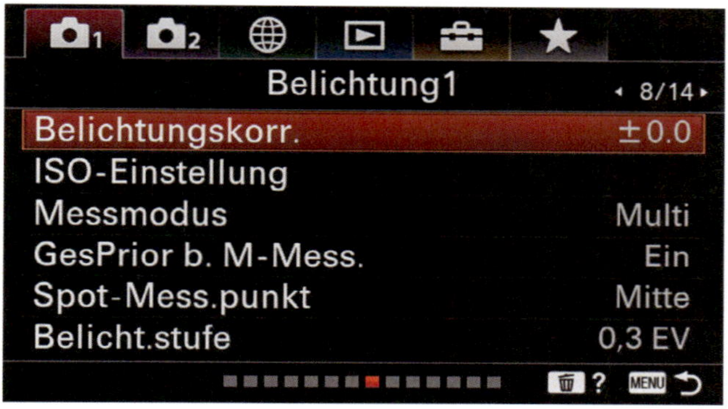

Das Menü in „Belichtung1"

Die *Belichtungskorr[ektur]* ist eine der wichtigsten Funktionen, um die Helligkeit im Bild zu steuern. Nutze sie so oft wie möglich, um eine Belichtung zu erzielen, die genau deinen Wünschen entspricht.

Die *ISO-Einstellung* wird zu Beginn auf *ISO-Auto* stehen; erst nach und nach wirst du selbstständig ISO-Werte vorwählen, um die bestmögliche Bildqualität zu erzielen. Nutze in der *ISO-Auto* die obere und untere Grenze, indem du nach rechts auf *ISO AUTO minimal/maximal* gehst. Damit stellst du sicher, dass deine Qualitätsanforderungen an dein Bild erreicht werden. Wie du weißt: Lieber ein verrauschtes als ein verwackeltes Bild!

Der *Messmodus* ermöglicht dir die Wahl zwischen verschieden großen Bereichen, die bei der Belichtungsmessung auf deinem Motiv zur Anwendung kommen. Sehr interessant ist der Messmodus *Spot* bei Porträtaufnahmen. Die Belichtungskorrektur, die ISO-Einstellungen und den Messmodus findest du außerdem im Fn-Menü.

GesPrior b. M-Mess[ung]: Hier entscheidest du, ob bei erkannten Gesichtern die Belichtungsmessung auf diese erfolgen soll, solange der Messmodus *Multi* benutzt wird.

Spot-Mess.punkt: Die Position des Spotmesspunkts ist normalerweise in der Mitte des Bildausschnitts. Ab der α6300 kann man ihn mit dem Fokusfeld koppeln – eine sehr nützliche Funktion.

Belicht.stufe: Hier entscheidest du, ob du von einer auf die andere Belichtungsstufe Drittelstufen oder Halbstufen benutzen willst. Üblich sind Drittelstufen.

Belichtung2

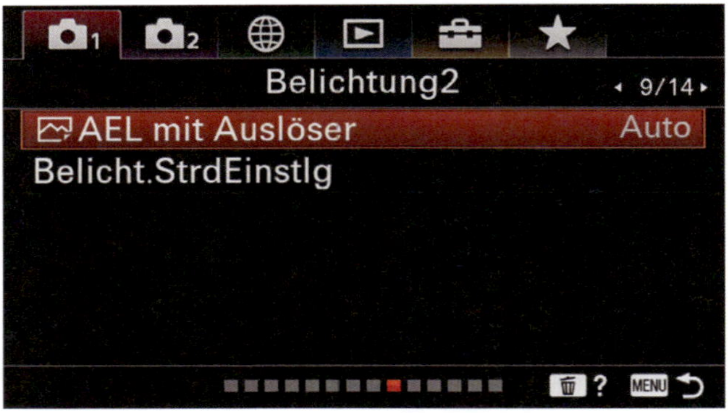

Das Menü in „Belichtung2"

AEL mit Auslöser: So, wie der Autofokus vom Auslöser entkoppelt werden kann, funktioniert das auch mit der Belichtungsmessung. AEL steht für „Automatic Exposure Lock".

Belicht.StrdEinstlg: Hast du den Eindruck, dass die Belichtung zu hell oder zu dunkel bei verschiedenen Messmethoden ist, kannst du hier eine Feinjustierung vornehmen.

Blitz

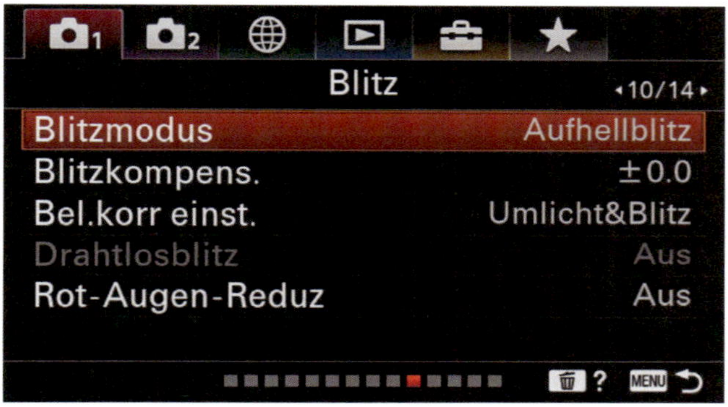

Das Menü in „Blitz“

Beim *Blitzmodus* gibt es verschiedene Einsatzmöglichkeiten. Die drei wichtigsten sind *Aufhellblitz, Langzeitsynchronisation und Synchronisation auf den zweiten Verschlussvorhang*.

Beim *Aufhellblitz* wird die Verschlusszeit so kurz wie möglich gewählt, und der Blitz löst mit dem Drücken des Auslösers aus. Es kann sein, dass dein Umgebungslicht kaum sichtbar wird und bei abendlicher Stimmung die Atmosphäre nicht rüberkommt. Hier hilft die *Langzeitsynchronisation,* bei der die Verschlusszeit etwas länger gewählt und das Umgebungslicht stimmungsvoll ins Bild eingebracht wird. Bei der *Synchronisation auf den zweiten Verschlussvorhang* fixiert der Blitz die Bewegung am Ende der Verschlusszeit.

Die *Blitzkompens[ation]* steuert die Helligkeit und damit die Ausleuchtung des geblitzten Motivs.

Bel.korr. einst[ellen]: Eine wichtige Einstellung für das Blitzen ist die Entkopplung von Umlicht und Blitzbelichtungskorrektur. Hier solltest du die Einstellung *Nur Umlicht* wählen.

Das Arbeiten mit dem eingebauten Blitz ist oft nicht befriedigend, weil er meist zu schwach ist. Erst der Einsatz eines oder mehrerer *Drahtlosblitze* ermöglicht wirklich gute Ergebnisse.

Rot-Augen-Reduz[ierung]: Hier kannst du den Vorblitz zur Verhinderung von roten Augen aktivieren.

Farbe/WB/Bildverarbeitung1

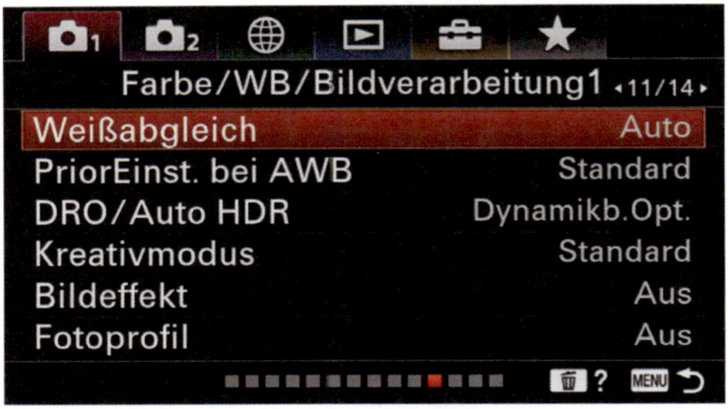

Das Menü in „Farbe/WB/Bildverarbeitung1"

Der *Weißabgleich (WB)* dient dazu, korrekte Farben für die jeweilige Zusammensetzung des Lichts zu berechnen, damit es für uns natürlich aussieht. Es gibt zwölf Voreinstellungen, von denen *AWB (Automatic White Balance)* schon zu sehr guten Ergebnissen führt. Für schwierige Situationen (z. B. Mischlicht, Natriumdampflampen = Straßenbeleuchtung) stehen die Funktionen *SET* und *Farbtemperatur/Filter* zur Verfügung, mit denen du deinen Weißabgleich perfekt für die jeweilige Situation einstellen kannst.

Mit *PriorEinst[ellungen] bei AWB* kannst du entweder sehr atmosphärische Aufnahmen machen, bei denen die Lichtfarbe entscheidend ist, oder du kannst die Darstellung von Weiß optimieren, was hilfreich für Reproduktionen oder Food-Fotografie ist.

DRO/Auto HDR: Ein großes Thema in der Fotografie ist der Dynamikumfang eines Bildes, das heißt, der Bereich von Schwarz bis Weiß, der von der Kamera erfasst und dargestellt werden kann. Es gibt keine Kamera, die so leistungsfähig ist wie unser Auge, aber mit der *Dynamikb[ereichs-]Opt[imierung]* und dem High Dynamic Range-Modus *Auto HDR* kommt man schon recht nahe an die Sehfähigkeit des menschlichen Auges heran. Dabei nutzt du *DRO* für bewegte Motive, da es nur aus einem Bild entsteht, und *HDR* für statische Motive, da hier eine Multiframe-Aufnahme genutzt wird.

Mit dem *Kreativmodus* beeinflusst du den Look deines JPEG-Bildes. Hier kannst du die Schärfe, Kontraste und die Sättigung beeinflussen. Besonders interessant ist die Schwarz-Weiß-Einstellung in Kombination mit der Speicherung der JPEG- und RAW-Aufnahmen. Im Sucher wird dir nur ein Schwarz-Weiß-Bild gezeigt. Das erleichtert die Bildkomposition an unkreativen Tagen. Auf der Speicherkarte landen jedoch die Rohdaten mit allen Farbinformationen, und du entscheidest bei der Bearbeitung, ob es ein Farb- oder ein Schwarz-Weiß-Bild wird. Die Einstellung *Weißabgleich* und *Kreativmodus* findest du ebenfalls als Schnellzugriff im Fn-Menü.

Die starke Bearbeitung von Fotos ist nicht jedermanns Sache. Außerdem ist es gar nicht so einfach, in der Bearbeitung einen bestimmten Look zu erzeugen. Mit dem *Bildeffekt* kannst du schon vor dem Foto festlegen, welchen Look es haben soll, ohne auch nur eine Idee von Bildbearbeitung zu haben: *Miniatur, High Contrast, Black & White* und *Teilfarbe* solltest du dir auf jeden Fall anschauen. Achtung: Bildeffekte lassen sich nur nutzen, wenn du im JPEG-Modus fotografierst!

Das *Fotoprofil* hat im Grunde wenig mit Fotos zu tun. Hier stellst du Bildprofile für Videoaufnahmen ein, um HDR-Video-Content oder bestimmte Looks zu erzeugen oder die Kamera in eine Produktionsumgebung einzubinden, damit die Farbgebung des Gesamtwerks konstant ist.

Farbe/WB/Bildverarbeitung2

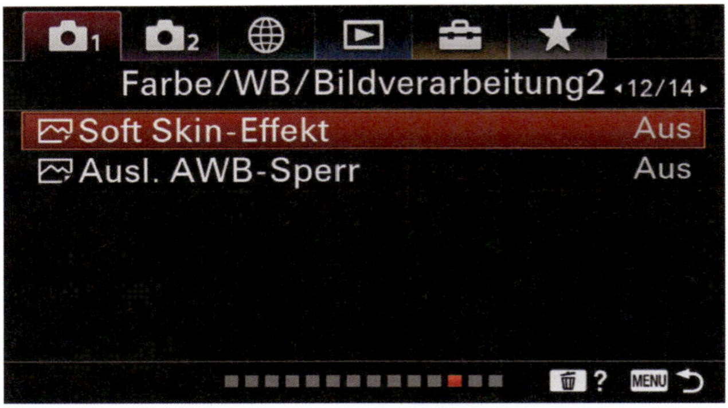

Das Menü in „Farbe/WB/Bildverarbeitung2"

Glatte schöne Haut erzeugst du mit dem *Soft Skin-Effekt*. Auch hier gilt: Die Bearbeitung an Laptop oder PC kann bessere Ergebnisse erzielen, wenn du weißt, wie. Die Effekte auf der Kamera sind allerdings sofort verfügbar und damit interessant für tagesaktuelles Posting – du kannst die Bilder aus der Kamera direkt für Postings und Messaging nutzen.

Ausl[öser] AWB-Sperr[ung]: Mit dem Auslöser kann auch die automatische Anpassung des Weißabgleichs gesperrt werden, was z. B. bei Serienaufnahmen sehr hilfreich ist.

Fokus-Hilfe

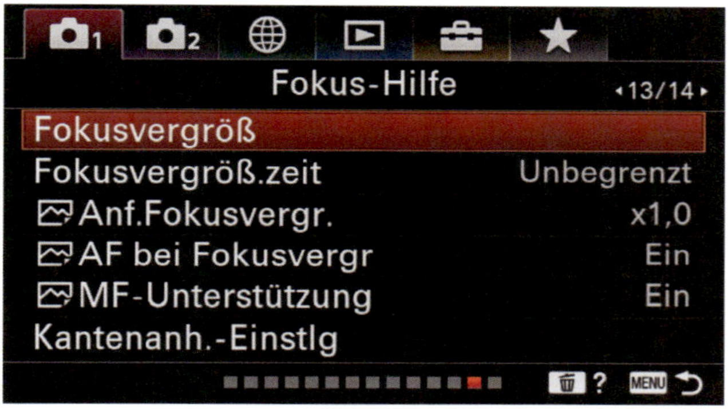

Das Menü in „Fokus-Hilfe"

Die Funktion *Fokusvergröß[erung]* gehört definitiv auf eine Taste gelegt, weil sie das Ansichtsbild im Display oder Sucher größer darstellt und besser die Beurteilung der Schärfe im Bild ermöglicht. Sie ist sowohl im Autofokus *AF bei Fokusvergr[ößerung]* als auch im manuellen Fokus nutzbar. Die *Fokusvergröß[erungs]zeit* sollte man auf *Unbegrenzt* setzen, wenn man den manuellen Fokus benutzt, da mit dem halben Drücken des Auslösers aus der Vergrößerung in die Gesamtansicht gesprungen wird.

Wer keine Taste belegen möchte, kann mit der Vergrößerung beim Dreh am Fokusring im MF-Modus automatisch starten: *MF-Unterstützung*. Man kann sogar festlegen, in welcher Vergrößerungsstufe man beginnen möchte: *Anf.Fokusvergr.*

Das Fokus-Peaking heißt bei Sony *Kantenanh[ebung]-Einstlg*. Hier wird die Kontrastkante an einem Kontrast farbig dargestellt und somit die Schärfeebene angezeigt. Auch diese Funktion ist sehr beliebt, um manuell zu fokussieren.

Aufnahme-Hilfe

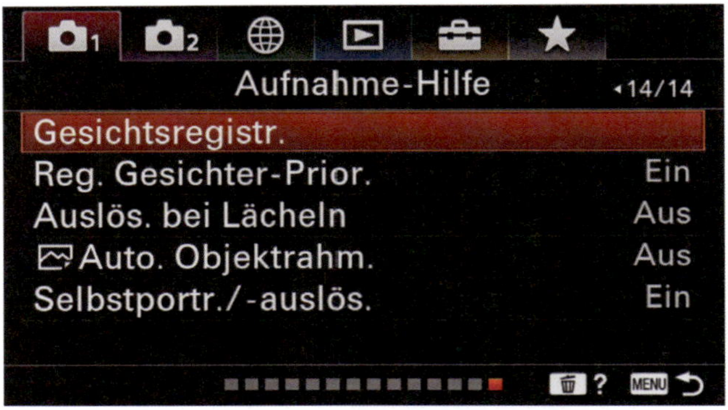

Das Menü in „Aufnahme-Hilfe"

Bei Hochzeiten und Reportagen hilft die *Gesichtsregistr[ierung]* dabei, die richtige Person scharfzustellen, und das, ohne durch den Sucher schauen zu müssen. Dazu muss die Person einmal neu registriert werden. Das kann live oder auch aus einem Zeitungsartikel sein. Es gilt die Reihenfolge von erster bis achter Position im Register.

Hier aktivierst du die Erkennung von registrierten Gesichtern beim Fokussieren: *Reg. Gesichter-Prior[isierung].*

Eine Kamera auf einem Stativ an der Wohnungstür während eines Kindergeburtstags sorgt mit dieser Funktion für schöne Porträts von jedem Gast: *Auslös[en] bei Lächeln.*

Wer sich nicht zu sehr mit Bildkomposition befassen will, kann mit der Funktion *Auto. Objektrahm[en]* Hinweise für den Anschnitt seines Motivs bekommen. Dabei wird von vielen Aufnahmen eine beschnittene Version zusätzlich abgespeichert.

Alle Kameras mit einem um 180 Grad klappbaren Display sind natürlich die besten Kameras für Selfies. Mit *Selbstportr./-auslös[er]* bei umgeklapptem Display hast du nach dem Drücken des Auslösers noch Zeit, dich zu positionieren. Dazu musst du keine Taste drücken und kein Menü benutzen. Das Umklappen des Displays genügt, um die Funktion zu aktivieren.

Einstellungen2

Film1

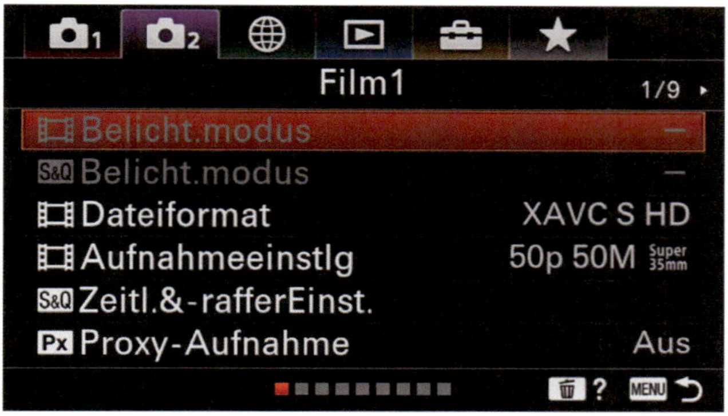

Das Menü in „Film1"

Auch im Filmmodus kannst du Halbautomatik nutzen oder komplett manuell arbeiten. Das wählst du hier im *Belicht.modus* oder im Fn-Menü aus.

Alle Kameras mit der Funktion *S&Q* auf dem Moduswahlrad können hier unter *Zeitlupe&Zeitraffer: Belicht.modus* ihren Modus wählen.

Dateiformat: Dateiformate gibt es natürlich auch im Film. Die beiden wichtigsten sind *XAVC S HD* und *AVCHD*. Für die beste Bildqualität ist zu *XAVC* empfehlen, für die beste Kompatibilität *AVCHD*, da dieser Standard in jedem Blu-ray-Player abspielbar ist.

Außerdem gibt es unter *Aufnahmeeinstlg* Qualitätseinstellungen. Sie umfassen Bitraten und Framerate und beeinflussen damit auch die Möglichkeiten, das Video später zur Zeitlupe umzuwandeln.

Falls du dir den späteren Arbeitsschritt der Umwandlung sparen möchtest, nutzt du *Zeitl.&-rafferEinst[ellungen]*, um sofort Zeitlupen- oder Zeitrafferaufnahmen zu machen.

Musst du auf einem betagteren PC-System arbeiten, hilft dir die *Proxy-Aufnahme*. Hier wird in der Kamera ein zweites Video kodiert, das die gleichen Aufnahmeeinstellungen für Bildwiederholrate, Video- und Audio-Codec (das ist die Art der Komprimierung) besitzt, aber leichter abzuspielen ist, da eine geringere Auflösung benutzt wird. Mit dieser Proxy-Datei kannst du in den Schnitt gehen und nutzt abschließend zum Rendern die Datei mit voller Auflösung.

Film2

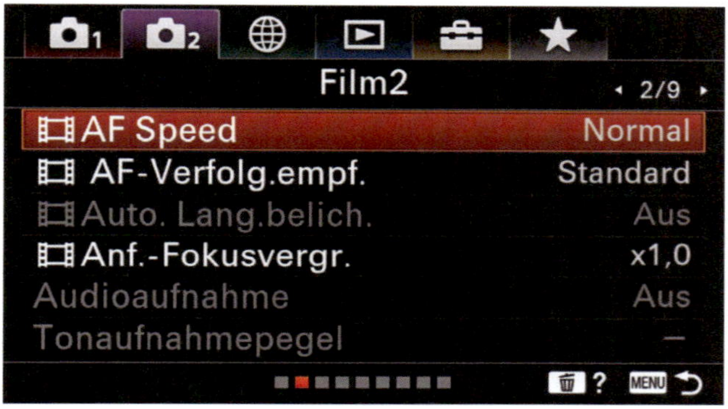

Das Menü in „Film2"

Alle α6000-Modelle sind bekannt für ihren Autofokus im Video. Die Geschwindigkeit ist unter *AF Speed,* die Empfindlichkeit für die Verfolgung unter *AF-Verfolg.empf.* einstellbar.

Für ein bewegtes Bild benötigt man bekanntlich ca. 25 Bilder pro Sekunde. Das setzt eine Belichtungszeit von einer 1/25 sek voraus. Sind die Lichtverhältnisse jedoch nicht ausreichend, wählt die Kamera in den Modi A und P teilweise längere Verschlusszeiten, Dies kannst du verhindern, indem du die Funktion *Auto. Lang. belich[tung]* auf *Aus* stellst.

Hast du eine externe Tonquelle, kannst du die *Audioaufnahme* hier deaktivieren. Empfehlenswert ist jedoch, die Aufnahme jederzeit mitlaufen zu lassen, da du so den Ton viel besser mit deiner Videospur matchen kannst: Beim Zusammenfügen werden bei aktueller Software die Tonspitzen zum Synchronisieren von Ton- und Videodaten genutzt. Hast du also eine zweite externe Tonquelle, hilft dir der kamerainterne Ton beim Abgleichen.

Mit dem *Tonaufnahmepegel* kannst du die Empfindlichkeit deines Mikrofons selbst steuern. Diese Funktion gehört für Filmer auf das Fn-Menü.

Film3

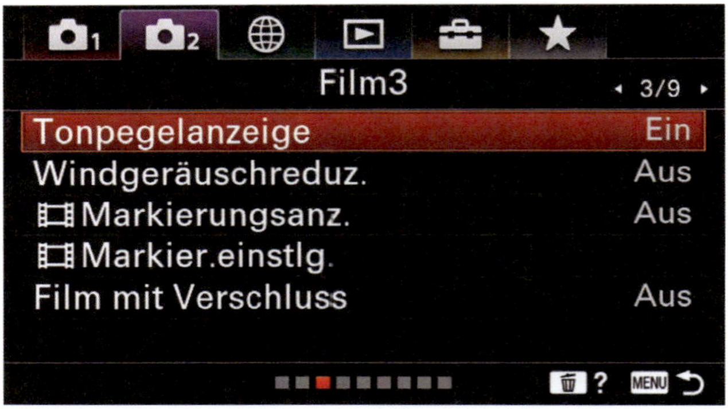

Das Menü in „Film3"

Mit dem Ton steht und fällt jede Party, so auch jedes Video. Mit der *Tonpegelanzeige* hast du immer einen Überblick, ob dein Tonpegel passt.

Die *Windgeräuschreduz[ierung]* ist sehr effektiv, schneidet aber manchmal einige Silben ab, da sie die lauten Phasen, in denen der Wind ins Mikrofon bläst, herunterpegelt. Hier musst du selbst entscheiden, wie wichtig der Inhalt des gesprochenen Wortes ist, und gegebenenfalls mit einem Ansteckmikrofon arbeiten.

In professionellen Produktionen gibt es Anforderungen für bestimmte Markierungen. Dazu kannst du hier *Markierungsanz[eige]* einschalten und mit *Markier.einstlg.* auswählen, welche benötigt werden.

Film mit Verschluss ermöglicht es dir, mit dem Auslöser die Videoaufnahme zu starten.

Verschluss/SteadyShot

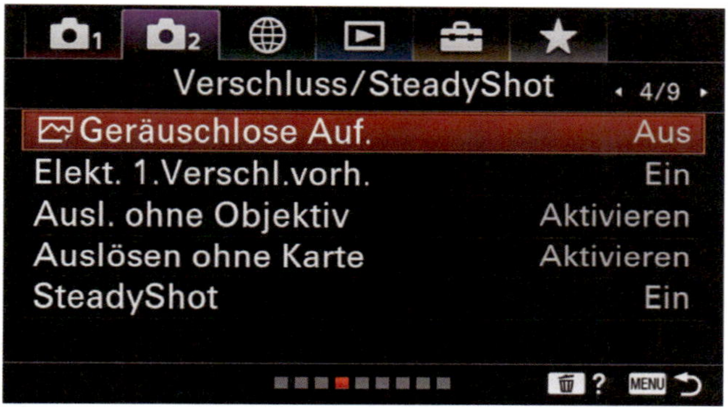

Das Menü in „Verschluss/SteadyShot"

Die Funktion *Geräuschlose Auf[nahme]* gehört in das Fn-Menü oder auf eine Taste. Anwendungsbeispiele sind Hochzeiten, Museen, Kindergeburtstage, Wild Life und Street Photography. Vermeide diese Funktion, wenn du oder das fotografierte Objekt sich schnell bewegen, da es zu verzerrten Bildergebnissen führen kann.

Der Verschluss einer Kamera läuft in der Regel in zwei Schritten ab: erster Verschluss: Der Vorhang öffnet und gibt den Sensor frei, der zweite Verschlussvorhang schließt und beendet die Belichtung. Durch eine schnelle Auslesung der Sensoren ist es möglich, den ersten Verschlussvorhang elektronisch ablaufen zu lassen *(Elekt. 1.Verschl. vorh.)* und somit eine Erschütterung bei Langzeitbelichtung zu verhindern, außerdem löst die Kamera schneller aus. Bei adaptierten Objektiven und bei kurzen Verschlusszeiten kann es sehr selten zu Bildfehlern oder falschen Belichtungszeiten kommen. In diesem Fall empfiehlt es sich, die Funktion zu deaktivieren.

Ausl[ösen] ohne Objektiv musst du deaktivieren, um ein Objektiv zu adaptieren. Ist dieser Menüposten aktiviert, löst die Kamera nicht aus, wenn ein manuelles Objektiv adaptiert ist.

Auslösen ohne Karte kann dir beim nächsten Job die Haut retten, falls du vergessen hast, die Speicherkarte einzusetzen – nichts ist ärgerlicher, als nach einem Shooting zu bemerken, dass keine Speicherkarte eingesetzt war.

SteadyShot heißt der Bildstabilisator bei Sony, und hier lässt er sich abschalten. Das ist nützlich z. B. bei der Nutzung eines Stativs, zum Erzeugen eines „Handheld Effect“ oder beim Arbeiten mit Slidern, also Schienen, auf denen Kameras gleichförmig für eine Kamerafahrt bewegt werden können. Gut zu wissen: Jeder Schalter an einem Objektiv macht die Einstellung im Menü obsolet. Schaltest du also am Objektiv den Stabilisator oder den Autofokus ab, wird diese Auswahl priorisiert.

Bei der α6500 und 6600 lässt sich noch festlegen, welche Brennweite das adaptierte Objektiv hat – so kannst du deine alten Schätzchen jetzt auch bildstabilisiert nutzen.

Zoom

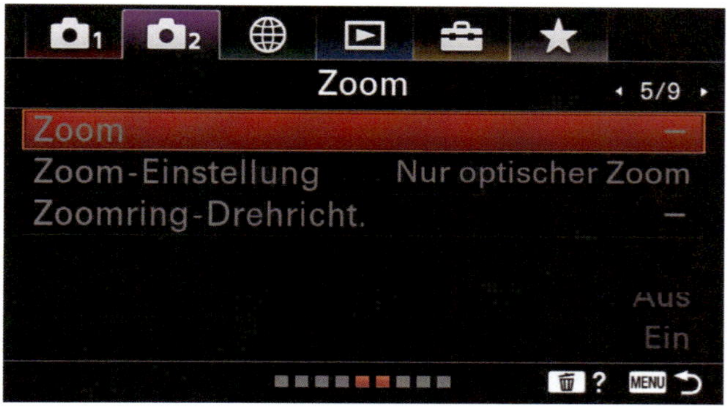

Das Menü in „Zoom"

Zoom: Hier wählst du den Zoomfaktor deiner *Zoom-Einstellung*.

Zoom-Einstellung: Die Empfehlung des *Digitalzooms* fällt uns schwer, da hier einfach ein Ausschnitt aus dem Bild gemacht wird, so wie es in der Bildbearbeitung auch passiert. Hier besser: im Nachhinein ausschneiden. Der *Klarbildzoom* ist jedoch für das Filmen sehr gut nutzbar. Gerade beim Naturfilmen ist das Verlängern der Brennweite um den Faktor 2 entscheidend. Die Bildqualität nimmt zwar ab, ist aber besser als das nachträgliche Ausschneiden in der Schnitt-Software.

Da Sony viel Erfahrung im Broadcast-Bereich hat, werden auch Details beachtet wie etwa die *Zoomring-Drehricht[ung]* der Motorzoom-Objektive, die man am „P" im Namen erkennt, z.B. SELP18105G. Einige Kameraleute sind es gewohnt, zum Auszoomen gegen den Uhrzeigersinn zu drehen, andere im Uhrzeigersinn: Hier kannst du über die Richtung entscheiden.

Anzeige/Bildkontrolle1

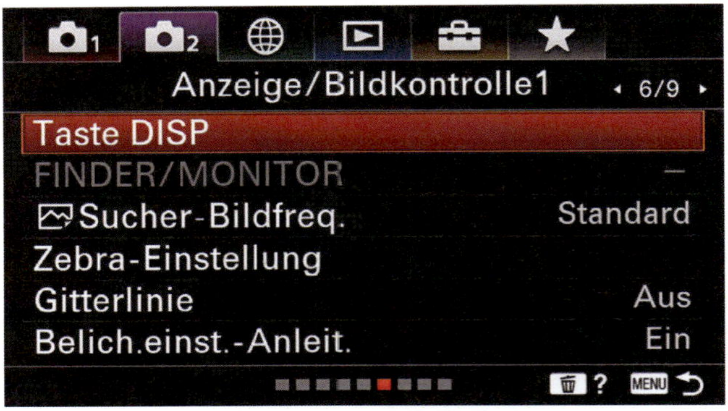

Das Menü in „Anzeige/Bildkontrolle1"

Mit der DISP-Taste oben am Einstellrad kannst du deine Ansichtsmodi ändern. Es sind relativ viele verschiedene Ansichten möglich. Wenn dir das zu unübersichtlich ist, kannst du hier deine Favoriten aktivieren und den Rest abschalten: *Taste DISP (Monitor/Sucher)*. Das ist für Sucher und Monitor getrennt möglich.

Bei *FINDER/MONITOR* kannst du entscheiden, ob permanent Sucher oder Monitor benutzt werden oder automatisch gewechselt werden soll. Der Infrarot-Sensor am Sucher wird hier bei den Einstellungen *Monitor* oder *Finder* deaktiviert. Es wird nun ignoriert, ob die Kamera ans Auge gehalten wird oder nicht, und die Einstellung im Menüposten für die Anzeige des Bildes auf dem Monitor oder im Sucher beibehalten.

Solltest du sehr schnelle Motive fotografieren, ist dir die Bildwiederholrate im Sucher unter Umständen zu langsam. Wenn du nicht deutlich genug sehen kannst, welche Bewegung gerade abläuft, dann solltest du in *Sucher-Bildfreq[uenz]* die Bildfrequenz auf 120 Bilder pro Sekunde umschalten. Damit wird das Sucherbild flüssig und sauber dargestellt.

Zebra-Einstellung: Diese Einstellung kommt aus der Filmtechnik. Hier wird ein Streifenmuster auf überbelichtete Bildbereiche gelegt. Das ist sehr hilfreich beim Filmen, um schnell auf Belichtungsänderungen zu reagieren. Es kann jedoch auch sehr irritierend sein, wenn man sich auf seine Bildkomposition konzentrieren möchte. Hierbei hilft dir *Gitterlinie*.

Mit der Funktion *Belich[tungs]einst[ellungs]-Anleit[ung]* hilft dir die Kamera durch Einblendung der Belichtungswerte am unteren Bildrand beim Verstehen des Zusammenhangs zwischen Blende, Verschlusszeit und ISO: Öffnet man die Blende, muss gezwungenermaßen die Zeit kürzer werden und andersherum.

Anzeige/Bildkontrolle2

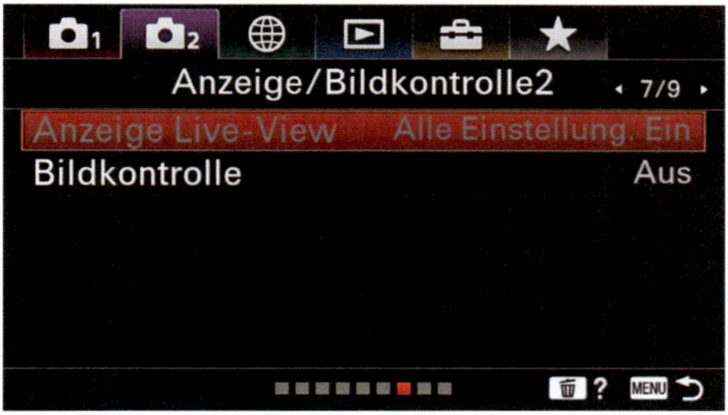

Das Menü in „Anzeige/Bildkontrolle2“

Der Live-View, der noch bevor du auslöst eine Ansicht deines Bildes zeigt, ist der große Vorteil einer spiegellosen Systemkamera. Allerdings gibt es auch Situationen, in denen diese Funktion nicht nutzbar ist, z. B. beim Fotografieren in einer Studiosituation mit Blitzen. Mit *Anzeige Live-View* kannst du die Live-View-Ansicht deaktivieren und ein permanentes helles Sucherbild aktivieren.

Die *Bildkontrolle* zeigt dir dein gemachtes Foto für eine bestimmte Zeit auf dem Monitor oder im Sucher an. Auf einem Job empfehlen wir jedoch, diese Funktion zu deaktivieren, damit du jederzeit den Überblick über dein Motiv behältst und nicht von den gemachten Bildern abgelenkt wirst.

Benutzerdef. Bedienung1

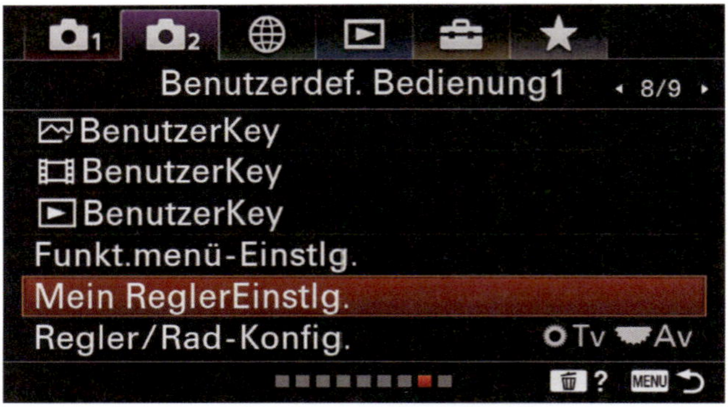

Das Menü in „Benutzerdef. Bedienung1"

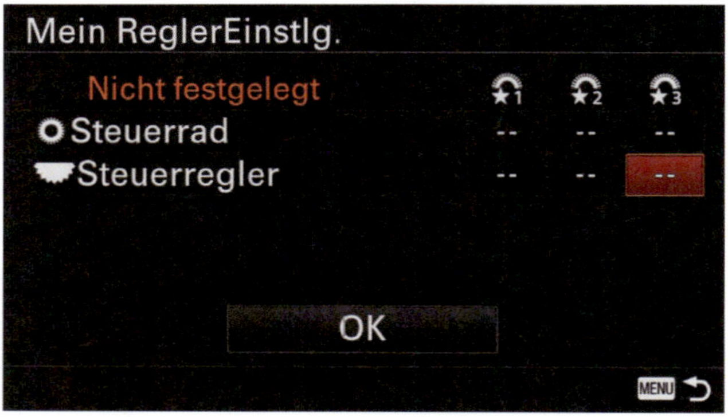

Das Menü in „Mein ReglerEinstlg."

Die α6000 kann sehr vielfältig konfiguriert und eingestellt werden. Die beiden wichtigsten Menüpunkte für die individuelle Einstellung sind die Einstellung der Tasten mit *BenutzerKey* und die *Funkt[ions]-menü-Einstlg.*, um das Fn-Menü nach deinen eigenen Anforderungen zu gestalten. Beides haben wir bereits weiter oben erklärt.

Die vorübergehende Änderung der Reglerfunktion *Mein Regler-Einstlg.* ist eine weitere Möglichkeit, die Handgriffe auf ein Minimum zu reduzieren. Belegst du eine Taste (z. B. die C1-Taste) und drückst sie, wechselt die Funktion deines Reglers von Einstellungen der Blende oder Zeit auf den Wert, den du hier einstellen kannst, z. B. Bildeffekt, Fokusfeld oder ISO-Zahl.

Mit *Regler/Rad-Konfig[uration]* kannst du die Belegung der Rädchen untereinander tauschen.

Benutzerdef. Bedienung2

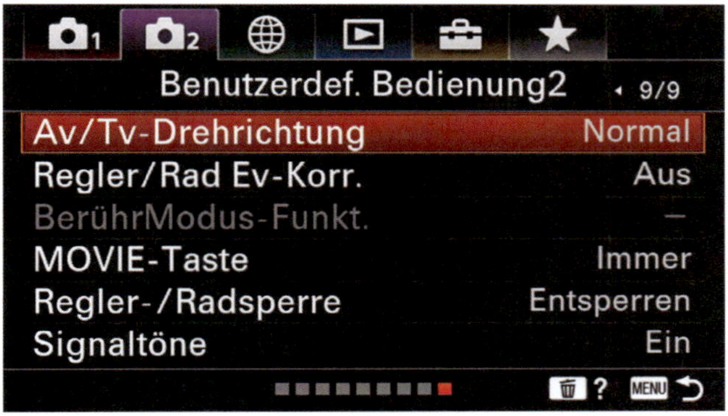

Das Menü in „Benutzerdef. Bedienung2"

Av/Tv-Drehrichtung: Auch Details wie die Drehrichtung der Regler werden berücksichtigt.

Regler/Rad Ev-Korr[ektur]: Hier gibst du dem nicht genutzten Einstellrad bzw. Drehregler in den Halbautomatiken A und S die Funktion der Belichtungskorrektur.

BerührModus-Funkt[ion]: Die Touchbedienung hat übersichtliche Möglichkeiten, was die Bedienung der α6000 sehr konsequent macht. Alle Funktionen sind ausnahmslos über Tastenbedienung möglich. Unter *Touch-Fokus* ist es möglich, die Touchfunktion von *Fokussieren* auf *Fokussieren und Auslösen* umzuschalten.

Um nicht ungewollt ein Video aufzunehmen, deaktivierst du hier die *MOVIE-Taste*.

Je mehr Funktionen auf Rädern abgelegt sind, desto höher ist die Gefahr der Verstellung. Die Funktion *Regler-/Radsperre* schafft hier Abhilfe und verhindert das versehentliche Ändern von Einstellungen. Zu einer lautlos auslösenden Kamera gehören natürlich auch keine *Signaltöne* zur Fokusbestätigung. Du kannst sie hier deaktivieren.

Netzwerk

Netzwerk1

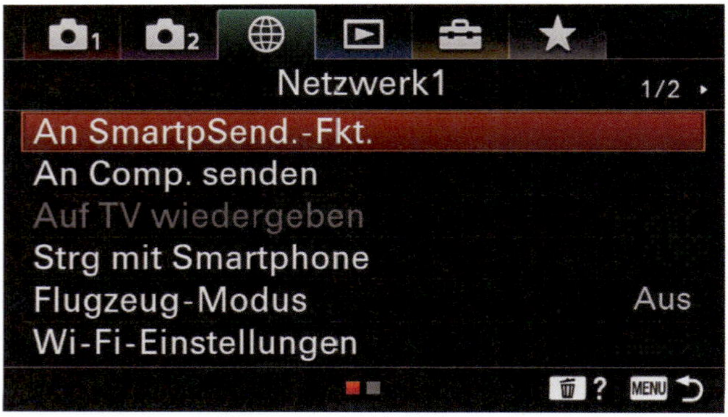

Das Menü in „Netzwerk1"

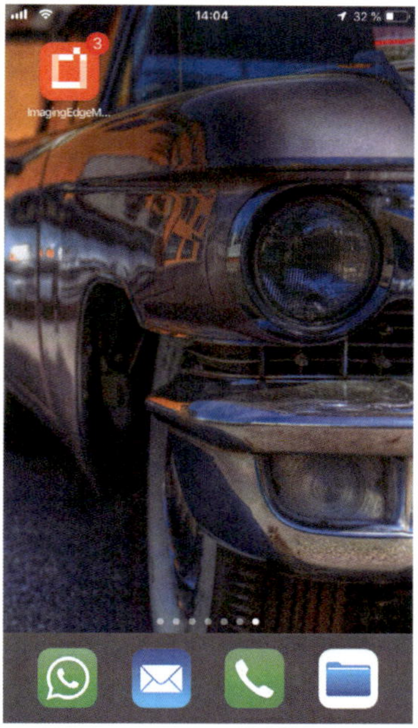

Die App „Imaging Edge Mobile“

Eine Kamera ohne Konnektivität wäre heutzutage undenkbar. Deshalb bietet die α6000-Serie eine Vielfalt an Verbindungsmöglichkeiten. Für das Verbinden mit dem Smartphone benötigst du die App „Imaging Edge Mobile“ und verbindest die beiden Geräte mithilfe *An SmartpSend.-Fkt.: An Smartph[one] send[en]*.

Man kann sich entscheiden, auf welchem der Geräte man die Bilder auswählt. Auch bei der Art der Verbindung kann man zwischen drei Methoden wählen. Entweder nutzt du den NFC-Chip deines Android-Telefons, die Erkennung des QR-Codes bei iOS und Android-Telefonen oder du verbindest ganz klassisch mithilfe der Netzwerkkennung und eines Passworts. Hast du diese Verbindung einmal hergestellt, erinnert sich das Smartphone an die Kamera, und besonders unterwegs ist es sehr einfach, Bilder auf dein Smartphone zu übertragen.

Sogar die Videoübertragung ist nach speziellen Kriterien möglich. Mit *An SmartpSend.-Fkt.: Sendeziel (Proxy-Filme)* entscheidest du dich, entweder voll aufgelöste Videos oder nur die Proxy-Videos zu übertragen.

Wenn du dein Smartphone als Fernsteuerung benutzen willst, kannst du das mit *Strg mit Smartphone* aktivieren. Übrigens geht das Verbinden mit einem Android-Telefon am effektivsten. Bist du im Fotomodus und nutzt die NFC-Funktion zum Verbinden, aktiviert die Kamera die Fernsteuerung per Smartphone. Bist du im Wiedergabemodus, aktiviert die Kamera die Bildübertragung wahlweise für das angezeigte Bild, die Bilder an diesem Datum oder für ausgewählte Bilder.

Der *Flugzeug-Modus* ist wie beim allen technischen Geräten neben der Flugsicherheit auch etwas energiesparender.

Wenn die Kamera im Heimnetzwerk eingebunden werden soll, kann das über *Wi-Fi-Einstellungen: WPS-Tastendruck* oder *Zugriffspkt.-Einstlg.* geschehen. Du kannst Bilder und Videos an den Computer senden *(An Comp. senden)* oder Fotos auf dem Fernseher *(Auf TV wiedergeben)*. Diese beiden Funktionen sind zwar sehr komfortabel, aber auch relativ langsam, deshalb bevorzugen wir die Übertragung der Fotos und Videos per Speicherkartenlesegerät und die Verbindung mit dem TV über ein Micro-HDMI-Kabel.

Um in bestimmten Netzwerkumgebungen nur bestimmte Geräte zuzulassen, müssen sie anhand der MAC-Adresse identifiziert werden. Unter *Wi-Fi-Einstellungen: MAC-Adresse anz.* kann sie angezeigt werden.

Um den Zugang zu deiner Kamera zu sperren, kannst du deine Netzwerkkennung und dein Passwort zurücksetzen: *Wi-Fi-Einstellungen: SSID/PW zurücks.*

Netzwerk2

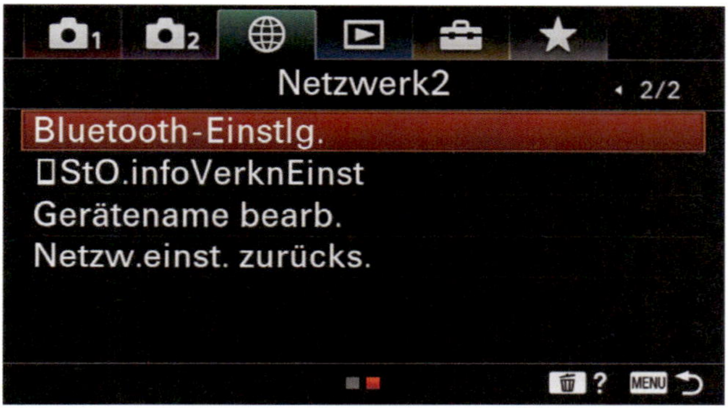

Das Menü in „Netzwerk2"

Bluetooth-Einstlg.: Alle Geräte, die ab der α6500 auf den Markt gekommen sind, haben ein Niedrig-Energie-Bluetooth an Bord, um Verbindung mit einem Smartphone aufzunehmen und die Ortsinformationen anhand von Koordinaten in das JPEG oder RAW zu schreiben. Hier verbindest du deine Geräte und kannst danach mit Hilfe von *StO.infoVerknEinst* („Standortinformationsverknüpfungseinstellung") das Tagging der Orte aktivieren.

Unter *Gerätename bearb[eiten]* kannst du deiner Kamera einen Namen geben.

Wir erleben oft, dass Netzwerkfunktionen einer Kamera auf dem einen Gerät funktionieren und auf dem anderen nicht. Das Zurücksetzen der Einstellungen mit *Netzw[erk]einst[ellungen] zurücks[etzen]*, das Deinstallieren der App auf dem Smartphone und anschließendes Neustarten („Reboot tut immer gut!") haben bisher immer zum Ziel geführt.

Der Vorteil einer *Bluetooth-Fernbed[ienung]* liegt in der Verbindung ohne Sichtkontakt und in einem Geschwindigkeitsvorteil gegenüber der Verbindung mit dem Smartphone, bei dem es einige Millisekunden Verzögerung geben kann. Sie ist als separates Zubehör zu erwerben und heißt RM-TP1BT.

Wiedergabe

Wiedergabe1

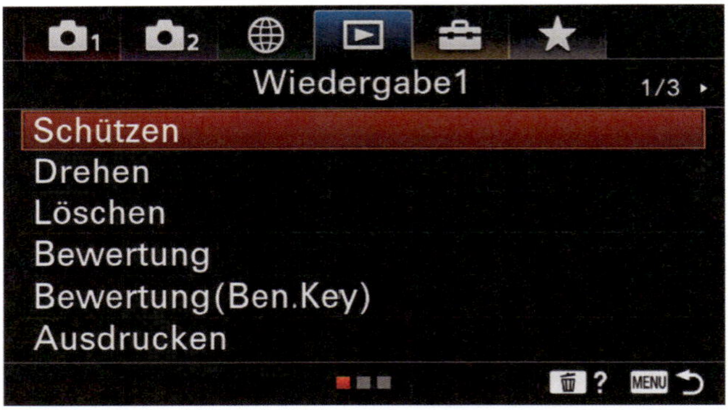

Das Menü in „Wiedergabe1"

Im Wiedergabe-Menü sind viele Funktionen selbsterklärend. Im Urlaub oder beim Arbeiten mit großen Speicherkarten, die seltener gelöscht werden, ist die Gefahr von versehentlichem Löschen von Bildern durch *Schützen* sinnvoll.

In ungewöhnlichen Fotosituationen, z. B. bei Aufnahmen an verwinkelter Position, kann die Kamera nicht immer die Lage im Raum erkennen. Durch *Drehen* kannst du die Ausrichtung des Bildes anpassen.

Durch konsequente und kritische Bildanalyse der eigenen Fotos kannst du deine Foto-Bibliothek schlank und übersichtlich halten. Am besten gewöhnst du dir an, schon beim ersten Sichten deiner Aufnahmen sauber auszusortieren. Mit der Funktion *Löschen* mehrerer ausgewählter Bilder geht das viel schneller als mit der Mülleimertaste, die man immer wieder erneut drücken muss.

Man kann zudem Zeit sparen, indem man mit *Bewertung* arbeitet: Auf Hochzeiten kannst du so schnell Gruppenbilder von Porträts und Reportage trennen und gezielt aufs Smartphone oder Laptop übertragen.

Mit *Bewertung(Ben.Key)* wählst du aus, welche Taste welchen Bewertungswert hat. Willst du nur bestimmte Bilder in die Bildbearbeitungssoftware importieren, kannst du mit diesem Menüposten eine Bewertung vornehmen. Diese wird von der Bildbearbeitungssoftware erkannt, und du kannst beim Import angeben, welche Bewertung (1 bis 5 Sterne) importiert werden soll.

Eine Funktion, die schon sehr lange in Digitalkameras zu finden ist, *Ausdrucken*, darf natürlich auch hier nicht fehlen. An vielen Druckern mit SD-Karten-Einschub ist es so möglich, direkt von der Karte zu drucken. Auch der Anschluss der Kamera via USB-Kabel kann zum Drucken benutzt werden, falls ein SD-Karten-Einschub fehlt.

Wiedergabe2

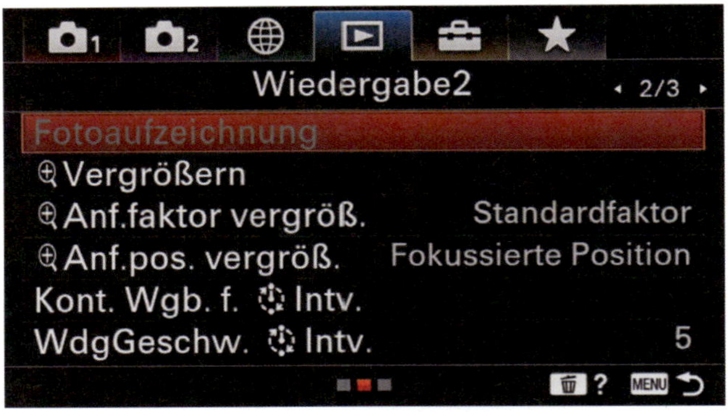

Das Menü in „Wiedergabe2"

Mit der *Fotoaufzeichnung* kannst du Fotos aus einem 4K-Video abspeichern. Das ist eine bemerkenswerte Funktion, denn immerhin hat jeder einzelne Frame im Video eine Auflösung von 8 MP, was einen Ausdruck von DIN A4 problemlos ermöglicht.

Vergrößern: Zum *Vergrößern eines wiedergegebenen Bildes* kannst du mit der AEL-Taste auf der Rückseite deiner Kamera arbeiten. Wichtig ist es, die ausgewählten Bilder auf Schärfe zu kontrollieren. Dabei kannst du die Vergrößerung durch *Anf.faktor vergröß[ern]*, die beim Zoomen ins Bild anfänglich benutzt werden soll, festlegen. Empfehlenswert ist die 100-%-Ansicht, da direkt auf die *Anf.pos. vergröß[ern]* fokussierte Position gesprungen wird und man alle Details beurteilen kann. Wer es gewohnt ist, kann natürlich auf Vergrößerung und Fokuspositionen verzichten.

Um sich einen besseren Überblick über eine Intervallaufnahme bei der Ansicht zu machen, kannst du hier die fortlaufende Wiedergabe der gemachten Bilder aktivieren: *Kont. Wgb. f. Intv.*

WdgGeschw. Intv.: Sogar die Wiedergabegeschwindigkeit kann angepasst werden.

Wiedergabe3

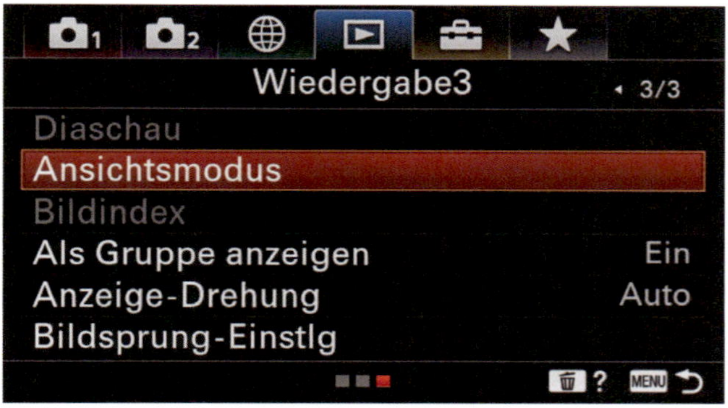

Das Menü in „Wiedergabe3"

Das Wiedergeben von Bildern mit einer *Diaschau* ist mit mehreren Optionen möglich. Man kann z. B. Intervall und Wiederholung anpassen.

Im *Ansichtsmodus* wählst du die angezeigten Inhalte. Du kannst Filme und Fotos nach Format unterschieden auswählen.

Das Wiedergeben von Bildern mit *Bildindex* ermöglicht es, mehrere Bilder auf dem Display wiederzugeben, was wieder hilfreich bei Karten mit viel Inhalt ist. Sogar das Sortieren nach Datum ist möglich.

Als Gruppe anzeigen lässt Serienbilder als Gruppen erscheinen und macht die Navigation übersichtlicher.

Anzeige-Drehung: Wenn die Kamera selbstständig die Orientierung der Bilder beibehalten soll, auch wenn du die Kamera drehst, wählst du hier *Auto* – das ist am sinnvollsten für den täglichen Einsatz.

Bildsprung-Einstlg.: Das Einstellen der Methode für das Springen zwischen den Bildern, und zwar mit welchem Drehregler und welcher Anzahl der Bilder, wird hier festgelegt und lässt beim Sichten der Bilder im Gerät kaum noch Wünsche offen.

Einstellungen

Einstellung1

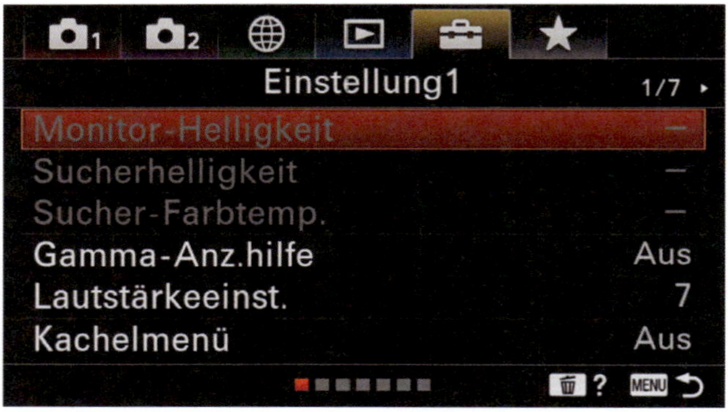

Das Menü in „Einstellung1"

Jeder kennt es: Die *Monitor-Helligkeit* lässt es nicht zu, seine Komposition gut zu machen. Entweder du nutzt den Sucher oder erhöhst die Helligkeit manuell um zwei Punkte. Die Einstellung *Sonne* vermeidest du besser, da sie deine Bildwiedergabe stark verändert und man denken könnte, die Belichtungs- und Farbeinstellungen seien nicht in Ordnung. Eine Änderung der Aufnahmeeinstellungen aber wäre im JPEG-Modus irreversibel.

Passe auch die *Sucherhelligkeit* auf die Umgebungshelligkeit an, da es anstrengend ist, in sehr heller Umgebung in einen dunklen Sucher zu schauen. Besonders wenn man etwa auf einer Flugschau ständig gen Himmel fotografiert, fangen die Augen irgendwann zu tränen an.

Sucher-Farbtemp[eratur]: Auch hier Vorsicht mit der Einstellung: Der Weißabgleich könnte einen falschen Eindruck geben, auch wenn er korrekt eingestellt ist. Passe die Funktion von Sucher und Monitor aneinander an.

Die *Gamma-Anz.hilfe* nutzt du im Zusammenspiel mit den Fotoprofilen im Video. Sie sorgt dafür, die oft sehr verfälschte Wiedergabe des Videos im S-Log 2 oder 3 wieder natürlich wirken zu lassen, um Bilddetails, Fokus und Komposition richtig beurteilen zu können. S-Log ist eine spezielle Art der Aufnahme, bei der die Helligkeitsverteilung und Farbwiedergabe anders als die des fertigen Videos aussieht. Das Arbeiten mit S-Log setzt das „Grading“ (die Farbkorrektur) in der Postproduktion voraus. Der Vorteil liegt in einem sehr viel besseren Dynamikumfang, d. h., der Bereich vom Schwarzpunkt bis zum Weißpunkt hat sehr viel mehr Abstufungen und ist breiter. Es werden bessere Kontraste erreicht, was der Schärfe und der Farbwiedergabe zugutekommt.

Lautstärkeeinst[ellungen]: Der kamerainterne Lautsprecher ist sehr störend, wenn man per HDMI ein Video an einem TV wiedergibt. Schalte ihn dann am besten ab.

Kachelmenü ist eine alternative Anzeige des Menüs, das bei den ersten Systemkameras üblich war. Für Anfänger bietet es eine etwas bessere Übersicht.

Einstellung2

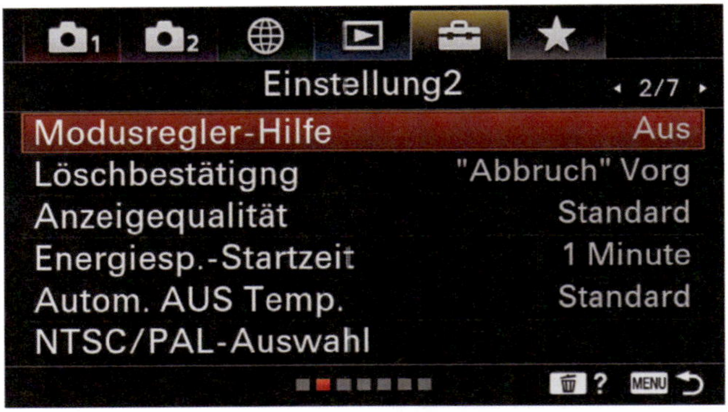

Das Menü in „Einstellung2"

Die *Modusregler-Hilfe* oder auch das Moduswahlrad blendet dir zu allen Aufnahmemodi eine kleine Beschreibung ein, wie du sie im Grundlagenteil bei Modus A und S gesehen hast.

Wer schnell mit den Tasten umgehen kann, sollte *Löschbestätigung* auf Löschen setzen. Wer noch unsicher im Menü ist, lässt die Voreinstellung *Abbrechen,* um nicht zu schnell Bilder zu löschen.

Die hohe *Anzeigequalität* verbraucht etwas mehr Energie als Standard; vor allem im Sucher sieht man einen Unterschied.

Energiesp.-Startzeit entscheidet, wann die Kamera abschaltet, um Energie zu sparen. Mit 60 sek hat man einen guten Wert, zumal die Kamera sehr schnell aus dem Standby aufwacht.

Autom. AUS Temp[eratur] setzt den Trigger bei einer höheren Temperatur, bevor die Kamera zum Schutz der Komponenten abschaltet. Dafür ist die Abkühlzeit aber auch länger.

NTSC/PAL-Auswahl: Das PAL-System ist die richtige Wahl, es sei denn, du willst auf fünffache Zeitlupe kommen. Da kannst du bei NTSC auf 120fps bei FullHD zurückgreifen.

Einstellung3

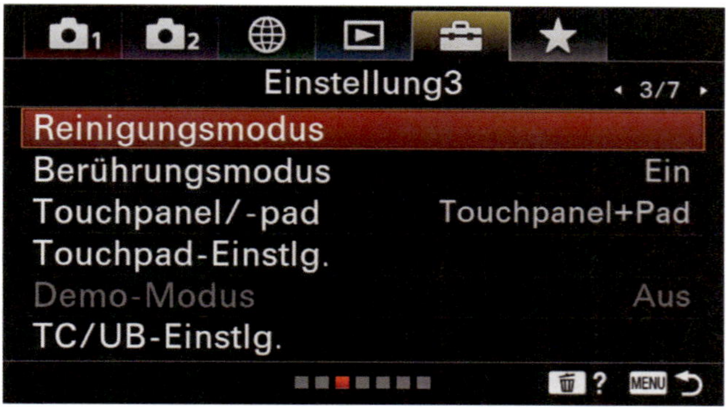

Das Menü in „Einstellung3"

Der *Reinigungsmodus* fixiert den Sensor bei den bildstabilisierten Modellen und bereitet die Kamera zum Reinigen mit dem Blasebalg vor.

Berührungsmodus schaltet den Touchmodus ein oder aus. Diese Funktion ist gut geeignet, um sie auf eine Taste zu legen, da es oft passiert, dass man mit dem Gesicht das Display berührt.

Touchpanel/-pad sind nützlich, um mit einem Tippen auf das Display den Fokus zu setzen. Das Touchpad ist ein guter Ersatz für einen Joystick. Das Display funktioniert wie ein Touchpad am Laptop. Dabei kann man in den *Touchpad-Einstlg.* entscheiden, wie groß die empfindliche Fläche sein soll bzw. ob die absolute (du tippst genau an die Position, wo der Fokus sein soll) oder – empfehlenswerter – die relative Position des Fingers benutzt werden soll (man kann wie beim Laptop den Finger absetzen und das Fokusfeld trotzdem bis an die obere Ecke schieben). Die α6000 und 6300 haben diese Einstellung nicht.

Demo-Modus lässt die Kamera bei Nichtnutzung und angeschlossenem Netzteil Filme, die auf der Karte sind, abspielen.

TC/UB-Einstlg.: Die Timecode- und Userbit-Einstellungen helfen, die Kamera in eine Produktionsumgebung einzubinden und sie für eine Multicam-Aufnahme vorzubereiten. Hier wählst du an allen Kameras die Funktion *Freerun* für die Szene.

Einstellung4

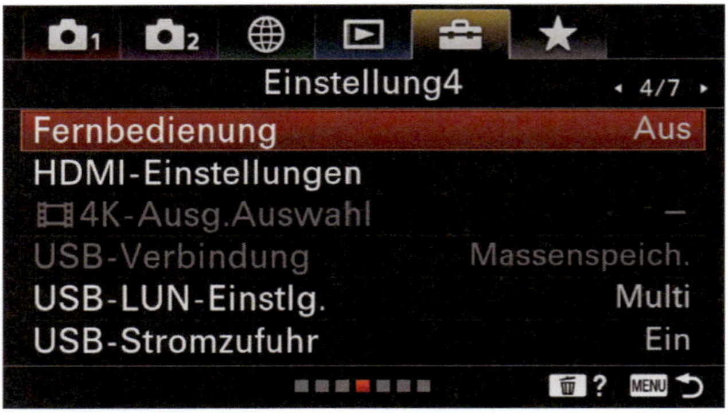

Das Menü in „Einstellung4“

IR-Fernbedienung kann man abschalten, um nicht von einem anderen Fotografen ausgelöst zu werden, z. B. bei einer Sonnenfinsternis oder besonderen Ereignissen wie dem „Festival of Lights“ in Berlin.

Die *HDMI-Einstellungen* beinhalten eine ganze Reihe von Einstellungen, da nicht nur ein TV zur Wiedergabe angeschlossen werden kann, sondern auch Aufnahmegeräte, um das unkomprimierte Videosignal abzunehmen.

Bei *4K-Ausg.Auswahl* geht es um Timecode-Ausgabe, Aufnahmestart per HDMI (RECRUN) und Steuerung der Kamera über HDMI.

USB-Verbindung: Es gibt verschiedene Betriebsmodi, die du je nach Anwendungszweck anpassen musst. Die USB-Verbindung kann mit PC-Fernsteuerung und Massenspeicher für die meisten Funktionen benutzt werden.

USB-LUN-Einstlg. benutzt man für bestimmte Fernsteuerungen. Sie muss sehr selten eingesetzt werden.

USB-Stromzufuhr kann die α6000 leider noch nicht, alle anderen werden damit für Filmaufnahmen, Zeitraffer und Langzeitbelichtungen zu echten Dauerläufern – und das sogar mit Powerbanks. Einzige Bedingung: Der Akku muss im Fach sein, da er als Pufferspeicher dient. Im Laufe des Tages wird die Ladung auch abnehmen, also am besten bei diesem Szenario einen frisch geladenen Akku anwenden.

Einstellung5

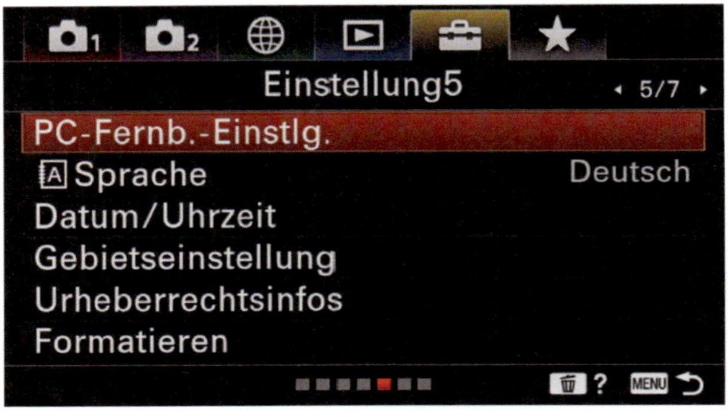

Das Menü in „Einstellung5"

PC-Fernb[edienungs]-Einstlg.: Die Fülle an Einstellungen begeistert uns hier immer wieder: Man kann durch *Standb. Speicherziel* sogar entscheiden, ob Standbilder, die während der PC-Remote-Aufnahme sowohl in der Kamera als auch im Computer gespeichert werden, gesichert werden sollen. Mit *RAW+J PC Bild spei[chern]* wählst du den Dateityp für Bilder, die bei PC-Remote-Computer übertragen werden sollen. Das haben wir oft zu schätzen gewusst, da beim kabelgebundenen Fotografieren („Tethered Shooting") das Bild erst nach kompletter Übertragung angezeigt wird.

Die *Sprache* ist übrigens bei Importen nicht auf Deutsch einstellbar, deshalb Achtung bei Urlaubseinkäufen!

Dass *Datum/Uhrzeit* immer richtig eingestellt sein sollten, sollte selbstverständlich sein, da es das Sortieren und Finden von Bildern erleichtert. Für den Urlaub sehr hilfreich ist die *Gebietseinstellung,* um die richtige Zeit eingestellt zu haben, ohne lange herumzurechnen.

Unter *Urheberrechtsinfos* kannst du deine Daten als Urheber hinterlegen.

Formatieren: Generell sollte man die Speicherkarte immer in der Kamera formatieren, heißt es – das machen wir aber nie. Aber um die Karte schnell zu löschen, ist die Funktion super.

Einstellung6

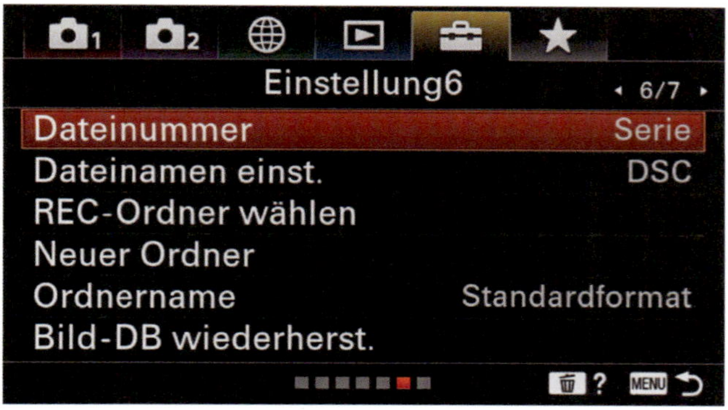

Das Menü in „Einstellung6"

Dateinummer: Hier kannst du die Dateinummer zurückstellen. Wir wissen aus unseren Trainings, dass die Dateien in Ordnerstrukturen selbst gesichert und organisiert werden. Das ist schwierig, da sich die Bildernamen nach spätestens der Nummer 10000 wiederholen. Das Bearbeitungsprogramm „Capture One" steht dir als Sony-User kostenlos zur Verfügung.

Dateinamen einst[ellen]: Ordnung ist das halbe Leben. Dateinamen vergeben, um deine Jobs zu unterscheiden? Großartige Idee! Du kannst hier durch eine eigene Nomenklatur sehr gut Ordnung halten.

REC-Ordner wählen: Wem das nicht genügt, kann pro Tag oder Job einen neuen Ordner anlegen. Selbst der *Ordnername* kann gewählt werden.

Löschst du mit dem PC Bilder von der Karte, bleiben die Einträge im Inhaltsverzeichnis vorhanden. Mit *Bild-DB wiederherst[ellen]* kannst du Fehler bei der Bildwiedergabe beheben. Keine Angst: Es wird nichts gelöscht oder formatiert.

Einstellung7

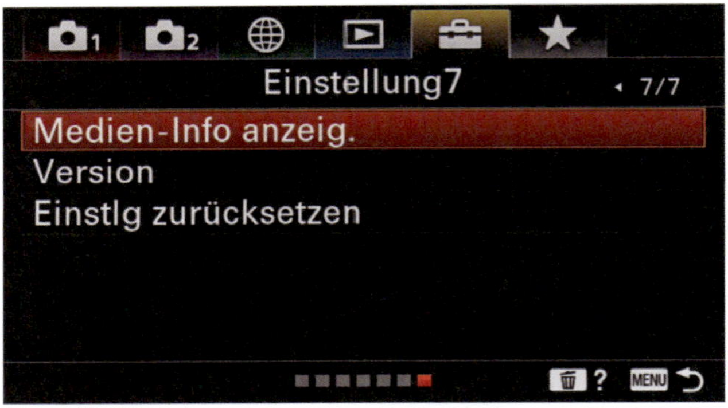

Das Menü in „Einstellung7"

Medien-Info anzeig[en]: Hier bekommst du einen Überblick über den verbleibenden Speicherplatz.

Version: Hier kannst du die Firmware deiner Kamera überprüfen.

Einstlg zurücksetzen: Und zu guter Letzt enden wir da, wo wir angefangen haben.

NÜTZLICHE VIDEO-TUTORIALS

Diese vier Videos helfen dir bei den Filmeinstellungen der α6000:

Sony Alpha 6000 VIDEO –
Einstellungen für die perfekte Videoqualität
https://www.youtube.com/watch?v=Q1qE_Obdf54

Sony Alpha 6000 VIDEO – Autofokus bei Filmaufnahmen
https://www.youtube.com/watch?v=dptCLybpTJA&t=1s

Sony Alpha 6000 VIDEO – Tonqualität verbessern
https://www.youtube.com/watch?v=ojDlM05aYb0&t=10s

Sony Alpha 6000 VIDEO –
Blendenwert, Verschlusszeit, ISO, Kreativmodus
https://www.youtube.com/watch?v=B2Txm6lTVCU&t=4s

Diese Videos interessieren dich als Nutzer der α6000-Reihe sicherlich auch:

Sony Alpha 6000 - Scharfstellen bei Nahaufnahmen und Makro
https://www.youtube.com/watch?v=opLYUWmngQc&list=PLcTz5KQn74547Cl3TUl38GyBdNype3BfQ&index=17&t=0s

Augen-Autofokus mit der Sony Alpha 6300
und dem Zeiss 85 mm Batis
https://www.youtube.com/watch?v=MfbSVs5lc5Q

Welche ist die Beste? A6100, A6400 & A6600 Vergleich –
Der ultimative Kaufleitfaden/Buying Guide
https://www.youtube.com/watch?v=V8WZLhysoLw&t=1100s

Sony Alpha 6000 oder 6300? Die wichtigsten Unterschiede
für Einsteiger, Umsteiger und Systemwechsler
https://www.youtube.com/watch?v=Pl_lXPHYU0A

Sony Alpha 6500 – 14 Dinge, die du wahrscheinlich
noch nicht kennst
https://www.youtube.com/watch?v=n_9IuIXH5dw

Sony Alpha 6000 - Praktische Tipps zur Handhabung
https://www.youtube.com/watch?v=xW4Jr7pyA-w&list=PLcTz5KQn74547Cl3TUl38GyBdNype3BfQ&index=2

Bibliografische Information der Deutschen Nationalbibliothek
Die Deutsche Nationalbibliothek verzeichnet diese Publikation in der Deutschen Nationalbibliografie; detaillierte bibliografische Daten sind im Internet über http://dnb.de abrufbar.

ISBN 978-3-86910-102-6 (Print)
ISBN 978-3-86910-103-3 (PDF)
ISBN 978-3-86910-104-0 (EPUB)

Abbildungen:
Manuel Quarta, Stefan Gericke
Produktfotos: © 2020 Sony. Alle Rechte vorbehalten.
stock.adobe.com: Benjamin [,O°] Zweig: 14 (oben); estherpoon: 14 (unten); piai: 61; Mardre: 62; happyvector071: 63; kuarmungadd: 65; stoonn: 65; mkos83: 66; andreacionti: 67; DenisProduction.com: 68; Rakursstudio: 69; Anette Linnea Rasmus; 71; BlueOrange Studio: 71; tigristiara: 73; simone_n: 77 (zweite Reihe, erstes Bild), 129; iuricazac: 77 (erste Reihe, erstes Bild), 91; Yakobchuk Olena: 93; 4Max: 131; konradrza: 133; Joseph: 135; otsphoto: 151; JenkoAtaman: 145; hans_chr: 149

2. Auflage

Die Ratgebermarke der Schlütersche Fachmedien GmbH
Hans-Böckler-Allee 7, 30173 Hannover
www.humboldt.de
buchvertrieb@schluetersche.de
www.schluetersche.de

Aus Gründen der besseren Lesbarkeit wurde in diesem Buch die männliche Form gewählt, nichtsdestoweniger beziehen sich Personenbezeichnungen gleichermaßen auf Angehörige des männlichen und weiblichen Geschlechts sowie auf Menschen, die sich keinem Geschlecht zugehörig fühlen.
Autoren und Verlag haben dieses Buch sorgfältig erstellt und geprüft. Für eventuelle Fehler kann dennoch keine Gewähr übernommen werden. Weder Autoren noch Verlag können für eventuelle Nachteile oder Schäden, die aus in diesem Buch vorgestellten Erfahrungen, Meinungen, Studien, Methoden und praktischen Hinweisen resultieren, eine Haftung übernehmen.

Gedruckt mit mineralölfrei hergestellten Druckfarben und Strom aus erneuerbaren Energien. Die eingesetzten Klebe- und Bindestoffe entsprechen den derzeitigen Umweltstandards, die vom RAL Institut für Gütesicherung und Kennzeichnung geprüft wurden.

Lektorat: wort & tat, Linda Strehl, München
Covergestaltung: ZERO, München
Covermotiv: Manuel Quarta; Stefan Gericke; Sony; Shutterstock/Redshinestudio, Rawpixel.com
Satz: PER MEDIEN & MARKETING GmbH, Braunschweig
Druck und Bindung: Salzland Druck GmbH & Co. KG, Staßfurt